단단한 결혼

단단한 결혼

지은이	게리 토마스
옮긴이	윤종석
발행인	김혜정
디자인	홍시 송민기
기획위원	김건주
마케팅	윤여근, 정은희
발행일	1쇄 인쇄 2024년 7월 24일
	1쇄 발행 2024년 8월 13일
발행처	도서출판 CUP
출판신고	제 2017-000056호(2001.06.21.)
주소	(04549) 서울특별시 중구 을지로 148, 803호(을지로3가, 중앙데코플라자)
전화	02) 745-7231
팩스	02) 6455-3114
이메일	cupmanse@gmail.com
홈페이지	www.cupbooks.com
페이스북	facebook.com/cupbooks
인스타그램	instagram.com/cupmanse/

ISBN   979-11-90564-64-9 03230 Printed in Korea

단단한 결혼

Making Your marriage a Fortress

게리 토마스

| 윤종석 옮김

모든 결혼에는 태풍이 몰려온다!

결혼생활을 단단한 요새로 만들어줄 슬기로운 이야기

Making Your Marriage a fortress

Strengthening Your Marriage to Withstand Life's Storms

Gary Thomas

결혼생활에 닥쳐오는 폭풍은 인간이 경험하는 현실이다. 매번 강도도 다르고 시기도 다르지만 우리 중 누구도 그것을 비켜 갈 수는 없다. 폭풍을 이겨내기 위한 실제적 도움을 원한다면 여기 필독서가 있다.

게리 채프먼 Gary Chapman 철학박사, 《5가지 사랑의 언어》 저자

오늘날 우리 결혼생활에 영향을 미칠 만한 도전은 수없이 많다. 진짜 문제가 발생할 때 우리에게 필요한 것은 응원의 말이나 응급조치 이상이다. 게리 토마스는 요긴한 도구를 제시하는 현명한 길잡이이며, 당신의 결혼생활을 소중히 여기는 매우 통찰력 있는 상담자이다. 이 책은 신중한 지도와 실제적 도구를 제공하며, 더 강건한 모습으로 역경을 통과하는 데 큰 도움을 줄 것이다.

션티 펠드한 Shaunti Feldhahn 사회 연구가, 《여자들만 위하여》, 《남자들만 위하여》, *Surprising Secrets of Highly Happy Marriage* 저자

풍부한 실화, 특유의 진정성 있는 문체, 현대 최고의 결혼 전도사인 게리 토마스의 식견이 어우러져 이 지혜의 걸작이 나왔다. 연애와 약혼 시절로부터 가장 무르익은 결혼생활에 이르기까지 이 책의 안내로 모든 시기와 폭풍을 통과할 수 있다. 각 장 끝의 요점 정리는 보석과도 같다.

밥 라우셔 Bob Rauscher 목사, 결혼 코치(www.themarriagepastor.com)

역대 최고로 결혼이 공격받고 있는 이때이기에 역대 최고의 철통같은 방비가 필요하다. 게리 토마스는 그리스도의 몸 된 교회에서 건져 올린 여러 실화를 하나님의 말씀과 한데 엮어 현명한 지혜로 단단한 요새를 건설한다. 결혼한 지 20년이 넘은 내게 이 책은 귀한 선물이었다.

새라 해거티 Sarah Hagerty *Unseen*(보이지 않는 것), *ADORE*(경배하라) 저자

건강한 부부관계에도 어쩔 수 없이 궂은일은 닥쳐온다. 그러나 의지적으로 관계를 지키고 정서적 안전을 가꾸면 어떤 역경이든 헤쳐 나가 서로 "이전보다 더욱 사랑합니다"라고 고백할 수 있다. 물론 비결은 힘들 때에 대비하여 미리 당신의 결혼을 단단한 요새로 만드는 것이다. 게리 토마스의 이 탁월한 책은 평생의 사랑을 마음껏 향유하려는 부부라면 누구에게나 아주 소중한 자원이다.

레스 & 레슬리 패럿 Les & Leslie Parrott 박사, 《결혼: 남편과 아내 이렇게 사랑하라》, *I Love You More*(더욱 사랑합니다) 저자

게리 토마스의 이전의 책들이 성경적 결혼의 기초를 제시했다면, 이 책에서는 특히 하나님의 말씀과 삶의 문제가 교차할 때의 실제적 적용을 들여다볼 수 있다.

스티븐 D. 윌키 Stephen D. Wilke 철학박사, 리드온(LEADon) 대학교 설립자

메리 케이 스미스와 그녀의 남편 브래드에게.

《영성에도 색깔이 있다》이후로 메리 케이는
내 모든 책의 원고를 읽고 검토해 주었다.
부부가 함께 내 친구이자 하나님 나라를 진척시키는
참된 동역자가 되어 주었다.
이 사역에 베풀어 준 그녀의 우정과 능력과
조언과 관점과 협력에 감사드린다.

차
례

큰 것 한 방,
인생의 태풍이 몰려올 때

    나는 아내 리자와 함께 텍사스 주 프레드릭스버그에서 주말
을 즐기고 있었다. 그곳은 론 스타 주(텍사스 주의 별칭-옮긴이)의
힐 컨트리(그 주의 중남부 구릉지를 일컫는 말-옮긴이)에 둥지를 튼
관광객 중심의 고풍스러운 소읍이다.

    그때 전화가 왔다.

    "게리, 이번에는 큰 것 한 방이야."

    벤은 여간해서 당황하지 않는 침착한 사람이다. 그런 그가
우리 부부에게 당장 휴스턴으로 돌아올 것을 촉구했다. 그가
전화했다는 사실만으로도 정신이 번쩍 나는데, 말하는 사람
이 그이다 보니 내용은 더 불길하게 들렸다. 사실상 이런 말이
었다.

    "그동안 우리가 태풍이 온다고 당황할 때마다 자네가 웃던
건 나도 알아. 하지만 지금은 당황해서 이러는 게 아니라 실제

상황이야."

태평양 연안 북서부에 살다 온 나는 눈이 5밀리미터만 내릴 것 같아도 일주일씩 휴교령을 내리는 텍사스 사람들을 보며 혀를 차곤 했는데, 벤은 지금 그 얘기를 하는 거였다. 해마다 텍사스에 6월이 오면 대형 태풍에 대한 소문이 꼬리를 이었고, 전화기에 "허리케인 시즌이니 비상시에 대비하십시오!"라는 재난 문자가 뜨곤 했다. 처음 몇 년은 우리도 문자를 보며 심각해졌으나 텍사스에 산 지 7년이 지난 지금은 그런 경보의 타당성이 "이 다리는 혹한기에 결빙할 수 있습니다"라는 상설 표지판 정도에 불과해 보였다. 휴스턴에서 다리가 결빙하는 일은 5년에 한 번 있을까 말까 하다.

실제로 대부분의 태풍 경보는 우리가 북서부에서 겪었던 태풍에 비하면 결국 웅덩이에 물이 괴는 정도였다. 그런데 다른 사람도 아닌 벤이 이번 허리케인 하비는 다를 거라고 하기에 우리 부부도 예정보다 일찍 휴스턴 집으로 돌아가기로 했다.

하비는 우리가 귀가한 지 몇 시간 후에 해안을 강타했으나 금세 약해졌다.

'별로 심하지 않은데!' 그런 생각이 들었다. 해안 도시 록포트는 피해가 컸지만 휴스턴 시내는 아직 모든 게 멀쩡했다.

그런데 그때부터 하비가 한동안 진을 치면서 사흘 동안 125센티미터도 넘는 비를 퍼부었다.

산사태

당시 우리는 휴스턴의 '하이츠'라는 지역에 살았다. 우리 동네가 휴스턴 시내보다 7미터쯤 높다고 해서 붙여진 이름인데, 리자와 나는 그 말을 듣고 웃음이 났었다. 평지인 휴스턴에서는 고도가 7미터만 높아도 그게 지명이 될 정도니 말이다. 또 여기로 이사하기 전에 우리가 캐스케이드 산맥이 보이는 데서 반평생을 살았기 때문에 높은 지대가 친숙하게 느껴지기도 했다.

그런데 하비가 휩쓸고 간 뒤로는 7미터가 더는 우습게 보이지 않았다. 7미터라면 별것 아니지만 물이 불어나는 상황에서는 지대가 1센티미터만 높아도 큰 다행이다.

한 번 시작된 비는 그칠 줄을 몰랐다. 세차게 쏟아지면서 때로 천둥을 동반했고 도무지 꺾일 기세가 보이지 않았다. 하수구 침수를 시작으로 인도가 물에 덮이더니 곧 우리 차바퀴의 절반 높이까지 빗물이 차올랐다. 그제야 집에 물이 들지 않게 할 방도를 인터넷에서 찾아보았으나 이미 너무 늦었다. 필요한 장비나 비품이 하나도 없었던 것이다. 기껏 챙겨 둔 게 판지와 페인트칠할 때 쓰는 테이프뿐인데, 그것으로는 높아지는 수위에 맞서기에 어림도 없었다.

하비는 1백 명 이상의 사망자와 1천억 달러 이상의 재산 피해를 낸 후에야 멕시코만으로 물러갔다.

우리 집은 침수되지 않았으나 지역 주민 수천 명이 집을 잃었다. 아래층이 실내 수영장으로 변해서 위층으로 이사한 집도 여럿이었다. 우리 친구 몇의 사연은 안타까움을 자아냈다. 집 중 호우가 퍼붓는 동안까지도 집이 멀쩡했는데 태풍이 끝나 갈 무렵 정부에서 댐이 터질 것을 우려해 수문을 여는 바람에 급류가 쏟아져 여섯 시간 동안 집 안에 15센티미터의 물이 들어찬 것이다.

여섯 시간은 장기간이 아니고 15센티미터도 별것 아니지만 주택 침수의 경우라면 막심한 피해를 입기에 충분하다.

우리 육상 모임의 한 남자가 사는 동네는 호수로 변했다. 어느 부유한 의료 종사자는 태풍에 대비해 6천 달러도 더 들여 집을 방수재로 겹겹이 싸다시피 했는데도 소용없었다고 한다. 쏟아져 내리는 비에 스펀지처럼 흠씬 젖어버린 것이다.

마침내 우리 부부도 정신이 번쩍 들었다. 물론 이전에 여러 해 동안 경보가 빗나가 결국 쓸데없이 당황한 꼴이 되었던 것은 사실이다. 하지만 하비가 막대한 장기적 타격을 입혔기 때문에 이제 다시는 태풍 경보를 심각하게 대하는 사람을 무시할 수 없게 되었다.

멕시코만 연안에 살다 보면 허리케인을 피할 수 없다. 휴스턴에 사는 기간이 몇 달에서 몇 년으로 길어지면 결국 누구에게나 저마다의 폭풍 경험담이 생겨난다. 론 스타 주의 이 지역은 거주지로서 장점이 많은데 허리케인이 불어온다는 게 흠이다. 시간문제일 뿐이다.

동일한 원리가 결혼생활에도 그대로 적용된다. 어떤 부부에게도 폭풍은 닥쳐온다. 폭풍이 언제 어디서 어떻게 닥칠지는 몰라도, 당신이 사는 세상이 영혼과 육체와 관계와 재정과 정서와 건강의 폭풍을 피할 수 없는 곳인 것만은 확실하다. 언젠가는 당신의 집에도 폭풍이 들이칠 수 있다. 당신의 집은 날씨가 맑을 때는 멀쩡하고 당당할지 몰라도, 과연 폭풍을 능히 이겨낼 것인가?

당신의 허리케인이 닥쳐온다

결혼식 주례를 설 때면 나는 민망할 정도로 감상에 젖는다. 리자와 나는 각 커플을 아주 오랫동안 상담하기 때문에 그들을 끔찍이 사랑하게 된다. 젊은이들(중년일 때도 있다)의 막중한 헌신 앞에서 정말 숙연해진다. 그런데 내가 아무리 최선을 다해도 그들을 충분히 준비시켜 줄 수는 없다. 앞날의 여정이 얼마나 험난할지를 사실 결혼할 때는 아무도 모르기 때문이다. 그것은 우리가 죄인이라는 사실 때문만도 아니고(《결혼, 영성에 눈 뜨다》의 주제), 관계의 멀어지는 속성 때문만도 아니며(《부부사랑 학교》의 주제), 친해지면 만만해지는 성향 때문만도 아니라(《행복한 결혼학교》의 주제) 우리가 살고 있는 세상이 망가져 있고 때로 적대적이기까지 해서 모든 관계를 공격하기 때문이다. 삶이란 간혹 잔인하고 종종 막무가내며 때로 지독히도 불공평해 보인다.

이 책에서 우리가 만날 한 부부는 다발성 경화증 때문에 삶이 뒤집혔다. 다른 부부는 하나뿐인 자녀를 잃었다. 어떤 부부는 남편의 직업상 몇 년씩 떨어져 살아야 했다. 외도에 빠진 아내도 있고, 수백만 달러를 벌었다 날린 부부도 있고, 예고 없이 세상을 휩쓴 팬데믹 탓에 위태로워진 가정도 있다. 그런데 – 이게 핵심이다 – 그들은 다 위기가 닥치기 전보다 지금 금슬이 더 좋아졌다. 더 친밀하고 성숙하고 사랑이 많아졌으며 결혼생활에 더 헌신적이다. 처음에는 폭풍 때문에 관계가 파탄 날 것만 같았는데 신기하게도 오히려 더 일심동체가 되었다.

그들의 결혼은 왜 파경에 이르지 않았을까? 타격을 입어 휘청이던 관계가 무엇 때문에 다시 기운을 추슬러 이전보다 더 견고해졌을까?

그것이 이 책의 주제다.

방금 말한 문제들은 딱히 아닐지라도(아니기를 진심으로 바란다) 당신에게는 당신의 도전이 반드시 닥쳐올 것이다. 재정 파탄, 건강의 위기, 자녀의 반항이나 죽음이나 평생 돌봐야 할 장애, 자신의 중독, 바쁜 스케줄, 불가피한 생이별 기간 등 오늘날의 부부에게 닥쳐오는 관계상의 허리케인은 얼마든지 많다. 이런 문제는 돈으로 해결되지 않는다. 한 남자와의 대화가 잊히지 않는다. 그는 순자산이 수십억 달러에 달하지만 자녀 중 둘에게 세상 최고의 의료진도 속수무책인 난치병이 있다. 문제가 사라질 수만 있다면 수억 달러를 들여도 아깝지 않으련만, 돈은 자녀에게 닥친 도전에 맞서기에 무력하고 무효하다.

신앙도 문제를 늘 없애 주지는 못한다. 돈처럼 신앙도 각종 도전에 수반되는 고통과 난관을 헤쳐 나가는 데 도움이 될 수 있지만, 역시 돈처럼 신앙도 늘 그것을 사라지게 하지는 못한다.

로맨틱한 사랑도 문제를 해결해 주지 못하기는 마찬가지다. 그런 사랑으로 삶의 낭패를 극복하려는 것은 종이봉투에 물을 담으려는 것만큼이나 부질없다. 맹렬한 암세포가 사랑하는 이의 기력을 앗아갈 때 즐길 수 있는 로맨스란 별로 없다. 부득이 집을 팔아넘겨야 하는 굴욕스러운 상황에서 자녀가 경멸의 눈초리로 당신에게 재테크에 대해 훈수할 때도 마찬가지다.

세상이 당신 부부를 갈라놓으려 할 때 어떻게 관계를 지켜 낼 것인가? 그것이 이 책의 주제다. 그러려면 우선 미지의 공격을 내다보며 바로 지금부터 당신의 결혼생활을 단단한 요새로 만들어야 한다. 나는 폭풍이 닥친 뒤에야 집이 걱정되어 하비에 맞설 대비책을 궁리했는데, 그때는 이미 너무 늦었다. 우리 집이 6미터 높이의 벽돌 건물이었다면, 아무리 하비가 금세기 최악의 태풍 중 하나라 해도 우리는 눈 하나 깜짝하지 않았을 것이다.

허리케인이 닥쳐오면 당신의 관계는 둘 중 하나가 될 것이다.[1] 현 상태의 부부관계가 문제를 악화시켜 화를 키울 수도 있고,[2] 부부관계가 이미 견고해서 태풍을 막아 주는 피난처 역할을 할 수도 있다. 이제부터 만나려는 부부들이 시인하듯이 그들도 도중에 실수가 많았다. 무엇을 잘못했고 어디서 돌이켜 치유 받아야 했는지를 다들 허심탄회하게 들려줄 것이다. 그러나 그들은 다음번 폭풍에 대비하기 위해 배운 교훈도 빼놓지 않고 말한다. 지혜롭고 경건하고 믿음이 충만한 그들과 대화하면서 나는 깊은 감동을 받았다. 주님 안에서 형제자매인 그들에게서 지혜와 영감을 얻을 이번 프로젝트는 내 평생 최고의 경험 중 하나가 되었다.

알고 보니 하나의 태풍을 통과했다 해서 뒤로 물러나 안심해도 된다는 보장은 없다. 반대로 태풍은 대개 세 개씩 뭉쳐서 온다. 자녀 양육의 위기에 건강의 위기가 더해지면 그것이 재정의 위기로 이어진다. 죄의 위기를 부추기는 배신의 위기를 직업의 위기가 더 악화시키기도 한다. 세상은 타락하는 데도 창의적이어서 재주도 좋게 우리의 가장 선한 의도마저 무너뜨린다.

당신의 집이 이미 '침수된' 상태라면 이 책의 사연들과 거기서 도출된 원리들이 확인해 주는 사실이 있다. 다른 사람도 침수를 겪었으나 개인적으로 훨씬 강해지고 부부간에 더욱 친밀해졌다는 것이다. 텍사스 생활 첫 6년 동안 리자와 나는 태풍경보를 보고도 별일 아니라며 가볍게 여겼는데, 당신도 우리 부부와 같다면 이 책에 나온 실화들을 유비무환의 계기로 삼기를 바란다. 당장 눈에 보이지 않더라도 먼 바다 어디선가 폭풍이 형성되는 중일 수 있다. 당신의 안전감을 비웃으며 사나운 위세를 불릴 수 있다.

여기에 실린 모든 사례는 인생의 위기를 극복한 사람들의 실제 이야기이다. 각 장마다 주로 실제 부부의 이야기에 집중되어 있지만, 그 문제에서 도출되는 원리는 누구에게나 두루 적용된다. 중요한 것은 문제가 아니라 원리다. 힘센 사람은 전투 중에 쓰러진 동지를 둘러멜 수도 있고, 유리병의 뻑뻑한 뚜껑을 배우자 대신 열어 줄 수도 있고, 무거운 가구를 옮기는 친구를 거들 수도 있다. 힘의 출처는 하나여도 용도는 다양하다. 영적 힘도 마찬가지다. "경건은 범사에 유익하니"(딤전 4:8).

인정사정없는 침수로부터 집을 지키기 위해 우리 부부에게 있던 거라고는 판지와 페인트칠할 때 쓰는 테이프뿐이었다. 그 상태로 허리케인을 겪고 나서 배운 게 하나 있다. 태풍이 닥치기까지 기다렸다가 교훈을 건진다면 너무 오래 기다렸다는 것이다. 부부관계가 문제를 악화시키는 게 아니라 해결에 일조할 수 있으려면 핵심은 준비다.

만난 적은 없지만 나는 주님 안에서 당신을 사랑한다. 그래서 당신의 결혼생활을 섬기고 싶다. 당신의 부부관계가 형통하고, 삶의 폭풍 속에서 피난처가 되며, 다른 많은 사람에게 감화를 끼치기를 바란다. 우리를 사랑하시는 이로 말미암아 "넉넉히 이기"기를 바란다(롬 8:37). 이 책을 하나님의 감화로 이루어진 사랑의 수고로 읽어 주기 바란다. 그분은 당신이 모르는 미래를 아시며, 그분의 한결같은 사랑이 당신에게 보이지 않을 때 다른 증인들을 통해 그 사랑을 보여 주신다. 당신을 준비시켜 능히 그리스도께로 더 가까이, 서로에게로 더 가까이 이끌어 주신다.

뜻하지 않은
위기가 닥칠 때

두려움을 물리치는 힘

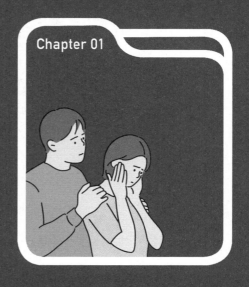

Chapter 01

결혼에 대한 당신의 가장 큰 두려움이 현실로 바뀐다면 어떻게 될까?

　　당신이 꿈꾸던 결혼이 영영 무산되어 결코 실현될 수 없음을 어느 날 문득 깨닫는다면 당신의 부부관계는 과연 그것을 이겨낼 수 있을까?

　　물론 이겨낼 수 있다.

　　스테이시와 대럴은 다발성 경화증이라는 아찔한 진단 앞에서 결혼에 대한 기대가 송두리째 무너졌다. 당신에게 내려질 진단은 불임, 정신 질환, 성기능 상실, 경제적 파산 등 전혀 다른 것일 수 있다. 결혼생활이 행복해지려면 한때 결혼의 주목적이라 여기던 것 없이도 살아갈 줄 알아야 한다. 그 이유는 간단하다. 우리 중 누구도 결혼에서 바라는 바를 결코 다 얻을 수는 없기 때문이다. 설령 얻더라도 그 상태가 평생 지속될 수는 없다.

　　그러므로 결혼생활에 성공하려면 상실을 잘 통합해야 한다. 실망을 끈기로, 무력감을 희망으로, 좌절을 신앙으로 전환할 줄 모르면 이 적대적인 세상에서 결혼을 승리로 이끌 수 없다.

　　종류만 다를 뿐 두려움은 누구에게나 있다. 대럴과 스테이시

의 경우는 다발성 경화증이 두 사람의 정체성을 핵심까지 건드
렸다. 그런데도 둘의 관계는 살아남은 정도가 아니라 활짝 피
어났다. 가장 큰 두려움에 어쩔 수 없이 맞서면서 배운 교훈 덕
분이었다.

참된 힘

　스테이시는 누워서 180킬로그램의 역기를 들어 올릴 수 있
는 사람과 사랑에 빠졌다. 당신이 웨이트 트레이닝을 잘 모를
경우를 위해 부연하자면 그 정도면 대단하다. 당신의 배우자가
들어 올릴 수 있는 무게의 두 배도 넘을 것이다. 스테이시가 자
란 가정은 안전하지도 못하고 건강하지도 않았다. 돌아보면 그
래서 대럴의 힘이 자신에게 안전하게 보호받는다는 느낌을 주
었다고 한다.
　그러나 스테이시를 매료시킨 것은 대럴의 체력이 아니었다.
"사실 저는 대럴 이전에는 장거리 주자처럼 체구가 작고 몸
이 마른 유형에게 더 끌렸어요. 그런데 사람들 – 특히 청소년 – 을
좋아하고 내 말을 잘 들어 주고 신앙심이 깊은 대럴의 모습을
보면서 그에게 빠져들었지요. 그의 장난기도 한몫 했고요."
　대럴에게 체력은 정체성의 핵심 요소였다. 그렇다고 보디빌
딩을 하는 사람들처럼 몸만들기에만 열중하지는 않고, 무엇보

다 아내와 가정을 돌보고 보호할 수 있는 남자가 되고 싶었다. 자신의 알통과 흉근을 스테이시도 싫어하지 않는 것 같았다.

"그때 나는 꽤나 교만해서 누구나 나를 보고 감동한다고 생각할 정도였습니다."

두 사람은 1986년에 결혼했다. 스테이시는 자신을 보호해 줄 강한 남자를 얻었다. 무엇이든 번쩍 들고, 식료품을 도맡아 나르고, 필요하다면 그녀까지 안아 올릴 수 있는 남편이었다.

3년이 채 안 되어 대럴에게 다발성 경화증의 초기 증상이 처음으로 나타났다. 시신경에 염증을 일으키는 시신경염이었는데, 금방 나타났다가 사라졌기 때문에 둘 다 별로 신경 쓰지 않았다. 그런데 1991년에 그것이 재발하면서 다발성 경화증이라는 의사의 공식 진단이 내려졌다.

당시 스테이시는 둘째 아이를 임신 중이었다.

진단 후에도 대럴의 병은 여러 해 동안 다분히 잠복 상태로 있었다. 그래서 스테이시는 하나님이 남편을 치유해 주셨나 보다고 생각했다.

하지만 대럴의 생각은 달랐다.

"나았다는 느낌이 없었습니다. 그래서 그냥 병이 속에 숨어 있다고 생각했지요. 아내에게 다 말하지는 않았지만 조짐이 보였어요. 자꾸 몹시 피곤해졌고, 온종일 일하고 나면 다리가 이전 같지 않았으니까요."

특히 어느 해에는 스트레스와 문제가 많아 대럴의 몸에 과부

하가 걸렸다. 일하던 캠프에서 사고가 발생했고, 업무 스트레스가 가중되었고, 개인적인 어려움도 몇 가지 있었다. 이 모두가 합해져 그의 몸을 급격히 악화시켰다. 사고 현장으로 뛰어가려다가 그는 몸동작의 결정적 변화를 알아차렸다.

"발을 들어 올릴 수 없더군요. 그래서 '올 것이 왔구나'라고 생각했습니다."

스트레스는 다발성 경화증의 증상을 악화시킬 수 있다. 대럴은 그해에 자신이 돌아올 수 없는 선을 넘었다고 본다.

"그 뒤로 몸이 영영 달라졌습니다."

초기의 영향

삶이 달라져 결혼에서 얻고자 하던 바가 실현될 수 없음을 깨닫고 나면, 그것을 받아들이는 데 한참 걸릴 수 있다.

당신과 배우자는 두려움에 어떻게 반응하는가? 대체로 둘 중 하나는 두려움을 부인하고 다른 하나는 두려움에 집착한다. 잔에 물이 반이나 찼다고 보는 쪽과 반밖에 없다고 보는 쪽의 전형적 이분법이다. 때로 부부는 자기네가 두려워하는 문제만 빼놓고 다른 온갖 일로 싸운다. 두려움을 그냥 두면 분노, 방어적 태도, 원망, 수치심 등 다양한 이차 감정으로 비화할 수 있다. 그래서 두려움을 두려움이라 칭하고 부딪쳐 뿌리를 뽑는 게 엄청난 도움이 된다.

"우리가 자식을 낳을 수 없다니 생각만 해도 아찔하네요."

"그래서 지금 내가 불임이라고 나를 탓하는 건가요?"

이런 말은 아주 비정하게 들린다. 그래서 '가임'인 배우자는 그냥 함구한 채 둘의 진정한 두려움을 아예 언급하지 않을 수 있다. 상대를 탓하지는 않지만 새로운 현실에 압도된 상태다. 이런 문제를 다루려면 고도의 분화(分化)가 필요하다. 배우자의 좌절과 실망을 기꺼이 이해하고 감수하되 그것을 자신과 연관시키지는 말아야 한다. 물론 온통 자신과 연관되어 보이겠지만, 그렇다고 당신이 불임을 자청한 것은 아니잖은가. 대럴의 다발성 경화증도 그가 선택한 게 아니다.

두려움을 터놓고 다루어야 한다고 말하는 이유는 두려움을 그냥 두면 관계의 암이 되기 때문이다.

스테이시는 오리건 주 해변의 오두막에서 친구들과 함께 보낸 휴가를 떠올렸다. 얼마 전 대럴이 병을 진단받은 것 때문에 좌중에 긴장이 감돌았다.

"정말 힘들었어요." 그녀의 회고다.

> 우리는 서로에게 소리를 많이 질렀어요. 나는 하나님께도 소리를 많이 질렀고요. 지금 생각해 보니 전혀 알 수 없는 현실에 부딪치기가 무서웠던 것 같아요. 갑자기 발에 못이 박혔는데 이를 뽑아낼 의사가 없다면 이제 발이 영영

많이 입힌다고요.

결국 내 낙관론과는 별개로 방 안에 다발성 경화증이라는 코끼리가 있음을 인정해야 했습니다. 어쩔 수 없는 자각이었지요. 그 코끼리를 내가 몰아낼 수는 없었습니다. 잘 달래 볼 수야 있겠지만, 그것의 존재를 부정하면 할수록 전진은 고사하고 오히려 후퇴하는 것이었지요.

병의 숙주는 자기 몸인데 그 영향이 아내 스테이시의 삶에 – 사실은 온 가족에게 – 미쳤고, 자신은 그들을 보호해 줄 수 없었다. 마침내 그 사실을 인정하자니 대럴은 마음이 찢어지는 것 같았다. "나는 강한 남자다"가 이제까지 그의 정체성이었는데 **이번만은** 가족들을 지켜 줄 수 없었던 것이다.

그러므로 두려움을 두려움이라 칭한 뒤에는 새로운 상황을 현실로 받아들이라. 현실의 요구가 마음에 들지 않겠지만 그렇다고 부정해 봐야 소용없다. 지금부터는 거기에 맞추어 살면서 서로를 대해야 한다. "이것이 우리의 새로운 규범이다. 어떻게 이대로 잘해 나갈 것인가?"

이 순간 당신이 마주하고 있는 두려움이 있다면 여기서 잠시 멈추어 부부가 함께 대화하라. 당신의 새로운 규범은 무엇인가? 그중 무엇이 싫고 무엇이 두려운가? 자신도 괴롭겠지만 그래도 이 시련이 배우자에게 미치는 영향을 이해하려 해 보라. 아마 당신에게 미치는 영향과는 다를 것이다. 두려움 때문에 소외와 원망으로 치달을 게 아니라 오히려 이해와 공감이 깊어지게 하라.

진지한 깨달음

"오직 마음(생각)을 새롭게 함으로 변화를 받아"(롬 12:2). 그리스도인의 변화는 그렇게 이루어진다. 자신의 실망에 맞서려면 깨달음이 필요하다. 기독교 고전에 강조되어 있듯이 자신을 바로 아는 것도 거의 하나님을 바로 아는 것만큼이나 중요하다.

존 오웬은 "자신을 잘 모르는 사람은 평생 이런저런 유혹에서 헤어날 수 없다"라고 썼고,[1] 아빌라의 테레사도 "자신을 아는 것이 워낙 중요한 만큼 나는 이 부분에서 게을리 할 마음이 없다"라고 썼다.[2] 다른 고전도 많이 인용할 수 있겠지만, 솔직히 상식만으로도 성립되는 논지다. 성장하려면 무엇이든 사실 그대로 보아야 한다. 그렇지 않으면 무엇이 문제인지 모르기 때문에 자신에게 필요한 변화가 무엇인지도 알 수 없다. 우리 대부분은 왜곡된 자아관과 하나님관을 품고 살아간다. 그러다 보니 열이 나는데 위장약을 먹어야 한다는 사람이나 뇌종양이 있는데 운동만 하면 균형 감각이 좋아질 거라는 사람처럼 우리도 자꾸 허방을 딛는다. 우리도 다윗처럼 용기를 내서 이렇게 기도해야 한다. "하나님이여, 나를 살피사 내 마음을 아시며 나를 시험하사 내 뜻을 아옵소서. 내게 무슨 악한 행위가 있나 보시고 나를 영원한 길로 인도하소서"(시 139:23~24).

다윗은 우리에게 진실을 믿을 뿐 아니라 진실을 **찾아야** 한다는 본을 보였고, 숨겨진 부분을 하나님이 보여 주셔야 한다고 전제했다. 어렵게 배운 교훈이었다. 알다시피 그는 실제로 자신이 괜찮다고 생각했으나 나단이 과감히 "당신이 그 사람이라"(삼하 12:7)라고 지적함으로써 우리아와 밧세바에게 지은 그의 중죄와 추한 참상이 다 드러났다. 당신이 하나님께 마음을 살펴 달라고 마지막으로 구한 때가 언제인가? 양심을 깨우시는 성령의 음성에 마지막으로 귀를 기울인 때가 언제인가?

지금이 시작하기 좋은 때다. 삶의 실망에 바른 태도로 맞서면 덕분에 내가 누구고, 배우자가 어떤 사람이고, 하나님이 무엇을 베푸시고, 우리에게 실제로 무엇이 필요한지를 재평가할 수 있다. 자신을 더 잘 알도록 눈이 뜨이는 것이다. 그래서 스테이시는 돌아보며 이렇게 말한다.

자신이 누구인지를 아는 신혼부부가 있을까요? 대럴도 나도 문제가 많은 가정에서 아주 힘들게 살다가 만났는데, 처음에는 그런 배경이 우리에게 어떤 영향을 미치는지를 몰랐습니다. 나는 무의식중에 대럴 같은 사람에게 돌봄을 받고 싶어 그와 결혼했어요. 그런데 이제 내가 그를 돌보고 있으니 너무나 기가 막혀요.

당신은 왜 결혼했는가? 어떤 기대를 배우자가 채워 주리라 생각했는가? 그런 기대가 무산되었는가? 실망 중에도 여전히 결혼의 의미와 목적이 있는가?

귀용 부인, 아빌라의 테레사, 노리치의 줄리안, 헨리 드러몬드 등 많은 기독교 고전 작가가 강조하는 것이 하나 있다(우리 시대의 케이 워렌도 마찬가지다). 바로 그리스도인이 실천해야 할 순종이다. 자신도 모르게 우리 많은 사람은 하나님께 열심히 대들기 일쑤다. 물러서지 않겠다는 것이다! 내 기대가 채워져야 한다는 것이다! 내 희망이 무산될 수는 없다는 것이다! 기어이 삶을 내가 원하는 방식대로 돌아가게 만들겠다는 것이다!

하지만 결국은 불가능한 일이다.

삶의 관건은 내 계획과 뜻보다 하나님의 계획과 뜻을 수용하고 따르는 것이며, 본래의 내 생각이 최선이었다고 하나님을 설득하려 하기보다 그분이 가르치시려는 대로 힘써 배우는 것이다. 이 사실을 겸손히 인정하는 게 순종이다.

스테이시와 대럴도 전진하려면 순종해야 했다. 대럴의 설명이다. "젊었을 때 나는 강한 체력만 원했는데, 하나님은 내 내면에 체력보다 훨씬 많은 게 있음을 보여 주셨습니다."

스테이시는 자신이 구하던 도움이 남편 외의 다른 출처에서 올 수도 있음을 받아들여야 했다.

"오랜 세월 나는 강한 남편이 나를 돌봐 주고 보호하고 부양

할 줄로만 알았어요. 그게 내가 가장 바라던 바이자 결혼한 이유 중 하나였으니까요. 그런데 하나님은 '아니, 그렇지 않아. 내가 너를 돌볼 거야'라고 말씀하셨습니다."

말할 수 없이 고통스러운 순종의 과정을 그녀는 미화하지 않는다. "우리의 기대를 애써 죽이고 하나님의 대안을 받아들인다는 게 그다지 즐겁지는 않아요. 새로운 현실을 수용하기란 정말 힘들 수 있습니다."

대럴도 똑같은 과정을 통과해야 했다.

성장기에 스테이시가 돌봄과 보호를 받지 못했기 때문에 혼인 서약 때 이제부터는 내가 돌보고 보호해 주겠다고 말했어요. 진심이었습니다. 그런데 이렇게 아내가 나를 돌보고 보호해 주는 상황이 되었지요. 서약을 지키지 못해 늘 괴롭습니다. 한창 팔팔할 때 했던 서약이긴 하지만요.

처음 진단받았을 때 두려움이 엄습해 왔습니다. 병을 고쳐 달라는 기도만 했어요. 성경의 치유 본문을 죄다 읊어 가며 (마치 하나님이 잊기라도 하신 듯) 그분께 큰 소리로 주장했습니다. 온통 "고쳐 주세요, 고쳐 주세요, 고쳐 주세요" 뿐이었지요. 결국 여러 해가 지나서야 하나님의 이런 말씀이 귀에 들어오더군요. "대럴, 다발성 경화증을 고치고 싶은 네 마음은 알겠는데 나한테 더 좋은 계획이 있으니 함께 견뎌 보자. 네 삶에는 이 병보다 더 큰 문제들이 있다. 내가 이 병을 통해 그런 문제를 해결할 수 있다."

스테이시와 대럴 같은 믿음의 사람들을 인터뷰하다 보면 나는 이런 엄청난 신앙 고백에 감동하곤 한다. "내 삶에 이 병보다 더 큰 문제들이 있구나" 하고 스스로 깨닫는 사람은 없다. 그건 하나님이 하시는 일이다. 그분은 대럴이 받아들일 수 있게 위안을 담아 명확히 말씀하셨다.

"그래서 내가 그랬어요. '좋습니다, 하나님, 해 봅시다. 그런데 이것 하나만 해 주시겠어요? 이 두려움 좀 없애 주세요.' 그러자 그분이 '그거야 내 전공이지'라고 말씀하시는 것 같았고, 그 순간 내게 **치유가 이루어졌습니다.** 다발성 경화증이 나은 게 아니라 그보다 더 큰 문제였던 두려움이 치유된 겁니다."

다음과 같은 자각이 들던 어느 밤에 그는 치유가 완결된 것을 알았다. "대럴, 네가 휠체어를 타다니 꿈에도 바라지 않던 일이지. 그런데 이제 네게 두려움이 없잖아. 오히려 이렇게 웃음이 있고, 아내가 곁에 있고, 삶이 행복하잖아."

스테이시는 자신이 이미 달라진 것을 어느 저녁 파티 중에 잠시 주위를 둘러보면서 알았다. "사람들이 식탁에 가득 모여 화기애애하게 저녁 시간을 즐기고 있는데 문득 이런 생각이 들더군요. '나는 대럴이 휠체어에 갇히는 게 가장 두려웠는데, 그래도 우리가 잘하고 있구나. 잘 통합했구나. 10년 동안 두려움에 그토록 큰 피해를 입고도 어느새 여기까지 왔구나.' 결국 다발성 경화증보다 두려움이 우리에게 더 해로웠거든요."

대럴은 이렇게 덧붙였다. "우리는 다 엉뚱한 것을 위해 기도할 때가 많아요. 내 경우는 반평생이 넘도록 다발성 경화증과 더불어 살면서 거기서 좋은 것이 많이 나왔습니다. 하나님이 원하시는 내 모습에 더 가까워졌지요."

그의 입에서 자연스럽게 나온 이 말의 위력을 놓친다면 내 부주의가 될 것이다. "반평생이 넘도록 다발성 경화증과 더불어 살면서 거기서 좋은 것이 많이 나왔습니다." 이 놀라운 고백은 결혼생활의 어떤 문제에도 적용될 수 있다. 로마서 8장 28~29절이 힘든 삶 속에서 확인되는 것이다.

> 우리가 알거니와 하나님을 사랑하는 자 곧 그의 뜻대로 부르심을 입은 자들에게는 모든 것이 합력하여 선을 이루느니라. 하나님이 미리 아신 자들을 또한 그 아들의 형상을 본받게 하기 위하여 미리 정하셨으니.

현재 고생 중인 친구를 이 구절로 격려하려 할 때는 세심한 주의를 기울여야 한다. 잘못 적용하면 불난 집에 부채질하는 것처럼 느껴질 수 있다. 그러나 이 고백을 하나님이 기대를 무산시키신 이후의 자신에게 적용하면 두려움을 헤쳐 나가는 데 도움이 되며, 그분이 긍정적 결과를 이루신다는 진리를 준비된 마음으로 받아들일 수 있다. 그래서 이 말씀은 성경에서 가장 위력적인 진술 중 하나가 될 수 있다.

부부관계의 재설정

자신의 기대치를 조정했으면 이제 부부관계에 대한 기대치도 조정해야 한다. 다음은 스테이시의 회고다.

> 다발성 경화증 이전의 우리 부부는 꼭 실과 바늘 같았어요. 나는 대럴에게 얹혀서 덕을 보는 게 **좋았지요.** 남편만 따라다니면 아무것도 안 해도 됐으니까요. 그러다 더는 그럴 수 없게 되면서부터(대럴은 현재 은퇴했고 스테이시는 아직 일하고 있다) 매사를 내가 통제하려 했습니다. 머릿속에 들러붙어 있던 기존 구도를 깨뜨리고 싶지 않아서요. 대럴은 힘과 카리스마와 솔직함으로 모두에게 추앙받는 남자고 나는 그를 내조하는 아내라는 구도 말이에요. 그것을 뇌리에서 떨칠 수 없었어요.
>
> 그렇게 애쓰는 과정에서 불행히도 나는 과잉 통제로 의존을 조장하는 아내이자 엄마로 변했어요. 무슨 일이든 내가 도맡아 한 겁니다. 하나님이 해결해 주지 않으실 거라면 나라도 최선을 다해 최대한 해결해 보자는 식으로요.

내가 조성한 환경 속에서 대럴은 매사에 아무것도 할 필요가 없었어요. 그의 기력과 건강을 보전하려는 내 절박한 시도였지만, 어느새 나는 본래의 내가 아니라 환경 통제탑이 된 셈입니다. 그 바람에 온 가족은 '엄마가 다 알아서 할 거야'라는 생각에 빠졌고요.

당신의 대응이 상황을 악화시키고 있지는 않은가? 스테이시는 남편의 병보다 자신의 태도가 어떤 면에서 가족들을 더 힘들게 했다고 본다. 당신의 결혼생활에서도 재정난이나 불임에 대한 당신의 반응이 본래의 문제보다 더 큰 문제가 될 수 있다.

그렇게 되지 않으려면 어떻게 해야 할까? 기대를 접고 사는 법을 배워야 하는데, 이는 초보 운전자가 평행 주차를 시도하는 것만큼이나 살 떨리는 경험일 수 있다. 난감한 순간이 더러 있을 것이고, 한두 번 범퍼가 살짝 찌그러질 수도 있다. 하지만 그것이 백년해로의 묘미다. 대개 우리는 처음에 시도했다가 틀려서 재평가를 거쳐 다시 시도한다. 대럴과 스테이시도 현재의 모습에 이르기까지 수십 년이 걸렸다. 성숙은 과정이다. 한 번에 다 잘하는 게 아니라 대개 길을 잘못 들었다가 막다른 골목에서 돌아 나와 마침내 하나님께 정로를 여쭙는 것이다.

성장을 돕는 최고의 도구 중 하나는 건강하게 슬퍼할 줄 아는 것이다. 잔에 물이 반밖에 없다고 보는 쪽인 스테이시는 이 점을 강조한다.

"마음껏 슬퍼하는 게 중요해요. 화만 낼 게 아니라 제대로 슬퍼해야 합니다. 자녀가 있다면 자녀와도 그런 대화를 해야 해요. 우리 딸이 중학생일 때 아빠가 학교 행사에 보행기를 짚고 가곤 했는데, 그때 우리는 딸이 창피해서 상처받은 줄로 알았어요. 나중에 알고 보니 딸은 창피한 게 아니라 슬펐던 겁니다. 그건 건강하고 꼭 필요한 일이지요. 우리가 딸을 그런 상황으로 몰아간 감이 있어요. 그때는 대럴도 나도 늘 '우리는 해낼 거야. 우리 삶은 아무것도 달라지지 않을 거야'라고 허세를 부렸거든요. 물론 거짓말이지요. 우리 삶이 아주 많이 달라졌으니까요. 그것을 슬퍼해도 괜찮다는 겁니다."

슬퍼하는 것은 죄가 아니다. 어디가 아프고 어떻게 아프고 무엇 때문에 아픈지를 하나님께 털어놓는 것은 건강한 행위다. 이런 슬픔에 순종의 태도가 수반된다면 이는 영적 건강과 성숙과 믿음의 삶으로 가는 데 꼭 필요한 과정이다.

D. A. 카슨은 이렇게 썼다. "성경에 하나님 백성의 고통과 고난을 적당히 덮으려는 시도는 없다. 그들은 하나님께 따지고 하소연하며 그분 앞에서 운다. 눈물 없는 극기의 신앙이 아니라 하나님과 씨름할 정도로 검질긴 신앙이다."[3]

에스터 플리스가 탁월한 저서 *No More Faking Fine*(괜찮은 척은 이제 그만)에서 지적했듯이 성부 하나님도 슬퍼하시고(창 6:5~6) 예수님도 슬퍼하시고(요 11:35) 성령님도 슬퍼하시므로(사 63:10) 슬퍼하는 것 자체는 죄의 행위가 아니다.[4] 오히려 그것은 믿음의 삶으로 가는 용감하고 정직한 과정일 때가 많다. 애통은 하나님을 밀어내기는커녕 오히려 가까이 모셔 들인다. "여호와는 마음이 상한 자를 가까이하시고 충심으로 통회하는 자를 구원하시는도다"(시 34:18).

경축하라

잔에 물이 반이나 찼다고 보는 쪽인 대럴은 얼른 이렇게 덧붙인다. "물론 슬퍼하는 것도 아주 중요하지만, 어느 정도 슬퍼했다 싶으면 이제부터는 아직 남아 있는 부분을 경축해야 합니다."

그의 이런 관점은 나를 겸허하게 한다. "내 체력의 20퍼센트가 남아 있다고 합시다. 나는 그 20퍼센트로 100퍼센트의 생산성을 발휘하고 싶습니다. 아직 남아 있는 부분을 최대한 활용하는 거지요. 하나님도 이전 수준의 생산성을 바라지는 않으실 겁니다. 하지만 주어진 게 20퍼센트라면 그거라도 100퍼센트 살리면 되는 겁니다."

당신 부부가 아이를 낳을 수 없다고 하자. 그러면 입양할 수도 있고, 세상 최고의 삼촌과 숙모가 될 수도 있다. 상황은 사람마다 다르다. 원래 바라던 것을 얻을 수 없다고 해서 주어진 기쁨의 기회마저 이전의 기대에 빼앗길 필요는 없다.

이전에 내가 책을 쓰려고 취재하는 과정에서 대화했던 한 부부는 남편의 암 치료 때문에 삽입 성관계를 즐길 수 없었다. 그러나 그들은 즐길 수 있는 대안을 새롭게 받아들였다. 분노와 원망은 "다 가질 수 없으면 아무것도 하지 않겠다"라는 자세를 낳을 수 있다. 그런 사고방식은 우리에게 치유는커녕 오히려 형벌을 가한다. 할 수 있는 만큼이라도 하자.

대럴의 경우 "침대에 옮겨 앉는 것까지는 스스로 하지만 그러고 나면 스테이시가 내 다리를 올려 주어야 합니다. 그렇다고 의자에 가만히 앉아서 아내가 다 해 주기만 바라지는 않아요. 아직 할 수 있는 동안에는 최대한 스스로 합니다. 혼자 침대에 옮겨 앉을 수라도 있어서 감사하지요. 더는 그것을 당연시하지 않습니다."

여기서부터 은혜가 애틋해진다. "좌절보다 감사를 더 많이 하려고 늘 배우고 또 배웁니다. 작은 일 하나하나도 늘 아주 힘들어 보이거든요. 나를 위해 수고를 아끼지 않는 아내에게 감사할 때가 좌절할 때보다 많아질수록, 아내를 향한 감사는 불어나고 좌절은 줄어듭니다." 보다시피 대럴은 중병 때문에 아내를 덜 사랑하는 게 아니라 오히려 더 사랑한다. 다발성 경화증은 견디기 힘든 병이지만, 이에 맞서는 과정에서 병이 그들의 요새를 공격하는 것 훨씬 이상으로 부부관계가 단단한 요새가 되고 있다.

"까다로운 심술보 늙은이가 아니라 행복한 사람이 되고 싶습니다. 병이 앗아간 것에 집착하기보다 아내의 많은 수고에 틈

틈이 감사한다면, 항상 감사하는 것도 가능합니다. 병 덕분에 나는 병이 없었을 때보다 더 감사하는 남편이 되었습니다."

병 덕분에 병이 없었을 때보다 더 감사하는 남편이 되었다니 얼마나 놀라운가! 세상의 눈으로 보면 그 반대겠지만, 이것은 초자연적 진리다. 대럴의 초점은 병이 앗아가는 것에 있지 않고 아내가 베풀어 주는 것에 있다. 그것이 원망 대신 기쁨과 감사를 낳는다.

이 순종의 자리에 이르려면 하나님의 개입이 필요하다. 바로 그분이 베푸시는 은혜다.

치유와 무관하게 은혜로 산다

사도 바울이 자기 몸의 "가시"를 없애 달라고 간구했을 때 하나님은 "내 은혜가 네게 족하도다. 이는 내 능력이 약한 데서 온전하여짐이라"라고 응답하셨고, 거기서 "그러므로 도리어 크게 기뻐함으로 나의 여러 약한 것들에 대하여 자랑하리니 이는 그리스도의 능력이 내게 머물게 하려 함이라"라는 바울의 결론이 나왔다(고후 12:9).

대럴도 초반에 기도할 때 "내가 원한 것은 은혜가 아니라 치유였어요"라고 인정한다. 결혼생활의 문제로 기도할 때 당신이 구하는 것은 은혜인가 치유인가? 병을 고쳐 달라는 기도가 잘못된 것은 아니지만, 치유를 구할 때 은혜도 함께 구하라. 심신의 치유는 보장되지 않지만 은혜는 무조건 보장되어 있다.

대럴의 설명이다.

"바울이 깨달아야 했던 사실이 있습니다. 자신의 이야기 속에 치유는 없어도 은혜는 있다는 것이지요. 그래서 어떻게 됐습니까? 은혜를 경험하고서부터 그는 '은혜가 치유보다 낫다!'라고 말합니다. 약한 데서 능력이 온전해진 겁니다. 당시 내게도 능력이 큰 문제였기 때문에 영적 은혜가 체력보다 낫다는 것을 배워야 했습니다."

결혼을 파경으로 몰아갈 만한 요인도 은혜가 임하면 오히려 부부관계에 활기를 불어넣어 줄 수 있다. 대럴과 스테이시가 잠잘 준비를 하거나 아침에 일어나는 모습을 누가 본다면 안쓰러워할지도 모르지만, 그것은 어쭙잖은 오해다. 이들이야말로 여태 내가 만나 본 부부 중 최고로 감사가 넘치는 부부다.

스테이시는 그 이유를 이렇게 설명한다.

"감사는 연습의 산물인데 대럴은 연습할 기회가 많습니다. 내가 많은 것을 해 주어야 하니까요."

대럴도 "감사는 선택입니다. 좌절할 것인지 감사할 것인지는 내가 하기 나름이지요"라고 덧붙인다.

스테이시도 감사를 배워야 했다.

내가 맡아야 할 집안일과 병수발은 끝이 없어요. 가사라는 게 오늘 한다고 해서 내일이나 모레는 없는 게 아니잖아요. 매일 해야 되는 거지요. 그래서 감사와 사랑의 기초는 **매일의** 선택입니다. 하루라도 대럴의 삶이 더 편하고 즐거워질 수만 있다면 나는 무엇이든 할 마음이 있어요. 저녁에 외출하고 싶은데 대럴은 8시 전에 자는 게 좋으니까 그럴 때는 속상하지요. 그래도 내 희생에 연연해하기보다 남편을 도울 기회라고 생각하고 받아들여요. 남편을 섬길 기회, 남편의 삶을 더 나아지게 해 줄 기회가 내게 주어지는 거잖아요. 섬기는 쪽은 나지만 그런 작은 선택 덕분에 나도 더 감사하게 됩니다.

대럴은 처량한 신세타령에 빠지는 게 아니라 감사하는 태도를 가꾸어 아내를 돕는다. 레스와 레슬리 패럿 부부는 "자기연민이란 어느 부부도 누릴 게 못 되는 사치다. 반드시 개인과 부부의 진을 다 빼 놓는다. 자기연민이 조금이라도 있다면 이미 과한 것이다"라고 경고한다.[5]

또 대럴은 아내의 희생을 으레 그러려니 하며 당연시하지 않았다. "아내가 나를 돌보는 일은 늘 의무일 수밖에 없지만, 내가 어떻게 반응하느냐에 따라 그 의무가 즐거워질 수도 있습니다."

스테이시가 대럴을 섬기려는 이유는 그의 행복을 즐거워하기 때문이다. 대럴은 스테이시의 섬김이 고마워서 어떻게든 그

섬김이 즐거워지게 하려고 애쓴다. 상황은 달라진 게 없지만 힘든 상황을 통해 그들은 서로를 즐거워하는 법을 배웠다. 그래서 그들의 부부관계는 힘든 상황 때문에 위태로워지는 게 아니라 오히려 더 견고해졌다.

신앙을 제대로 적용한 것이다!

> 여호와는 선하시며
> 환난 날에 산성이시라.
> 그는 자기에게 피하는 자들을 아시느니라(나 1:7)

01 뜻하지 않은 위기가 닥칠 때

1. 결혼생활에 성공하려면 상실을 잘 통합할 줄 알아야 한다. 실망을 끈기로, 무력감을 희망으로, 좌절을 신앙으로 전환할 줄 모르면 이 적대적인 세상에서 결혼을 승리로 이끌 수 없다.

2. 두려움과 무산된 기대에 반응하는 방식은 대개 부부가 서로 다르다. 더 친밀해지려면 자신의 반응이 가장 건강한 반응이라고 무조건 단정할 게 아니라 서로에게 배워야 한다.

3. 두려움을 그냥 두면 대개 해로운 이차 감정으로 터져 나온다. 그래서 과감히 두려움을 두려움이라 칭하고 두려움에 대해 대화하는 게 중요하다.

4. 배우자의 두려움에 건강하게 반응하려면 '분화'가 필요하다. 배우자의 좌절과 실망을 이해하고 감수하되 그것을 자신과 연관시키지는 말아야 한다.

5. 두려움에 대해 대화하는 것을 배우자를 **탓하는** 것으로 오해해서는 안 된다. 두려움에 대한 대화는 배우자를 **도와** 당신을 이해하게 함으로써 둘이 함께 실망에 대처하기 위한 것이다.

6. 결혼생활의 꿈이 스러질 때 필요한 영적 처방은 부부라도 서로 다르다. 당신에게 잘 듣는 '영적 약'이 배우자에게는 통하지 않을 수 있다.

7. 두려움을 두려움이라 칭한 뒤에는 새로운 상황을 현실로 받아들이라. 부정해 봐야 상황이 악화될 뿐이다. 지금부터는 거기에 맞추어 살면서 서로를 대해야 한다.

8. 그리스도인의 변화는 생각에서 시작된다. 자신의 실망에 맞서려면 깨달음이 필요하며, 거기에는 자신을 더 잘 아는 것도 포함된다. '이 시련'이 당신에 대해 가르쳐 주는 바는 무엇인가?

9. 기독교 고전에서 가르치는 순종이란 다음 사실을 겸손히 인정하는 것이다. 즉 삶이 더 잘 돌아가려면 내 계획보다 하나님의 계획을 수용해야 하고, 본래의 내 생각이 최선이었다고 하나님을 설득하려 하기보다 그분이 가르치시려는 대로 배워야 한다는 것이다.

10. 때로 잠재적 문제에 대한 우리의 두려움이 문제 자체만큼이나 해롭고 어쩌면 그 이상으로 해로울 수도 있다.

11. 성장을 돕는 최고의 도구 중 하나는 건강하게 슬퍼할 줄 아는 것이다.

12. 슬퍼하는 것도 중요하지만, 부부관계가 형통하려면 잃어버린 것에 집착하기보다 아직 남아 있는 부분을 늘 꾸준히 경축할 줄 알아야 한다.

13. 성경에 치유를 위해 기도하라고 했지만 우리는 은혜를 위해서도 기도해야 한다.

의지적으로
함께 성장하는 길

소통을 멈추지 말기

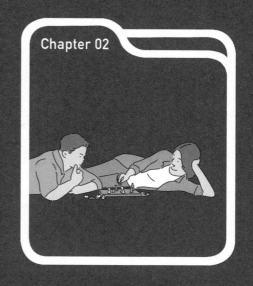

Chapter 02

지금까지 많은 부부를 상담하며 대화해 보았지만 데브라와 존은 어딘지 부부 중의 부부 같아 보이는 면이 있다. 그들은 명실상부한 동반자요 그야말로 **일심동체**였다. 결혼한 지 15년밖에 되지 않았지만 성숙한 연합으로 감동을 주었다. 그들은 1967년에 대히트한 록 그룹 터틀스의 노래 제목처럼 '함께 행복하다'.

　그게 더욱더 놀라운 이유는 그들에게 네 자녀가 있기 때문이다. 이 글을 쓰는 현재 막내는 아기다. 아이가 태어날 때마다 거기에 맞추어 한동안 부부관계를 조정해야 했지만, 데브라에 따르면 넷째 아이를 낳을 때쯤에는 둘 다 통달했다고 한다.

　"결론적으로 나는 넷째를 낳고서 전보다 더 남편에게 푹 빠져 있어요. 뭔가 잘 돌아가고 있는 거지요!"

　아이가 늘어날 때마다 부부관계에 방해되기는커녕 서로 더 **친밀해지다니** 신기하지 않은가? 물론 사안이 꼭 자녀 양육일 필요는 없다. 과중한 업무량을 처리하기, 편찮으신 부모를 돌보기, 둘 중 하나가 회계사라면 4월에 살아남기(미국 세금 보고 마감일이 4월 15일이다-옮긴이), 산부인과 의사라면 보름달을 극복하기(만월 무렵에 출산이 몰린다는 속설이 있다-옮긴이), 목사라면 크리스마스와 부활절에 부부 사이가 멀어지지 않게 하기 등도 다 그에 해당할 수 있다.

당신에게 닥친 결혼생활의 도전이 구체적으로 무엇이든 관계없이, 이번 장에서 다루려는 주된 위험은 부부간의 소통 단절이다. 둘 다 그리스도인 심리학자인 아치볼드 하트 박사와 새런 메이 박사는 "여러 해 동안 정서적으로 단절되어 있으면 그 타격과 고통이 외로움과 불행과 실망의 깊은 상처를 남길 수 있다"라고 경고한다.[1] 상당 기간을 소통이 단절된 채로 버티면 그것이 부부관계를 공격한다.

레스와 레슬리 패럿 박사 부부는 아기가 태어날 때 부부관계도 새로 태어난다고 지적한다. "여러 연구 결과에서 보듯이 첫 아이가 태어나면 갈등이 여덟 배로 증가한다. 부부관계가 뒷전으로 밀려나 여자는 중압감에 빠지고 남자는 자신이 찬밥 신세로 느껴진다. … 맏이가 태어난 이듬해에 70퍼센트의 아내는 결혼생활의 만족도가 급감한다. 남편의 불만은 대개 더 늦게 아내의 불행에 대한 반응으로 시작된다."[2]

부부관계를 새로 태어나게 하는 게 또 무엇인지 아는가? 건강의 위기, 자녀의 독립, 마약에 중독된 자녀, 취업이나 실직 등이 다 그에 해당한다. 데브라와 존이 자녀가 태어날 때마다 더 친밀해진 것은 우연이 아니라 애써서 신중하게 정서적 소통을 유지한 결과다. 아이가 생기면 반대로 부부 사이가 멀어지는 게 더 보편적 현상이다. 당신 부부를 갈려놓으려는 요소가 무엇이든, 지금부터 이 부부에게서 무엇을 배울 수 있고 무엇을 적용할 수 있을지 살펴보자.

신혼 시절의 사랑

데브라는 공인 전문 상담가고 존은 안과 의사다. 둘 다 현직에 이르기까지 오랜 기간의 험난한 과정을 거쳤지만, 처음부터 그들은 배운 대로 둘의 관계에 우선순위를 두었다.

존의 회고다. "아이가 태어나기 전의 우리 결혼생활을 표현해 본다면 친밀하고 재미있었다는 말이 가장 잘 맞을 겁니다. 우리는 산책을 많이 다녔고 마음껏 늦잠을 즐겼어요. 둘 다 순혈종 이집트인이라서 … "

"일요일 예배가 11시인데 10시 45분에야 일어났지요."

데브라는 남편의 말을 그렇게 마무리하며 웃었다. 존이 다시 말을 이었다.

"제일 기억나는 것은 온종일 서로 소통하고도 밤늦도록 깨어 있을 수 있던 그 자유입니다. 한마디로 말해서 삶과 주변 동네를 마음껏 탐험한 거지요."

"정말 자유로웠어요!" 데브라도 거들었다.

"존이 의대에 다닐 때도 아이가 없다 보니 별로 바쁘다는 느낌은 없었어요. 나도 그때 실습과 인턴 기간이었는데, 지금에

비하면 딱히 바쁘달 것도 없었지요. 결혼 첫해가 가장 힘들다는 사람들도 있지만 우리와는 거리가 먼 말이었습니다."

육아가 때로 부부의 친밀함을 위협하지만, 그들은 그 일에 부딪칠 만반의 준비가 되어 있었던 셈이다. 그러나 유난히 찰떡궁합인 그들에게도 한동안은 삶이 부부관계의 솔기를 뜯어놓을 것처럼 느껴졌다.

첫 아이의 출생

결혼한 지 3년만에 데브라와 존에게 첫딸이 태어났다.

존은 이렇게 되짚었다. "처음부터 큰 변화였습니다. 완전히 달라졌어요. 아내가 임신했을 무렵 마침 우리가 다른 도시로 이사한 데다 내 레지던트 과정까지 시작되었거든요."

더욱이 딸이 딱히 '천사'도 아니었다. "딸은 어린 교관이었어요." 데브라가 웃으며 말했다. "모든 게 자기중심으로 돌아가기를 원했거든요. 정말이지 나는 한동안 가택 연금이라도 당한 심정이었답니다. 게다가 존이 레지던트로 매주 100시간씩 일하는 바람에 나까지 졸지에 싱글 맘 신세가 되었지요. 그는 거의 항상 대기 상태였고 휴무일은 한 달에 나흘뿐이었어요."

엎친 데 덮친 격으로 데브라는 산후 우울증을 앓았다.

"그때는 그게 뭔지 몰랐는데 내 호르몬이 완전히 난조를 보이는 거예요. 평소에 존은 로저스 아저씨(유명한 어린이 텔레비전 프로그램 "로저스 아저씨네 동네"에 푸근한 호인으로 등장한 주연-옮긴이)처럼 낙천적인 사람인지라 그런 내 앞에서 어찌할 바를 몰랐습니다. 결국 남편이 내 우울증에 대응한 방식은 철회(관계의 담 쌓기)라는 방어 기제였는데, 그건 내게 하등 쓸모도 없을뿐더러 내가 바라던 바도 아니었어요."

둘의 관계에서 즐겁고도 소중한 부분이었던 성적 친밀함도 아주 뜸해졌다. 존에 따르면 그때 관계의 철회는 지독한 피로 탓도 있었다. "나도 친밀해지고 싶은데 그럴 기력이 별로 없었습니다. 그해에 나를 찍은 사진을 보면 전부 아기를 배에 올려놓고 누워 자는 것뿐이라니까요."

그 상황에서 데브라는 상처를 받지 않기가 힘들었다.

"책자마다 보면 대개 남자가 섹스를 시작한다고 되어 있는데 존은 전혀 그럴 기미가 없었어요. 그러니 내 기분이 더 상할 밖에요. 내가 읽은 모든 책에 그게 남자의 '생리'라고 나오는데 내 남편은 그렇지 않으니, 그러잖아도 우울하던 내 상태가 더 악화되는 겁니다. 정말 고약한 상황이었어요."

그때까지 데브라의 기본 사고방식은 흔하면서도 해로운 것이었다. 우리 인간은 보편적 현상을 자기와 연관시키는 경향이 있다. 왜 그러는지 이해는 되지만 그래 봐야 백해무익하다. 매주 100시간씩 일하면 누구라도 성욕이 시들해질 만하다. 존의 무관심이 박정하긴 했어도 그 이유는 데브라에게 매력이 없어서가 아니라 그냥 자신이 피곤했기 때문이었다.

"당신의 적(敵)은 배우자가 아니라 상황이다"라는 말도 있다.*(이 말의 정확한 출처를 알 수 없어 유감이다. 한 친구한테 듣고 늘 내 마음에 새겨 둔 말인데, 그녀도 자신이 이 말을 어디서 들었는지 몰랐다.)

회사 전산망을 관할하는 어떤 아내와 대화한 적이 있다. 한창 바쁠 때 사내 컴퓨터 시스템이 다운되자 상사들과 부하 직원들은 그녀가 시스템을 정상으로 복구하기 전에는 아무 일도 할 수 없다며 답답해서 아우성이었다. 그녀의 야근과 주말 근무 때문에 남편이 소외감을 느낄 게 뻔했지만, 더 큰 소리로 우는 쪽은 남편보다 직장 사람들이었다.

그 남편은 아내의 곤경을 인정하고 공감과 이해심을 보일 수도 있었으나, 오히려 자기가 무시당했다며 상처받아 아내의 스트레스를 가중했을 뿐이다. 결국 그는 정서적 외도에까지 빠졌다. 누구에게나 있을 수 있는 일을 고깝게 받아들여 자존심으로 맞선 것이다. 우리도 배우자를 이해하고 지원하고 격려하려 애쓰기보다 배우자의 상황을 자신과 연결시켜 받아들이면 그렇게 될 수밖에 없다.

자신의 상처와 좌절에 과민해지면 배우자의 상처와 좌절은 잘 눈에 들어오지 않는 법이다. 나는 지금 배우자에게 학대당하는 상황에 대해 말하는 게 아니다. 학대의 경우에는 피해자 쪽에서 상대를 이해할 게 아니라 안전을 강구해야 한다. 안전감이 없이는 정서적 소통도 있을 수 없다. 지금 하는 말은 자아에 매몰되어 자기밖에 모르고 자기 입장만 생각하느라 배우자에게 공감할 정신적 여유가 없는 경우에 해당한다. 바울은 그리스도인들에게 '나 먼저'라는 삶의 태도를 물리칠 것을 당부한다.

"아무 일에든지 다툼이나 허영으로 하지 말고 오직 겸손한 마음으로 각각 자기보다 남을 낫게 여기고 각각 자기 일을 돌볼 뿐더러 또한 각각 다른 사람들의 일을 돌보아"(빌 2:3~4).

어쩌다 한 번만 그렇게 가르친 게 아니다. 고린도전서 10장 24절을 생각해 보라.

"누구든지 자기의 유익을 구하지 말고 남의 유익을 구하라."

영적 성숙이란 남을 먼저 생각할 줄 아는 것이다. 단죄하기 전에 물어 보고, 비판하기 전에 공감하며, 비난하기 전에 걱정해 주는 게 기본값인 상태다. 결혼생활은 이런 태도를 배우고 익히는 최고의 훈련장 중 하나다.

정서적 소통이 단절된 상태를 계속 방치하면 부부관계가 위태로워진다. 하트 박사와 메이 박사가 정의하는 불안정한 결혼이란 "사랑으로 안전하게 소통해야 할 부부 사이에 더는 정서적 소통이 없는 상태"다.[3] 소통이 단절되면 괴롭다. 그것을 인정하되 그 상태로 버티지는 말라.

관계의 철회를 철회하다

존 고트먼 박사는 철회(관계의 담 쌓기) – 존이 배우자에게 보이던 태도 – 를 관계의 관점에서 "요한계시록의 네 말을 탄 자" 중 하나라 칭한다.*("네 말을 탄 자"의 은유는 요한계시록 6장 1~8절을 참조하라.) 담을 쌓는 사람(철회하는 사람을 통칭하는 그의 표현)은 흥미롭게도 대부분 남자다. 철회는 소극적인 것 같지만 해를 끼치는 데는 적극적이다. 고트먼에 따르면 철회는 이혼의 아주 확실한 전조증상 중 하나며, 여자 쪽에서 담을 쌓을 때는 특히 더하다.[4]

그런 철회가 왜 존과 데브라를 그런 운명에 빠뜨리지 않았는지 살펴보자. 한 번 쌓기 시작한 담은 대개 고트먼이 말하는 '정서적 홍수' 때문에 더 굳어진다.[5] 예컨대 남편은 아내의 걱정과 잔소리에 압도된다. 고트먼이 특히 경고하는 것은 "비수 같은 첫마디다. 아내가 남편의 철회에 반응할 때(양쪽이 바뀔 때도 있다) 즉흥적이고 흥분해 있고 언성이 높고 격하고 날카로운 표현으로 대화를 살벌하게 시작하는 것이다."[6]

"당신은 죽어도 내 말을 안 들어!"

"나만 빼놓고 다른 게 다 더 중요하지!"

"생전 나한테 관심도 없잖아!"

이런 식으로 말하면 상대는 수세에 몰린다. 정서적 소통은 부부에게 안전감을 주지만 공격받는 배우자는 당연히 방어하고 싶어진다. 당신과 함께 있는 게 배우자에게 안전하게 느껴지지 않는다면 친밀감도 요원하다. 당신의 결혼생활이 안전지대가 아니라면 정서적 소통의 장도 될 수 없다.

분노를 표현하기 전에 사랑을 표현하라. 실망을 표출하기 전에 서로 가까워지고 싶은 간절한 마음을 표출하라. "어떻게 나한테 이럴 수 있어?"라고 말하기보다 "당신을 깊이 사랑하니까 우리가 멀어질까 봐 두려워," "당신이 정말 그리워," "이 문제가 우리를 갈라놓는 게 싫어"라고 말하라.

안전과 **소통**을 생각하라. 이 둘을 결혼생활의 두 '페달'로 삼아 다시 자전거를 함께 탈 수 있다. 가혹한 말과 독설과 무뚝뚝한 침묵은 이미 좋지 않은 상황을 더 악화시킨다. 잠언에 보면 "유순한 대답은 분노를 쉬게 하여도 과격한 말은 노를 격동하느니라"(잠 15:1)라고 했다. 슬픔과 고통을 느낄 줄 알되 말에는 환대와 공감을 담으라. "너희 말을 항상 은혜 가운데서 소금으로 맛을 냄과 같이 하라. 그리하면 각 사람에게 마땅히 대답할 것을 알리라"(골 4:6).

하트와 메이에 따르면 "연구 결과 **싸움** – 몸싸움이 아니라 논쟁과 이견 – **이 부부관계에 꼭 위험한 것은 아니다.** … 존 고트먼의 연구로 밝혀졌듯이 이혼의 전조는 논쟁 내용이 아니라 싸우다 **정이 떨어지는 것이다.** … 정서적 소통이 유지되는 한 부부관계는 살아남아 이견을 극복할 길을 찾아낼 수 있다."[7]

방향 전환

몇 달 동안 비틀거리던 데브라는 호르몬이 점차 정상 수준으로 돌아오면서 기분이 조금 나아졌다. 덕분에 더 객관적이고 바른 시각으로 결혼생활을 돌아볼 여력이 생겼다.

"뭔가는 희생되어야 하는 상황이었어요. 그런데 존이 일을 줄일 수는 없고, 그렇다고 태어난 아기를 물릴 수도 없잖아요. 결국 달라져야 할 쪽은 나였어요. 내가 뭔가를 조정해야 했던 겁니다."

데브라의 이런 태도가 참 좋다. 결혼생활이 힘들어질 때면 누구나 우선 자기연민에 빠지기가 아주 쉽다. 그러면 기분이 더 나빠지고, 그러면 에너지가 더 고갈되고, 그러면 엉뚱한 쪽으로 약간 더 빗나가고, 그러면 낙심이 더 깊어진다. 악순환이다. 책을 쓰거나 사람들을 상담할 때 데브라는 **능동적 저항과 하나님의 감화로 인한 주도권**을 강조한다.*(데브라의 저서와 사역에 대한 자세한 내용은 www.truelovedates.com을 참조하라.) 사태를 수동적으로 방치할 게 아니라 하나님의 도움으로 적극 나서서 돌파구를 모색해야 한다는 것이다. 이런 약속을 의지하면서 말이다. "이는 나 여호와 너의 하나님이 네 오른손을 붙들고 네게 이르기를 '두려워하지 말라 내가 너를 도우리라' 할 것임이니라"(사 41:13). 삶이 호락호락하지 않은 만큼, 결혼생활의 낭패에 맞서 다시 시작하려면 때로 성령의 위로와 도움에 의지할 필요가 있다.

정서적 소통이 장기간 지속되는 부부를 보면 이런저런 시기를 통과하는 동안 예외 없이 어느 한쪽에서 첫걸음을 떼야 했다. 둘 중 하나가 당분간 짐을 더 많이 져야 했다.

존도 부부관계를 회복하려면 아내가 우울증에 잘 대처하도록 아내를 돕는 법을 배워야 했다. 데브라의 상황에 처한 어떤 여자들은 남편의 철회에 분노할 수 있지만, 대다수 남자는 심리학 학위가 없다. 대다수 사람은 우울증을 인지할 줄 모르며, 설령 진단을 받았다 해도 어찌할 바를 모른다. 당신을 사랑한다는 이유만으로 배우자에게 다 알아서 당장 제대로 반응해 주기를 기대한다면 이는 현실적이지 못하다. 그보다는 배우자에게 상황을 설명한 뒤 함께 대화로 대책을 모색하는 게 결혼생활을 요새화하는 최고의 방법이다.

결국 데브라와 존의 부부관계는 봉합되었다. 산후 우울증이라는 새로운 상황을 부득이 직시하고 극복하는 과정에서 오히려 더 친밀해졌다. 그것은 개인으로서만 아니라 부부로서 대처해야 할 문제였다.

당신이 과도한 업무에 시달리고 있거나 집에서 살림을 도맡고 있다면 그 상황에 **부부로서** 대처하라. 아기가 태어난 후 어떤 이유로든 둘 다 최대한 일찍 일터에 복귀하려는 경우에도 **부부로서** 대화하라. 둘 다 물에 빠진 심정일 수 있지만, 그럴수록 함께 헤엄쳐 나오는 법을 배우는 게 중요하다. 부부가 따로 놀면 제3의 문제가 생겨나는데, 그것이 애초에 단절을 유발한 문제보다 더 클 수 있다. 각자 '이를 갈며 버티다가는' 적개심과 정서적 별거로 치달을 수 있다.

둘 다에게 힘든 상황임을 인정하라. 둘 다 억울한 심정임을 인정하라. 둘 다 별로 사는 재미가 없음을 인정하라. 서로 원망하기보다 공감하려 힘쓰라. 배우자가 우울증을 겪고 있다면 이런 말이라도 해 줄 수 있다.

"당신이 힘들어서 나도 속상해. 어떻게 도와야 할지 모르겠지만 돕고 싶어. 이 시점에 당신에게 가장 도움이 될 만한 게 무엇인지 알려 줘."

당신이 예상한 결혼생활이 이런 게 아닐 수 있고, 배우자가 결혼 전과는 완전히 달라진 것 같을 수 있다. 그래도 당신이 보여야 할 반응은 공감이다. 어떤 경우에도 '나와 너의 대결' 구도로 가서는 안 된다. 배우자에게 실망했어도 동시에 공감하는 게 가능하다. 사실 친밀한 부부관계에 성공하려면 그래야만 한다.

자녀를 둔 적이 없거나 자녀가 한꺼번에 많아 본 적이 없다면, 그런 상황이 처음이라서 어찌할 줄 모른다 해서 자신이나 배우자를 탓할 수는 없다. 당신 부부가 어떤 시기를 지나고 있든, 그 불확실한 상황을 오히려 접착제로 삼아 이전보다 더 똘똘 뭉쳐서 해법을 모색하라.

제2막

   둘째 아이가 데브라와 존의 부부관계에 안겨 준 문제는 첫 아이 때와는 달랐다. 우선 데브라는 배운 바 있어 산후 우울증이 도지자 즉시 약을 복용했다.

   "아무래도 나는 상담가다 보니까 이런 문제를 자신과의 대화로 풀어야 한다는 생각도 있어요. 하지만 그게 안 될 때도 있잖아요. 약이 필요하면 먹어야 해요."

   성숙이란 전인적인 것이므로 어떤 때는 우리에게 닥쳐오는 문제를 관계로 풀기보다 약으로 치료해야 할 수도 있다.

   존은 존대로 육아에 많은 수고가 따른다는 현실에 눈떴다. 이미 알던 사실이지만 이번에는 거기에 정면으로 부딪칠 준비가 되어 있었다. 마치 시간과 에너지가 펑펑 남아돈다는 듯이 무턱대고 아기를 더 낳을 수는 없다. 뭔가는 희생되어야 하는데 존의 업무량은 거의 최대치에 가까웠다. 그러니 이제 어찌할 것인가? 첫째 때 무엇이 미흡했었는지를 파악해서 이번에는 앞일에 미리 대비하면 된다. 첫 아이 때 허둥댄 거야 존도 어쩔 수 없었지만, 둘째 아이 때는 똑같은 상황(과 그 이상)을 확실히 내다볼 수 있었다.

   나도 작가로서 늘 그래야 했다. 당연한 말 같지만, 대필을 맡기지 않으므로 내가 쓰지 않으면 원고가 진척되지 않는다. 물론 설교도 다른 목사의 설교문으로 하는 게 아니다. 그러다 보니 설교와 집필이 함께 몰려 부담이 아주 커질 때가 있다. 한번은 출간 마감일이 임박한 여름에 교회에서 긴 시리즈 설교(7주 중 6주)를 해야 했던 적이 있다. 사이사이에 세 번의 집회 강연까지 잡혀 있었다. 아내가 계획한 가족 휴가마저 성인 자녀들의 일정에 맞추느라 이 모두의 한중간으로 정해졌다.

전에도 그런 상황에 빠진 적이 있기에 나는 알았다. 계속 평소만큼만 일하다가 나중에 준비 부실로 지붕이 무너져도 '하나님의 은혜'로 헤쳐 나가기를 꿈꾸어서는 안 된다는 것을 말이다. 그래서 미리 열심히 일에 매달렸다. 여름이 오기 오래 전부터 설교를 구상하고 책을 써 나갔다. 위기를 예상했기에 조금이라도 위기를 줄이려 한 것이다. 미국의 회계사에게 4월은 항상 눈코 뜰 새 없이 바쁜 달이지만, 결국 회계사도 부부관계를 건사하는 법을 배울 수 있다. 어떻게 하면 안 되는지를 보고, 무엇을 해야 할지를 예상하고, 다 무너지기 전에 관계와 업무에 대처하면 된다. 어쩌면 고객을 하나 덜 받거나 시간제 인력을 보강할 수 있다. 수입은 줄겠지만 관계에는 큰 이득이 된다. 뭔가는 희생되어야 한다. 가장 덜 중요한 것을 희생양으로 정하면 된다.

문제를 앞지르는 것 외에 우리의 우선순위도 재평가해야 한다. 존은 "우리 가정이 처한 현실을 깨닫고 보니, 아무리 내게 수면 보충이 필요하다 해도 병원 일뿐 아니라 남편과 아빠로서 집안일도 해야겠더군요"라고 말했다.

데브라도 "남편은 밖에서 다 쓰고 남은 것만 가족들에게 주지 않도록 노력해야 했어요"라고 덧붙였다.

다시 존의 말이다.

"퇴근할 때마다 애써 현실을 되새겼습니다. 기분대로라면 쉬거나 자거나 다만 30분이라도 긴장을 풀고 싶지만, 그렇다고 가정을 제쳐둘 수는 없잖아요. 특히 내가 현관에 들어선 뒤의 첫 5분이 데브라에게는 가장 중요합니다. 아내에게 관심을 보이며 하루가 어땠는지를 그때 물어 봐야 하는 거지요. 퇴근하자마자 의지적으로 거기에 집중하는 법을 배워야 했습니다."

아픔이 수반되지 않는 해법은 없다. 하나님을 경외하는 삶에는 희생이 수반된다. 예수께서 누누이 말씀하셨듯이 그분을 따르려면 십자가를 감수해야 한다(참조. 마 16:24~26, 눅 9:23). 바울도 그리스도인의 삶은 끊임없이 우리 몸을 산 제물로 드리는 것이라고 했다(참조. 롬 12:1). 그동안 내가 목회 상담을 해 보니 고통 없는 해법을 바라는 부부가 많다. 소통을 유지하고 싶다면서 여태 자신들을 그토록 바쁘고 산만하고 단절되게 했던 '그것'을 잃지는 않겠다는 것이다. 분명히 말하지만 삶에 아기가 더해지면 뭔가를 빼야 한다. (부모형제나 친구의 죽음을) 깊이 슬퍼하는 기간에는 다른 것이 자리를 비켜 주어야 한다. 시간이 늘어나는 법은 없으므로 시간을 차지할 내용물을 줄여야 한다. 그렇지 않으면 '위기'가 우리를 갈라놓을 것이다.

경계선

앞서 말했듯이 존과 데브라가 어린 자녀들을 기르면서 서로 더 가까워진 것은 우연이 아니다. 그들은 놀라우리만치 치열하게 경계선을 긋고 지켰다. 친구로서 나는 데브라의 그런 면에 늘 감탄과 존경을 보내는데, 그녀는 "나를 자기주장이 강한 사람으로 보셨다면 아직 존을 몰라서 그러는 겁니다"라고 말한다.

각자 따로 삶에 떠밀리면 세상이 그 부부를 갈라놓을 것이다. 데브라와 존은 이 위험을 일찍부터 깨닫고 둘 다 "우리한테는 어림도 없지"라고 되뇌었다.

데브라의 설명이다. "우리 결혼생활의 주제 중 하나는 거절이라는 단어입니다. 부부와 가정이 살아남고 형통하려면 결혼생활과 가정생활에 방해되는 일과 사람을 모두 거절해야 함을 진작 배웠거든요. 지금도 우리는 그렇게 살고 있고, 거절 대상에서 자녀도 예외가 아닙니다."

그들의 경계선에는 자녀를 다른 방에 재우는 것도 포함된다. "현명한 투자와 훈련 결과로 우리 아이들은 다 엄마 아빠가 항시 곁에 없어도 아기 침대에서 따로 자는 데 익숙해졌어요. 일찍부터 집중해서 아이들에게 그렇게 가르친 덕분에 존과 나는 우리만의 관계를 지킬 수 있었지요.

문이 닫히면 엄마 아빠 방에 들어갈 수 없다는 것을 아이들이 다 알아요. 이때부터는 아무도 넘볼 수 없는 우리만의 성소, 우리만의 시간이지요."

데브라는 이 정책을 고수하는 것을 미안하게 여기지 않는다. "자녀에게 이렇게 경계선을 긋는 게 야박하다고 생각하는 사람들도 있지만, 부부관계를 잘 돌보지 않으면 결국 자녀에게 남겨 줄 게 남지 않거든요."

일요일 밤의 점검

힘써 새로 배우고 경계선을 확실히 지키는데도 데브라와 존의 결혼생활은 둘째 아이가 태어난 후로 여전히 얼마간 힘들었다. 방법을 알아도 실천이 부실하면 부부관계가 어려워진다. 무엇이 문제인지 알아도 기존 해법이 통하지 않으면 다시 조정해야 한다.

이 부부에게 일요일 밤의 '점검'은 그렇게 시작되었다.

부부관계가 삐걱거리는 거예요. 하도 힘들어서 일요일 밤마다 점검해야 했어요. 의지적으로 그렇게 계획했지요. "지금 우리는 어떤가? 힘든 부분은 무엇인가? 상대에게 필요한 것은 무엇인가? 털어놓아야 할 불만은 무엇인가?" 그뒤로 정말 빼놓지 않고 일요일 밤마다 점검하고 있습니다.

어디에 가 있든 그들에게는 이 점검이 최우선이다. 여행 중이든 집에 있든 휴가 중이든 마감일이 임박했든 예외가 없다.

레베카와 로드라는 부부는 밤마다 잠시 돌아보는 시간을 갖는다.

> 우리는 밤마다 자기 전에 서로 세 가지를 물어 봅니다. "오늘 당신이 내게 사랑받는다고 느낀 때는 언제인가? 존중받는다고 느낀 때는 언제인가? 혹시 내가 당신에게 상처를 주었는가?"《행복한 결혼학교》(게리 토마스, CUP 역간)를 공부한 뒤부터, 언제 소중히 여김 받는다고 느껴지는지를 여러 방식으로 질문하게 되었어요. 그러면 모든 게 드러나서 좋아요. 우리는 상처를 바로바로 처리하는 편입니다. 그러면 잠자리에서 싸울 필요가 없거든요. 둘 다 문제를 감추다가 첫 결혼에 실패했기 때문에 이제는 그러지 않아요. 또 우리는 상대에게 노력할 소재를 충분히 줍니다. 그래서 어떻게 하면 서로의 사랑 바구니를 채워 줄 수 있는지를 알아요.

데브라와 존에게 점검이 특히 중요해진 이유는 '데이트의 밤'이 전혀 비현실적일 때가 있음을 그때도 믿었고 지금도 똑같이 믿기 때문이다. "어떤 때는 데이트의 밤을 보내려다가 생겨난 문제가 해결된 문제보다 더 많았어요." 데브라의 말이다.

"그럴듯한 계획을 세웠는데 아이들이 아프거나, 중간에 베이비시터의 사정 때문에 집에 가야 하거나, 주중에 일이 생겨 경제적 여유가 없어질 수 있거든요."

그래서 대체로 점검은 집에서 이루어진다.

"미리 일정을 조정해서 아이들을 8시 반이나 9시에 일찍 재웁니다. 존과 나는 늘 일러도 자정은 돼야 자니까 그때까지는 우리만의 시간이지요."

이런 식으로 그들은 밤마다 두세 시간을 둘이서만 보낸다. 넷플릭스에서 뭔가를 보거나 사랑을 나누거나 책을 읽거나 함께 체스를 둔다. 주님과의 동행에 대해 대화하며 함께 기도하고 서로 배운 바를 나누기도 한다.

육아와 관련된 결정은 부부만의 시간이라는 경계선을 수시로 시험한다. 데브라는 "죄책감으로 자녀를 양육하는 부모들도 있어요. 자녀에게 거절하면서 죄책감을 느끼는 거지요. 하지만 나는 자녀에게 거절할 줄 아는 게 건강한 부부관계의 중요한 요소라고 믿어요"라고 말한다.

존도 같은 생각이다. "우리 아이들은 한꺼번에 여러 가지 활동에 참여하지 않고 사실 하나만 골라서 합니다. 그렇지 않으면 네 아이를 실어 나르느라 우리가 일주일에 나흘 밤을 바깥으로 나돌아야 하거든요. 우리는 그렇게 산만해질 생각이 없습니다. 장래에 프로 스포츠 선수가 될 아이가 없는데, 그 희박한 가능성 때문에 가족들의 일정을 없애 버릴 수는 없잖아요."

"친구들은 우리를 본질주의자라고 불러요." 데브라가 웃으며 말했다.

그 호칭을 마다할 생각은 전혀 없어 보인다.

부부가 밤마다 길게는 세 시간까지 둘만의 시간을 보낸다는 게 예삿일이 아님을 데브라와 존도 안다. 어떤 부부에게는 그게 불가능할 수도 있다. 그래도 이들은 "둘만의 시간을 내지 않고는 부부관계에 투자할 수 없어요"라고 굳게 믿는다. 결혼생활과 대화와 친밀함은 다 시간을 요한다. 세 시간이 됐든 30분이 됐든 그 시간을 지켜 내지 않으면 부부관계나 우정이나 성생활을 가꿀 수 없다.

경계선은 부부를 위해 자녀를 고생시키려는 게 아니다. 오히려 경계선을 지켜 둘만의 시간을 보내면 행복한 결혼의 유익이 자녀에게 돌아간다. 데브라의 설명이다. "자녀는 부모의 행복한 결혼을 볼 필요가 있어요. 부모의 본보기야말로 자녀가 장래의 건강한 관계에 대해 배울 수 있는 최고의 방법입니다."

존과 데브라는 엄마 아빠가 수시로 서로 키스하고 만져 주고 포옹하고 가끔씩 논쟁도 하지만 금방 사과하는 집에서 아이들이 자라기를 원한다. "우리 아이들을 허울뿐인 결혼생활이 아니라 충만한 결혼생활 속에서 기르고 싶거든요."

의지적으로 함께 성장하지 않으면 결국 멀어진다

현대의 삶은 호수가 아니라 강이어서 어딘가로 노를 젓지 않으면 하류로 떠내려간다. 결혼생활은 특히 더하고, 집에 어린 아이나 십 대 자녀가 있는 경우에는 더 말할 것도 없다.

데브라는 이렇게 조언한다. "부부들을 상담하다 보면 내 생각에 가장 큰 문제는 남편이 '아내가 변했어요'라고 말한다든지 아내가 '우리 사이가 멀어졌어요'라고 말한다는 것입니다. 서로를 계속 알아 가지 않으면 당연히 그렇게 되지요! 소통을 유지하는 것이 부부의 본분입니다."

소통을 유지할 계획을 세워서 그대로 열심히 지키지 않는다면 소통은 유지되지 않는다.

존은 이렇게 덧붙인다. "결혼 초부터 우리는 취미까지 포함해서 매사에 아주 신중을 기했습니다. 유독 바쁜 시절에는 취미가 하나도 없었지요. 둘 다 그만한 여유가 전혀 없었으니까요. 하지만 지금은 함께 산책도 하고 등산도 다니고 자전거도 탑니다. 자유 시간 때문에 더 멀어질 게 아니라 더 가까워지기로 작정했거든요. 그래서 나는 아내 없이 6시간씩 골프를 치러 다니는 다른 의사들에게 가담하지 않습니다."

"가담하고 싶다 해도 내가 가만두지 않을 거예요!" 데브라도 맞장구를 쳤다.

최근에 아내 리자가 누군가에게 이렇게 말하는 게 내 귀에 들렸다. "게리는 친한 친구가 여태 내가 만나 본 어떤 남자보다도 많아요." 하지만 이것은 자녀가 다 커서 독립한 후의 얘기고, 아이들이 어렸을 때는 일하고 책 쓰고 교회 사역 하고 가족들과 함께 시간을 보내는 게 내 삶의 전부였다. 서부의 친한 친구와 30분이나마 대화를 나눌 시간이나 기타를 연주하는 젊은 히피족 친구를 만나 폰디체리 식당에서 저녁을 먹을 시간조차 없었다. 지금 돌아보아도 후회는 없다. 저명한 작가이자 신학자인 엘튼 트루블러드는 내게 삶이란 장별로 사는 거라고 가르쳐주었다. 당신도 현재 쓰고 있는 장만 책임지면 된다. 그 장이 당신의 평생을 규정할 필요는 없다. 이 시기에만 그렇게 살다가 한 장을 끝내고 다른 장으로 넘어가면 그때 우선순위를 조정하면 된다. 한꺼번에 다섯 장을 쓰려다가 다섯 장 다 실패하는 것만은 금물이다.

자신의 한계를 인식하다

나는 투르 드 프랑스 사이클 대회의 열성 팬이라서 역대 우승자들의 자서전을 여러 권 읽었다. 내게 현대 사이클링의 가장 놀라운 점 중 하나는 체중을 가볍게 유지하는 데 요구되는 고도의 자제력이다. 이 친구들은 체형이 기형적이다. 사두근과 종아리는 각각 풋볼 공격수와 올림픽 체조 선수 같은데 이

두근은 체스를 두는 사람 같다. 한 우승자는 조금이라도 살이 붙는 게 싫어서 식료품을 집으로 나르는 일조차 하지 않았다. 그 정도는 약과다. 알프 듀에즈 정상(해발 3,300미터의 프랑스 스키 리조트-옮긴이)까지 **자전거로** 올라가는 사람도 있는데, 그들은 물 몇 모금의 무게마저 버리고자 산에 오르기 전에 물병을 비운다.

2018년 투르 드 프랑스 대회에서 우승한 게라인트 토머스는 그것을 "프로 바이커는 아이스크림을 먹지 않는다"라는 말로 압축 표현했다. 최적의 체중을 유지해야 하기 때문이다. 흡수하는 칼로리마다 지방으로 남지 않고 에너지로 전환되어야 한다. 바이커의 몸을 유지하기란 나이가 들어서도 발레리나의 몸을 유지하는 것만큼이나 힘들다. 그만큼 자연의 순리에 역행하는 일이다.

자녀가 있는 상태에서 부부관계를 친밀하게 유지하는 데도 똑같은 훈련이 요구된다. '경주' 밖에서 훈련되어 있지 않으면 알프 듀에즈 정상에 이르는 경주에서 페달에 발을 올려놓기도 전에 패할 수 있다. 아이스크림을 먹든지 높은 산을 자전거로 빠르게 올라가든지 둘 중 하나지 양쪽을 다 가질 수는 없다.

친밀한 부부관계를 유지하려면 마찬가지로 뭔가는 희생되어야 한다. 시간과 에너지의 한계를 무시하고도 부부로 **남을** 수는 있으나 계속 **친밀할** 수는 없다. 계속 친밀하려면 솔직한 평가가 필요하다.

데브라의 설명이다. "존은 정서적 용량이 나보다 작아서 하루에 45~50명의 환자를 보고 나면 에너지의 75퍼센트가 소진됩니다."

그래서 그는 일주일에 사흘만 일하기로 작정했다. 진료실도 집에서 5분 거리에 있고 대개 점심도 집에서 먹는다.

"우리한테 통하는 방법을 찾아낸 겁니다. 사정상 이게 불가능한 사람들도 있겠지만, 어쨌든 누구나 자신의 현 시점에 맞추어 달라지고 진화해야 하잖아요. 우리는 가정에 우선순위를 두려고 지출이 수입을 초과하지 않게 삽니다. 그러느라 나는 15년 된 자동차를 몰기도 하지요. 빚 없이 자유롭게 살기로 했거든요."

데브라에 따르면 "결혼생활의 자연스러운 궤도는 바다에서 떠밀리듯 표류하는 겁니다. 그렇게 돼 있어요. 부부관계의 표류는 깜짝 놀랄 일이 아니라 당연한 거지요. 생활 방식을 선택하는 전체 목표는 표류에 맞서 싸우는 데 있어요. 수동적 자세로 아무것도 하지 않으면 물살에 떠밀리기 때문에, 가만히 있지 말고 늘 능동적으로 대처해야 합니다. 자녀가 많을수록 항로가 복잡해지니까 표류도 심해지지요."

그러면서 그녀는 이렇게 덧붙인다. "가장 큰 덫 중 하나는 이게 그냥 한때려니 생각하는 겁니다. 딱히 당장 손쓰지 않아도 된다고 말이지요. 글쎄요, 이때야 지나가겠지만 부부관계도 함께 사라질걸요."

보상

존과 데브라가 이 모든 원리를 행동에 옮겼더니 셋째 아이 때는 둘째 때보다 오히려 쉬웠고, 막내가 태어났을 때는 가장 쉬웠다.

존의 설명이다. "시행착오를 통해 터득한 거지요. 이제 우리는 아기를 돌보면서도 우선순위를 지키는 법을 압니다. 아기한테 일정을 휘둘리기는커녕 그냥 아기를 일정에 끼워 넣을 정도지요. 사실 넷째는 우리의 계획에 없었지만, 이 아기 때문에 힘들어진 건 별로 없습니다."

데브라도 부연한다. "그게 가능한 이유는 우리가 한 팀으로서 교대하며 서로 돕기 때문이에요. 우리만의 리듬을 찾아낸 거지요. 게다가 우리는 도움이 필요하면 서로 재깍재깍 말해요. 소통하면 결혼생활이 훨씬 쉬워지거든요."

그러려면 수고가 클 것 같지만 여기 생각해 볼 게 있다. 게라인트 토머스도 2018년 투르 드 프랑스 대회에서 우승하기 위해 희생이 컸지만, 제20구간의 시간 기록으로 노란색 상의가 자신의 것임이 최종 확정되자 희색이 만면해졌다. '아이스크림' 생각 따위는 전혀 없었을 것이다. 훨씬 더 좋은 것을 얻었으니 말이다.

당당히 경계선을 긋고 경제적 희생을 감수하고 성관계를 위해 방문을 잠그는 데 따르는 보상을 존은 이렇게 설명한다.

"삶이 그 정도로 자유로워지면 친밀함의 수준이 타의 추종을 불허합니다. 사랑과 소통과 지지가 도무지 믿어지지 않을 정도고, 성적 친밀함은 상상을 초월하는 데다 횟수도 웬만한 남자가 바라는 것보다 많아지지요. 게다가 하나님의 부르심에 충실하게 살아간다는 자부심도 들고, 자녀가 건강한 환경에서 자라는 데 대한 만족감도 엄청납니다."

데브라도 덧붙였다. "개인이 건강해야 관계도 건강하다는 게 늘 내 모토였어요. 부부관계에서는 특히 더하지요. 부부관계에 집중하여 늘 그것을 견고하게 유지하면, 가장 중요한 그 관계가 다른 모든 관계 속으로 건강하게 흘러나갑니다. 하지만 순서를 뒤집어 자녀를 통해 정서적 욕구를 채우려 하면 장기적으로는 피해가 발생하지요."

존은 결혼생활을 최대한 단단한 요새로 만들 때 누리는 또 다른 혜택을 지적한다.

"조금도 숨김없이 나를 다 알리고 드러내도 배우자가 여전히 나를 받아 줄 때, 그 기분보다 더 좋은 것은 없습니다. 의사로 성공한 것과 가족 간의 막힘없는 소통 중 내 최고의 행복이 어디에 있느냐고 누가 묻는다면, 굳이 따져 볼 것도 없어요. 아내와 자녀들과 잘 통하는 쪽이 훨씬 좋거든요. 결국 이것은 정체성으로 귀결됩니다. 사람들이 나에 대해 물으면 나는 자신을 안과 의사라고 소개하지 않습니다. 그건 내 생업일 뿐이고, 내 정체성은 데브라의 남편이자 네 아이의 아빠라는 것이지요."

너희는 여호와의 선하심을 맛보아 알지어다.
그에게 피하는 자는 복이 있도다(시 34:8).

02 의지적으로 함께 성장하는 길

1. 정서적으로 단절되어 있으면 부부관계가 소원해져 "외로움과 불행과 실망의 깊은 상처"를 남길 수 있다.

2. 아기가 태어나면 부부관계도 새로 태어나는 것과 같다.

3. 바쁘거나 힘든 기간에는 배우자를 원망할 게 아니라 **상황**을 원망하라.

4. 하트 박사와 메이 박사에 따르면 불안정한 결혼이란 "사랑으로 안전하게 소통해야 할 부부 사이에 더는 정서적 소통이 없는 상태"다.

5. 담을 쌓는 행위와 철회는 부부관계에 심각한 해를 끼친다.

6. 당신과 함께 있는 게 배우자에게 안전하게 느껴지지 않는다면 친밀감도 요원하다. 당신의 결혼생활이 안전지대가 아니라면 정서적 소통의 장도 될 수 없다.

7. 희생하지 않고 자아에 매몰되어 있으면 그리스도인으로서 성숙할 수 없을뿐더러 부부의 소통도 막힌다.

8. 애정이 식으려 할 때는 **능동적 저항**과 **하나님의 감화로 인한 주도권**을 실천하라. 정서적 소통이 장기간 지속되는 부부를 보면 이런저런 시기를 통과하는 동안 예외 없이 어느 한쪽에서 첫걸음을 떼야 했다.

9. 당신에게 오는 도전에 부부로서 맞서라. 부부가 따로 놀면 제3의 문제가 생겨나는데, 그것이 애초에 단절을 유발한 문

제보다 더 클 수 있다.

10. 배우자에게 실망했어도 동시에 공감하는 게 가능하다. 사실 친밀한 부부관계에 성공하려면 그래야만 한다.

11. 먼저 우선순위를 정해야 하며 가정생활을 제쳐두어서는 안 된다.

12. 각자가 따로 삶에 떠밀리면 세상이 그 부부를 갈라놓을 수 있다.

13. 매주의 점검이나 밤마다 잠시 돌아보는 시간은 소통을 유지하는 데 요긴한 도구다.

14. 소통을 유지할 계획을 **세워서** 그대로 열심히 **지키지** 않는다면 소통은 유지되지 않는다.

의도치 않게
떨어져 지내게 될 때

떨어져 있을 때도 함께 성장하라

Chapter 03

해군 군목 배런 밀러는 관타나모 베이 해군 기지에 있는 자신의 막사로 나를 안내했다. 들어가면서 보니 판지에 인쇄해서 오린 그의 등신대가 차고에 세워져 있었다.

"저게 뭔가요?"

내 물음에 그는 웃으며 "이게 저랍니다"라고 말했다. 그가 임무를 맡아 집을 떠나 있을 때면 아내 크리스티나는 이 등신대를 남편 대역으로 삼았다. 몸은 멀어도 마음만은 함께 있음을 표현하는 창의적 방법이었다.

배런이 해군 군목으로서 아내와 가족과 떨어져 지낸 기간은 모두 합해서 2년이 넘는다. 그동안 그들은 물리적 거리가 부부를 갈라놓지 않기를 '바라고만' 있는 것은 어리석고 위험한 일임을 배웠다는 것이다. 이역만리에 떨어져 사는 부부들도 부부관계를 가꾸는 법을 배워야 한다.

부부 중 하나가 직업상 출장을 많이 다니거나(출장의 성격은 다양할 수 있다) 편찮으신 부모를 보살피러 한동안 집을 비워야 하거나 아예 군인 신분이라면, 이들의 이야기가 공감을 줄 것이다. 설령 따로 살 일이 없다 해도(우리 부모님은 결혼한 지 60년이 넘도록 연속 이틀도 떨어져 지내신 적이 없다) 크리스티나와 배런이 의지적으로 친밀해지려 애쓴 그 배후 원리는 격려와 교훈이 될 것이다.

달라진 생활 패턴

"내가 해군에 입대하기 전까지만 해도 우리는 일주일 이상 떨어져 본 적이 없었습니다." 배런의 말이다.

"비행기를 타고 장교양성학교로 떠나기 전날 밤은 정말 힘들었습니다. 5주 동안 내가 집에 없을 테니 우리 모두에게 가장 슬픈 순간이었지요. 아이들이 울고 크리스티나가 걱정하니까 나까지 '어쩌자고 입대했던가?' 하는 생각이 들더군요."

장교양성학교는 시작에 불과했다. 그가 집에 돌아온 지 몇 달 만에 입학한 군목학교는 8주 과정이었다. 조만간 이들에게는 이산가족 신세가 삶의 일부로 굳어졌다. 군목학교를 졸업한 지 1년도 안 되어 배런은 아프가니스탄에 배치되었다. 이후의 파견 기간들은 대체로 90~180일이었다. "특수 작전만 예외로 대개 3주에 그쳤습니다"(대신 특별히 더 위험했음은 물론이다).

기대치를 조정하라

배런과 크리스티나는 건강하고 매끄럽게 재회하는 법을 몇 번의 시도 끝에 터득했다. 그들은 곧 부부가 양쪽 다 자신이 기대하는 바를 더 솔직히 밝혀야 한다는 것을 배웠다. 출장이 잦은 부부에게 내가 조언할 게 딱 하나뿐이라면 바로 이것이다. 집을 떠나는 배우자는 자신이 어떤 환경 속으로 다시 돌아오고 싶은지를 솔직하게 털어놓아야 하고, 집에 남아 있는 배우자도 자신에게 필요한 게 무엇인지를 똑같이 솔직하게 털어놓아야 한다.

사실 이 조언은 부부가 10시간쯤 떨어져 있다 재회하는 평범한 부부에게도 잘 들어맞는다. 재회에 대해 서로 대화만 나누어도 많은 상심을 면할 수 있다.

집을 떠나 본 적이 없는 배우자는 오랜 출장 기간 피곤과 유혹과 그리움과 외로움에 맞서 싸우다 집으로 돌아오는 심정을 모르고, 집에 남아 본 적이 없는 배우자는 피곤과 유혹과 좌절과 단조로운 일상과 고립 속에서 남편이나 아내가 돌아올 때까지 버티는 심정을 모른다.

떨어져 지내는 동안 양쪽 모두 몹시 외로울 것이다. 그 외로움에 함께 맞서는 법을 배우라. 조금의 대화도 큰 도움이 될 수 있다. 따로 살 때 어떤 점이 당신의 배우자에게 가장 힘든지를 힘써 알아내라.

우리 아이들이 어렸을 때 리자는 내가 돌아올 때면 열심히 집을 치웠다. 자신이 귀가할 때 집이 청소되어 있는 게 좋았기 때문이다. 그런데 나는 설거지가 밀려 있어도 잘 알아차리지 못하고, 조리대의 먼지를 발견하지도 못한다. 반대로 집에 들어갈 때 들리는 진공청소기 소리가 싫었다. 리자에게는 '청소 소리'가 곧 '음악 소리'요 나를 사랑한다는 확실한 표시였지만, 나는 대개 녹초가 된 상태라서 그냥 편안하고 조용한 게 좋았다.

크리스티나와 배런의 경우는 그 반대였다. 그래서 이런 문제에 대해 부부마다 대화가 필요하다. 하나의 정답이란 없다. 크리스티나는 이렇게 설명한다. "배런은 자기가 집에 없을 때도 매사가 집에 있을 때와 똑같이 처리되기를 기대했어요. 문제는 남편이 떠나면 부모 역할을 나 혼자 해야 한다는 것이었어요. 어린 자녀를 둔 상황에서 당연히 그 기대는 현실성이 없었기에 남편이 자신의 기대치를 조정해야 했지요."

배런은 청결한 집을 원했다. 그는 해병대 사병으로 복무한 전력이 있는데, 그때 청결의 기준이 '군대 급'으로 높아졌음을 본인도 시인한다. "크리스티나는 내가 돌아오기 전에 자기가 차를 청소해 놓았다고 신나게 말하곤 했지만, 내가 보면 핸들이 끈적끈적한 겁니다. 그래서 그것을 지적하면 아내는 '핸들을 닦는 것을 깜빡해서 그렇지 진공청소기로 청소했거든요'라고 되받았지요. 정성이야 고맙지만 군대에서는 통하지 않을 설명입니다. 청결은 청결이고, 끈적끈적한 핸들은 청결하지 않은 거니까요. 그나저나 이 청결의 기준은 정말 해병대 탓입니다."

또 배런은 집이 자기가 떠날 때와 똑같은 상태로 유지되는 것을 선호했다. 가구의 배치가 달라져 있거나 심지어 벽에 걸린 그림이 옮겨져 있는 것도 싫었다. 집에 돌아온 뒤에는 아내가 부탁하면 흔쾌히 가구를 옮겨 주었지만, 돌아올 때는 집이 낯익은 상태로 있는 것이 그에게 왠지 중요했다.

크리스티나는 처음에 가구를 약간 옮기거나 그림을 바꾸어 걸 때 그것이 얼마나 남편의 신경에 거슬릴지를 몰랐다. 알 턱이 없었다. 나중에 남편에게서 이유를 듣고서야 알았다. 우리 모두에게는 배우자가 결코 넘겨짚을 수 없는 기대치가 있다. 그러니 그것에 대해 대화하라. 나아가 대화의 범위를 더 넓히라.

힘든 건 힘든 거니까 대화하라

부부가 떨어져 지내느라 고생할 때 가장 전형적인 과오는 소통 부족이다. 많은 경우 양쪽 모두 고충이 있다. 출장을 가는 쪽은 자신의 부재에 대해 죄책감이 들고, 집에 남아 있는 쪽은 배우자가 없는 동안 부모 노릇을 혼자 도맡아야 하는 게 억울하게 느껴진다. 무엇이 됐든 신경 쓰이는 건 쓰이는 거니까 부부가 그것에 대해 대화해야 한다.

배런은 말로 표현하는 게 얼마나 중요한지를 배웠다.

"처음엔 짜증이 나도 속에 묻어 두었습니다. 그러다 더는 묻어 둘 수 없게 되자 그게 곱지 않게 터져 나오더군요." 출장의 다른 이름은 스트레스며, 앞서 말했듯이 스트레스의 성격은 부부가 서로 다르다. 한쪽은 돌아다니느라 피곤하다. 다른 쪽은 부모 노릇과 집안일을 혼자 다 하느라 피곤하고, 배우자가 누리는 새로운 경험을 자기만 놓친 채 늘 집구석에 갇혀 지내는 데 지친다. 상태가 좋을 때(즉 귀가 직후가 아닌 때) 스트레스와 기대치에 대해 의지적으로 대화하지 않으면, 상태가 썩 좋지 못할 때 거친 말로 폭발하기 쉽다.

그런 깨달음 덕분에 배런의 2차 파견 때(1년 후 스페인과 아프리카로 떠났다)는 양쪽 다 훨씬 나아졌다. 떠나기 전에 서로의 기대치에 대해 대화한 게 크게 주효했다. 배런은 그것을 이렇게 요약했다.

> 첫 파견 때는 잘 떠나는 게 우리의 목표였습니다. 그것밖에 몰랐으니까요. 그런데 2차 파견 때는 목표가 잘 떠났다가 **잘 돌아오는** 것으로 바뀌었습니다. 아내도 부모 노릇에 더하여 집안 청소까지 혼자서 하기가 얼마나 힘든지를 솔직히 털어놓았지요. 그래서 나는 사람을 써서 도움을 받으면 좋겠다고 아내에게 제안했습니다. 집을 청결하게 유지하는 데 돈을 들일 가치가 있다고 함께 결정한 거지요. 덕분에 나는 돌아오기가 더 편안해졌고 아내는 나 없는 동안 스트레스가 줄어든 거니까 한 푼도 아깝지 않더군요.

당신 부부가 떨어져 있는 시간이 8시간을 넘지 않는다고 하자. 즉 당신이든 배우자든 혹은 둘 다든 저녁마다 집으로 퇴근한다는 뜻이다. 또는 배우자가 야근하느라 당신이 아이들을 먹여서 재운 후에야 퇴근할 수도 있다. 많은 여성 단체에서 강연하는 내 친구 메리 케이는 이렇게 지적한다.

"때로 남편이 야근하는 것보다 집을 떠나 있는 편이 아내로서 대응하기가 더 쉽습니다. 남편이 떠나 있으면 아이들을 재우고 난 밤 시간은 당연히 아내의 몫이 돼요. 그러나 야근하고 온 남편은 이미 다른 모든 일을 혼자서 한 아내가 자신에게 관심을 기울여 주기를 바라거든요."

각자의 특수한 상황이 어떻든 간에 당신도 이런 원리를 적용할 수 있다. 온종일 직장에서 스트레스를 받으며 일한 후 당신은 어떤 환경 속으로 귀가하고 싶은가? (남자들은 가수 샤니아 트웨인의 "여보, 나 집에 왔어요"를 들어 보면 최소한 한 직장 여성이 무엇을 원하는지 감이 잡힐 것이다!) 또는 나가 있던 배우자가 현관에 들어서면서 어떻게 행동했으면 좋겠는가? 집에 있는 배우자로서 어떻게 환영받기를 원하는가? 맞벌이 부부의 경우는 이런 물음이 양쪽에 똑같이 적용되며 어쩌면 특히 더 그럴 수도 있다. 기대치를 표현하지 않으면 그것이 증발하는 게 아니라 오히려 원망과 앙심의 온상이 될 수 있다. 이기적인 것 같아서 불만을 속에 묻어 두면 안방에 모기떼를 배양하는 것과 같다. 각자 원하는 바에 대해 대화하여 그런 늪지를 없애라. 양쪽 모두 타협해야 할 수도 있지만, 서로의 기대치를 알린 상태에서 타협하라.

출장이 잦은 남편으로서 내가 잘못한 것 중 하나는 내가 기대하는 바를 리자에게 알린 적이 없다는 것이다. 나는 불편한 느낌을 무시하고 매사를 아내의 관점에서 보는 것만이 '거룩한' 반응인 줄로 알았다. 하지만 그 바람에 리자는 나를 더 잘 환영할 기회를 박탈당했고, 그런 환영에 자연스럽게 뒤따라 나올 친밀함도 사라졌다(섹스를 말하는 게 아니라 아내가 자신이 소중히 여김 받고 존중받는다고 느낄 기회를 잃었다는 뜻이다). 지금은 아내도 그때 다르게 할 걸 그랬다 싶은 게 많지만, 어차피 아내는 내가 무엇을 기대하는지 몰랐다. 더 잘 소통하지 않은 내 잘못이다. 돌아보면 나의 침묵은 우리 관계에 도움이 되기보다 오히려 관계를 빈곤하게 했다.

내 입장을 피력하는 것은 죄가 아니다. 배우자의 행복과 욕구를 무시한 채 내 방식을 이기적으로 요구하고 내 욕심만 생각하는 게 죄다. 친밀하게 협력하는 자세로 자신의 바람과 선호를 표현하는 것은 건강한 것이며 부부관계를 성장으로 이끈다. 자칭 '순교자'는 경건을 빙자하여 부부관계에 많은 불행을 낳을 수 있다. 때로 그것은 참된 거룩함이라기보다 교만한 신앙이다. 예수님은 역사상 가장 거룩하신 분이지만 여자들의 재정 지원을 받으셨고(눅 8:1~3), 자신을 위해 베푼 어느 가정의 잔치에 응하셨고(요 12:2), 자신의 세금을 베드로가 '번' 돈으로 내게 하셨다(마 17:24~27). 골고다로 가는 길에 어떤 남자가 십자가를 대신 져 줄 때도 그분은 잠자코 계셨다(마 27:31~32).

계속 연락하라

배런은 오랜 부재를 한 번의 거창한 몸짓으로(또는 큰 선물 하나로) 보충할 수 없음을 깨달았기에 창의적인 방법으로 최대한 거의 매일 연락했다. 한 번은 임지로 떠나기 전에 엽서 5백 장을 구입했다. 일부는 아내를 위한 것이었고, '공주' 엽서들은 딸을 위한 것이었고, 만화 엽서들은 아들을 위한 것이었다. 군사우편은 들쑥날쑥한 편이라서 때로 그는 하루에 여남은 통씩 엽서를 써 보냈고, 그러면 크리스티나가 받아서 매일 하나씩 나누어 주었다. 대개 엽서 내용은 가족들이 그립고, 각자의 어떤 점이 좋고, 집에 돌아가면 무엇을 하고 싶다는 식의 몇 마디 말에 불과했다.

"세 사람 모두에게 엽서를 매일 한 장씩 보내는 게 내 목표였습니다."

엽서를 매일 쓰기란 쉽지 않았다. 파견 군목으로서 솔직히 고역이었다고 한다.

"새로운 얘깃거리가 없거든요. 전쟁은 다 똑같아서 모든 게 칙칙하고 음울합니다. 부상자나 사망자의 명단이야 다를 수 있지만 그걸 쓸 수는 없잖아요."

크리스티나에게는 '성인용' 엽서를 보내기도 했다. 서로 다른 대륙에 떨어져서도 그들은 부부의 성적인 면을 이어 갔다 (자세한 내용은 잠시 후에 나온다).

또 그들은 제한된 통화 시간을 최대한 유의미하게 살리는 법을 궁리했다. 배런의 말로 들어 보자.

우리는 최고와 최저에만 집중하기로 했습니다. 하루 중 가장 좋았던 부분과 가장 힘들었던 부분을 서로 묻는 거지요. 때로 나는 기지에 복귀해서 난관에 봉착하곤 했습니다. 생각이 온통 그날 있었던 이런저런 사건에 가 있는데다 어떤 때는 양쪽의 시차를 맞추기도 힘들었거든요. 최고와 최저 방법을 쓰니까 아내가 초점을 잡을 수 있어서 좋더군요. 내가 그냥 하루가 어땠느냐고 묻는다면 아내는 시시콜콜 온갖 것을 쏟아 낼 테고, 그러면 내 지친 머리로 따라가기가 힘들거든요. "샐리와 대화했어요" 정도가 아니라 "샐리와 대화했는데 샐리는 내가 좋아하는 그 샐러드를 주문해서 드레싱만 바꾸어 보았고, 당신도 **믿어지지** 않겠지만 샐리와 아무개 사이에 무슨 일이 있었느냐면 … "으로 시작해서 둘의 대화 내용까지 그야말로 미주알고주알 **전부** 말할 테니까요. 아내의 말을 끊고 싶지는 않은데 내 에너지에도 한계가 있는 겁니다. 그래서 대화를 서로의 하루 중 가장 좋았던 부분에 집중했더니 더 감당할 만해졌습니다.

최고와 최저에만 집중하면 부부 중 말이 더 많은 쪽은 배우자가 제대로 소화할 수 있는 만큼으로 말수를 줄이게 되고, 말이 더 적은 쪽(이 경우 남편 배런)은 "'어제와 똑같이 좋았어요'라고만 말하는 게 아니라 나의 하루에 정서적 색채를 덧입힐 수밖에 없게" 된다.

출장 중의 원거리 대화에서는 공감이 큰 영향을 미친다. 크리스티나의 솔직한 고백에서 그녀의 민감한 배려를 볼 수 있다.

> 배런은 말할 기분이 아닐 때도 있습니다. 일주일 내내 야전에 나가 있다가 방금 기지로 복귀했더라도 군 생활의 특성상 할 말이 많지 않을 수도 있고요. 야전에 있으면 녹초가 된다잖아요. 그래서 마치 남편이 나와 아이들에게 무관심한 것처럼 내 쪽에서 곡해하지 않는 법을 배워야 했습니다. 평소의 마음 상태로 돌아오면 그때 좋은 대화가 이루어질 것을 아니까요. 그걸 내가 강요할 수는 없잖아요. 남편이 나를 사랑하지 않아서가 아니라 정말 힘든 한 주를 보내고 녹초가 되어서 회복할 시간이 필요한 겁니다.

나도 금요일과 토요일 이틀 내내 교회 집회에서 강연한 후

토요일 밤에 리자에게 전화할 때면 아내가 보여 주는 공감이 늘 고마웠다. 일요일 오전 예배에서 여러 차례 설교까지 해야 하는 상황이었다. 아내는 그런 내 목소리만 듣고도 기력이 쇠한 것을 알고는 가장 중요한 소식만 몇 가지 알린 뒤 "당신, 쉬어야겠어요. 기도해 드릴게요"라고 말하곤 했다. 많은 경우 부부들은 무심한 게 아니라 관심을 표할 기력이 없을 뿐이다. 대화를 짧게 줄인 아내의 공감 덕분에 나는 그저 '시간을 투자하기' 위해 질질 끄는 대화를 시도했을 경우보다 더 사랑받는다고 느껴졌다.

그렇다고 출장 중인 배우자 쪽에서 노력하지 말아야 한다는 말은 물론 아니다. 30분간 대화하기가 힘들거든 10분만이라도 배우자와 최고의 대화를 나누라. 내 친구 마고(가명)의 남편은 하루에도 몇 번씩 통화하기를 좋아하는데, 마고는 고도로 집중해서 많은 결정을 내려야 하는 힘든 직무를 맡고 있다. 다행히 이들은 배운 바 있어 아내가 "여보, 3분 동안만 당신에게 집중하고 3시에는 반드시 전화를 끊어야 돼요"라고 말하면 남편도 이를 서운하게 받아들이지 않는다. 마고의 경청과 솔직한 반응이 남편에게는 무시가 아니라 환영으로 느껴진다. 성격이 외향적인 그는 아내의 조언을 바라는 것만큼이나 그냥 아내에게 자신의 생각을 알리려는 것이다. 그래서 "자세한 얘기는 이따 저녁때 해요"라는 말만으로 충분할 때도 있다.

크리스티나의 친구 중에 남편이 민항기 조종사라서 오랜 시간을 떨어져 지내는 부부가 있다. 통화 중에 남편이 딴생각을 하면 친구는 용케 알아차린다. "전화기를 들고 있긴 하지만 눈은 페이스북이나 텔레비전에 가 있는 거지요." 이럴 때는 귀로만 아니라 눈으로도 들어야 하는 화상 통화가 도움이 된다. 방해 거리를 다 치우고, 통화를 마라톤이 아닌 단거리 육상으로 생각하라. 힘을 빼고 속도를 조절하며 달리는 게 아니라 전 구간을 전력 질주하는 것이다. 끝날 때 끝나더라도 그 지점에 이를 때까지는 자신을 몽땅 내주라.

크리스티나는 그것을 이렇게 표현한다. "아내에게만 집중하고 있음을 아내에게 알려 주세요. 이메일은 나중에 봐도 되고, 텔레비전도 몇 분 후에 켜면 됩니다. 아내와 통화하는 동안에는 자신의 전부를 내주세요."

길 떠난 배우자를 유혹하는 게 피곤보다는 신나는 활기인 경우도 있다. 배런은 다른 두 군목과 함께 신병을 모집하는 출장길에 오른 적이 있는데, 밤마다 '전우들'과 어울려 지내기에 바빠 아내와의 통화를 평소 혼자 있을 때만큼 자주 하지 못했다. 크리스티나는 당연히 반감이 들었다.

"밖에서 재미있게 지내느라 우리한테 낼 시간이 없다는 건가요?" 배우자와 함께 있지 않을 때도 당신이 여전히 남편이나 아내임을 잊지 말라. 집에 있을 때 당신이 배우자를 고려하지 않고 연속 사나흘 밤씩 외출하는 일은 없을 것이다. 그러니 집을 떠나 있을 때도 그러지 말라. 시간을 내라.

크리스티나는 출장에 대한 사전 대화를 매주 중시한다.

"배런이 나에게 '이날부터 이날까지 야전에 나가 있다가 이날에는 기지로 복귀해 있을 거야'라고 미리 말해 주면 정말 도움이 됩니다." 사업상의 출장일 때도 남편이나 아내에게 "목요일에 회합이 늦게 끝나고 금요일 오전에 회의가 있지만 오후에는 다시 연락할 수 있을 거예요"라고 설명해 주라. 저녁때 통화가 안 되더라도 그게 당신의 관심이 부족해서가 아니라 출장 일정 때문임을 미리 알려 주라.

파견을 앞둔 부부들에게 배런은 꾸준히 엽서 쓰기와 최고와 최저에 집중하는 대화술을 활용할 것을 권한다. "다시 만날 때까지 이를 악물고 기다리기만 해서는 안 됩니다. 떨어져 지내는 상태에서 소통을 유지하기란 쉽지 않지만, 그래도 따로 있는 동안 소통에 힘쓰지 않으면 둘 다 배우자 없이 혼자 사는 법을 훈련하는 셈이고, 그것이 결국 별거로 발전할 수 있습니다."

덧붙이자면 직업상 떨어져 지내는 동안에도 혼인 서약의 효력은 중지되지 않는다. 소통을 유지하기가 어렵다 해서 시도조차 하지 않을 구실은 못 된다. 부부가 단기간이라도 따로 사는 게 이상적이지는 않지만, 형편상 어쩔 수 없다면 그 기간을 최대한 잘 보내는 게 우리의 본분이다.

하나님이 계시기에 달라진다

그리스도인은 출장 중에도 결정적 이점이 있다. 몸으로 떨어져 있을 때도 성령께서 우리를 하나로 묶어 주신다. 한동안 떨어져 사는 게 하나님의 뜻일지라도 그분의 사랑이 우리를 연결시켜 준다.

은유적 의미로만 하는 말이 아니다. 너무 신비로운 개념이라고 생각할 사람들도 있겠지만, 사도 바울은 신자들이 떠나 있어도 함께 있다는 이 실재를 과감히 극단까지 밀고 나가 골로새 교인들에게 "내가 육신으로는 떠나 있으나 심령으로는 너희와 함께 있어"라고 말했다(골 2:5). 고린도 교인들에게도 "내가 실로 몸으로는 떠나 있으나 영으로는 함께 있어서"(고전 5:3)라고 말했다. "영으로 함께" 있다는 개념은 바울 서신에 단골로 등장한다. 기본적으로 그리스도 안의 삶에 그것이 내포되어 있다고 이해한 것이다. 부득이 떨어져 지내는 부부는 이 진리를 더 잘 배울 수 있지만, 항상 함께 있는 부부는 전혀 경험하지 못할 수도 있다.

이런 식의 어법을 불편해할 사람들도 물론 있지만 기독교는 **초자연적** 신앙이다. 우리가 그리스도 안에 있다면 성령께서 우리 삶 속에 실제로 계시고, 각 사람 안에 계시는 그 동일한 성령께서 우리가 떨어져 있을 때도 서로 하나 되게 하신다. 저명한 신약학자 고든 피 박사는 바울이 고린도 교인들에게 한 말을 이렇게 설명했다.

> 바울의 말은 그들이 막연히 이렇게 생각해야 한다는 뜻이
> 아니다. 즉 사실은 그가 그들 가운데 있지 않으나 마치 꼭
> 있는 것처럼 여기라는 게 아니다. 고린도 교인들이 모일 때
> 성령께서 그들 가운데 임재하시므로 … 바울은 동일한 성
> 령으로 말미암아 자신도 정말 그들 가운데 있다고 보았다.
> 이 모두가 우리에게 잘 이해되지 않는다 해서 바울의 생각
> 이나 말을 우리에게 뜯어 맞추려 해서는 안 된다.[1]

바울의 어법에 담긴 위력을 포착하고자 피는 이런 놀라운 결
론에 도달했다. "바울은 … '너희가 모일 때 내가 영으로 함께
있어서'라고 말한 게 아니라 '너희와 내 영이 모일 때'라고 말한
셈이다."[2]

우리는 바울이 말하는 이 실재를 경험은커녕 다 이해하지 못
할 수도 있으나 그 의미가 그저 "너희를 생각하며 기도한다" 이
상인 것만은 분명하다. 훨씬 깊은 교감과 훨씬 친밀한 연합의
의미로 한 말이다.

팟캐스트를 운영하는 조애나와 랍 타이겐 부부도 랍이 사업
상 출장을 자주 다니던 시절에 어쩌면 바울이 가리키는 바를
경험했다. 조애나의 말이다.

"남편도 나도 예수님을 따르고 있으니 둘 다에게 동일한 성

령께서 계십니다. 그것이 내게 큰 위안이 되었어요. 랍이 바다 건너에 있어도 우리는 여전히 성령 안에서 연합될 수 있지요. 놀랍게도 하나님은 우리 둘의 마음에 동시에 동일한 부담을 주시곤 했습니다. … 그것이 매번 나를 안심시켜 주었어요."[3]

그러니 사이가 멀어지지 않게 당신의 결혼생활을 단단한 요새로 만들고 싶다면, 떨어져 있는 동안 양쪽 다 하나님을 더욱 더 가까이하는 게 중요하다. 성령의 임재에 순종하라. 그리스도를 믿는 공동의 신앙으로 연합하라.

섹스는 어떻게 되는가?

떨어져 지내는 부부들의 가장 친밀한 부분에 관한 대화도 군목인 배런에게는 전혀 불편하지 않다. 오래 혼자 있는 동안 어떻게 현실적이고도 하나님을 높이는 방식으로 유혹과 섹스에 대처할 것인가? 이 주제가 왜 그토록 편해졌느냐고 묻는 내게 그가 들려 준 일화가 있다. 청소년기에 그의 방에 펑퍼짐한 안락의자가 놓여 있었는데, 바로 그 의자 위에서 그가 잉태되었다고 어머니가 알려 주더라는 것이다. 어머니는 또 덧붙이기를 배런의 가운데 이름이 "클린트"인 이유도 그가 잉태되는 **동안** 클린트 이스트우드 영화가 상영 중이었기 때문이라고 했다. 어머니와 함께 이런 대화를 나눌 수 있는 사람이라면 동료 군인들 및 그 배우자들과의 대화는 쉽다.

귀가의 '강도'는 배런이 얼마나 오랫동안 떠나 있었느냐에 달려 있다. 사흘간의 출장에서 돌아올 때면 그는 아이들을 밖으로 내보내 30분간 개를 산책시키게 한 뒤 생각을 현실로 되돌렸다. 그러나 출장 갔다 여러 달 만에 돌아올 때는 "아내와 아이들을 함께 상대할 여유가 없습니다. 솔직히 대개 한 가지밖에 생각나지 않아요. 바로 섹스입니다."

아내와의 재회를 자녀와 분리시키는 배런과 크리스티나의 방식은 특히 젊은 남편들에게 제격이다. "그 방법을 처음 쓰던 날, 아내 혼자 나를 태우러 와서 둘이 호텔로 직행하여 하룻밤을 보낸 후 다음날 느지막이 집에 들어갔습니다. 모든 게 8개월 만에 '처음'이라서 환상적이었지요. 스테이크 저녁 식사도 처음, 아내와의 밤 외출도 처음, 섹스도 처음, 다 처음이었으니까요."

효과 만점이어서 다음번 파견 때는 데리러 나온 아내와 이틀 밤낮을 함께 지냈다. 코미디 쇼도 보고 근사한 호텔에 묵으며 좋은 음식을 먹었다. "평소에 우리는 검소한 편인데 재회에는 비용을 아끼지 않습니다."

이 방법이 마음에 든다. 나도 아이들이 어렸을 때 출장을 많이 다녔는데, 이 부분에서 리자와 나의 생각이 짧았던 게 아쉽다. 배런과 크리스티나는 먼저 시간을 내서 다시 친밀한 부부가 되었기에 나중에 아이들에게 돌아가서 홀가분하게 부모 역할에 더 집중할 수 있었다. '둘만의 시간'을 내려고 아이들을 5

시부터 재우려 애쓰는 것보다는 그편이 좀더 합리적이다.

안타깝게도 배런이 보기에 이 방식을 따르는 군인 부부는 많지 않다. "아이를 봐 줄 사람이 없다는 게 흔한 이유입니다. 하지만 사람을 구할 시간이 6개월이나 있잖아요. 군인답게 길을 뚫어야지요. 위험한 문제를 해결하는 게 군인이 하는 일 아닙니까."

이어지는 그의 지적이다. "부부로서 잘 통하지 않으면 부모로서도 제구실을 다하지 못합니다. 그러니 먼저 둘의 회포를 푼 후에 부모로서 다시 협력하는 게 훨씬 낫습니다."

크리스티나가 둘만의 재회를 중시하는 이유는 이렇다. "아빠가 집에 오면 아이들이 워낙 많은 관심을 요하기 때문에 집에 남아 있던 배우자는 무시당하는 기분이 들 수 있어요. 아이들이 아빠를 독차지하다 보니 부부만의 시간은 아이들이 잘 때까지 기다려야만 오는 거지요. 게다가 돌아온 배우자는 모든 사람과 정서적으로 소통하려 하기 때문에 정작 단둘이 남았을 때는 이미 지쳐 있을 수 있어요."

배런의 목사는 성적 유혹을 물리치도록 그를 돕고자 배런의 표현으로 '호텔 규범'을 가동한다. 배런이 출장 계획을 알리면 목사는 해당 날짜마다 그에게 문자를 보내 전날 밤 어땠느냐고 묻는다. 배런은 '언약의 눈'이라는 감시 소프트웨어도 활용한다. 어떤 아내들은 배런에게 '남편의 사생활'이니 꼬치꼬치 관여하고 싶지 않다고 말하지만, 그의 답변은 이렇다. "그래서 더 문제입니다. 섹스에 관한 한 기혼자에게 사생활이 있어서는 안 됩니다. 성욕에 대해 솔직하고 진지하게 터놓고 대화할 수 없다면 부부관계에 벽이 있는 겁니다." (많은 상담자에게서 들은 말을 덧붙이자면 대개 그들은 아내들에게 감시 소프트웨어의 파트너가 되지 말 것을 조언한다. 배신의 상처를 입은 여성의 경우 상처가 되살아나 남편을 감시하는 일이 오히려 자신의 치유에 해로울 수 있기 때문이다. 이런 경우에는 남편에게 껄끄러운 질문을 던져 주는 주 안의 형제가 있음을 아는 것으로 충분하다.)

배우자가 떠나기 전부터 유혹에 대해 대화하면 떨어져 지낼 기간에 더 잘 대비할 수 있다. 배런이 아는 어떤 부부들은 둘이 함께 찍은 에로틱한 사진을 수시로 보내거나 심지어 둘의 '장면'을 녹화해 두었다가 나중에 떨어져 있을 때 보기도 한다. 이런 방법이 모든 부부에게 편하게 느껴지는 것은 아니다(리자와 나도 불편했다). 불편해하는 배우자에게 선뜻 따라 주기를 기대해서는 안 된다. 친밀함의 바탕은 안전이며, 어떤 이유로든 배우자에게 안전하게 느껴지지 않는 활동은 부부관계에 득보다 해가 된다.

이런 대화를 나누기가 쉽지는 않지만, 유혹이 문제가 아닌 척하는 것보다는 그편이 훨씬 더 건강하다. 출장을 떠난 사람에게든 집에 남아 있는 사람에게든 유혹은 대개 문제가 된다. 미리 대화하면 함께 대비할 수 있다. 혼자 이겨내도록 두어서는 안 된다. 유혹에 부부로서 맞서는 법을 배우라. 그러면 부부관계가 더 견고해진다.

조이 스커카 박사가 여성과 성적 수치심에 대한 박사학위 논문에서 밝혀냈듯이, 건강한 결혼생활은 수많은 여성의 성적 수치심을 해결하는 치유력이 있다.[4] 즉 결혼생활이 과거를 치유하고 미래의 유혹에 대비시켜 주는 것으로 나타났다. 단 그러려면 여성의 고백에 남편이 공감, 경청, '함께하는' 태도 등 세 가지로 반응해야 한다. 아내 혼자 유혹에 맞서 싸우게 두어서는 안 된다는 것이다. 스커카 박사는 내게 남편의 경우도 마찬가지라고 말했다.

남편이든 아내든 이 싸움에서 혼자라고 느껴지면 당연히 외로움이 가중되어 이후의 어긋난 행동을 부채질한다. 적지 않은 여자들이 여자는 이런 유혹에 빠져서는 안 된다는 생각 때문에 침묵한다. 예컨대 포르노 문제로 힘들어하는 경우가 그런데, 침묵할수록 수치심이 더 심해질 수 있다.

굳이 떨어져 살아 보지 않아도 서로의 짐을 져 주는 법을 배울 수 있다. (이 조언의 대상은 중독자의 배우자들이 아니다. 중독자는 전문가의 도움을 받아야 하며, 배우자는 그런 도움을 베풀 수 없다. 아울러 내 말의 취지는 중독자의 실패를 배우자 탓으로 돌리려는 것도 아니다. 그 주제는 8장에서 더 다룰 것이다.) 이 내용은 출장이 잦은 부부에게 특히 중요하지만, 성적 유혹은 며칠씩 멀리서 따로 잠자리에 드는 부부에게만 국한되는 게 결코 아니다!

크리스티나는 떨어져 지낼 기간에 미리 대비하면 남다른 친밀함이 싹틀 수 있음을 배웠다. "이런 대화를 나누려면 서로 아주 편해야 돼요. 약점을 나누려면 안전지대에서 나와야 하지만, 덕분에 사이가 더 가까워지지요. 자신이 이용당하지 않을 거라는 신뢰가 필요합니다. 물론 우리가 모든 부부에게 하는 말이 있는데, 약간 야한 내용을 보낼 때는 반드시 수신자를 두 번 세 번 확인해서 엉뚱한 사람한테 가지 않게 하라는 겁니다."

그 조언은 경험의 산물이다. 배런이 도와 준 한 부부는 다량의 사진을 실수로 가족 대화방에 올렸다. 다행히 남편이 즉시 알아차리고 아무도 보기 전에 전부 삭제했다. 요즘은 부부간에만 은밀한 내용을 공유할 수 있도록 프라이버시 수준을 높여 주는 앱도 여럿 나와 있지만, 그래도 명심할 게 있다. 내가 접해 본 상담자들의 경고인데, 무엇이든 일단 인터넷상에 올라가면 복사되거나 악용될 위험이 있는 데다 행여 결혼이 파경이라도 맞으면(언급하기도 싫지만 늘 가능한 일이다) 난감해질 수 있다. 부부들은 이런 문제를 신중히 생각하고 조언도 들어야 한다.

배런이 군목으로서 대화한 어떤 부부들은 성적 공상의 내용을 서로 자세히 글로 써 주었다. 예컨대 남편이 글로 남긴 어떤 새로운 것을 아내가 나중에 둘이 화상으로 '만날' 때 시도할 수 있다. 그러나 배런이 부부 중 출장을 가는 쪽에게 일깨우는 게 또 있다. "집에서 자녀를 돌보는 아내는 시간이 없어서 남편에게 온종일 성적인 문자를 보내지 못합니다. 여자는 남편의 아내만이 아니라 자녀의 엄마로서도 해야 할 일이 많기 때문에 남자 쪽에서 이해해야 합니다."

어디까지가 괜찮은 건지 잘 모르겠다면 그런 부부에게 주는 배런의 지침은 단순하다. "남편이 하자는 것을 아내가 알 수 없거나 알지 못한다면 아무것도 해서는 안 됩니다." 내가 보기에도 현명한 조언이다. 부부의 성생활은 항상 서로 공유하도록 되어 있다. 부부로서 행하는 한 성경은 기혼자에게 큰 자유를 부여하며 제약은 거의 없다.*(데브라 필레타와 내가 공저한 책에 이 내용을 아주 자세히 다루었다. Gary Thomas & Debra Fileta, *Married Sex: A Christian Couple's Guide to Reimagining Your Love Life*, Zondervan, 2021). 떨어져 지내는 동안 어떻게 헤쳐 나가며 유혹을 물리치고 성적 교감을 적절히 살릴 것인가? 이런 대화를 나누면 부부 관계가 한결 더 친밀해질 수 있다.

배런의 말대로 시간표를 절묘하게 짜야 할 수도 있다.

"내 파견지가 아침이면 크리스티나 쪽은 밤이었던 적이 있습니다. 그래도 미리 계획해 두면 아내가 아이들을 재우고 문을 잠근 뒤에는 둘이서 무엇이든 연출할 수 있습니다."

크리스티나는 이 도전에 **함께** 맞서면서 아주 건강해졌다. "내가 자라난 교회에서 섹스를 거론할 때는 섹스란 출생부터 결혼까지 무조건 위험하다는 말뿐이었습니다. 막상 결혼한 부부에게도 우리는 하나님이 허락하신 풍성한 자유를 누리도록 도와 주지 않는 것 같아요."

떨어져 있든 늘 함께 있든 성욕을 다스릴 줄 아는 부부는 형통할 수 있다. 그 과정에서 더 솔직해지고, 약점까지 내보이고, 묘안을 찾아내고, 너그러워지고, 이해심이 깊어지기 때문이다. 그러면 서로 멀리 떨어져 있어도 관계가 끈끈해진다.

재회의 시간

배런은 이렇게 경고한다.

"떨어져 있을 때 신경 써서 결속을 다지지 않으면 재회해서 몸으로 가까이 있어도 부부로 사는 법을 모릅니다. 다시 한 집에 살면서도 그냥 자꾸 멀어지는 거지요."

크리스티나도 덧붙인다.

"떨어져 있는 동안 계속 소통했어도 배우자가 돌아오면 조정이 필요합니다. 그동안 나만의 시간표가 있었는데 이제 배우자가 집에 왔으니 얼른 거기에 맞춰야 하지요."

이어 배런은 "귀환보다 파견이 더 편하다는 남자도 많더군요. 차라리 전쟁터로 돌아가고 싶다고 내게 말한 사람도 더러 있습니다!"라며 우려를 표했다.

멀리서 배우자에게 꽃을 보내고, 상대의 고충에 서로 공감을 표하고, 시간을 내서 통화에 집중하고, 어떻게든 성적 친밀함을 이어 가라. 이런 작은 노력을 통해 부부는 늘 함께 성장할 수 있다. 어느 군인의 배우자는 우리에게 부탁하기를 *Devotions for a Sacred Marriage*(《결혼, 영성에 눈뜨다》의 자매편인 52주 묵상집-옮긴이)를 부부 각자의 주소로 한 부씩 보내 달라고 했다.[5] 함께 책을 읽어 나가면서 전화로 몇 분씩 토의하기 위해서였다. 나중에 되살릴 생각으로 부부관계를 보류해 두면 여간해서 뜻대로 되지 않는다.

"자녀가 대학으로 떠나기만 기다렸다가 결혼 25년차에 이혼하는 부부를 종종 보는데, 직업상의 별거는 그것의 압축판이 될 수 있습니다." 배런의 말이다.

나도 그의 생각에 공감한다. 얼마 동안이라도 이기심을 품고 기혼자와 부모가 아닌 것처럼 행동하면, 나중에 재회해도 갑자기 '이타적인' 사람이 될 수 없다. **선택이 모여 성품을 빚는다.** 독거에 '익숙해지려는' 노력은 현명하지 못하다. 재회할 때 돌이킬 작정이라 해도 그때는 이미 반대 방향으로 멀리 나가 있을 테니 말이다. 그만큼 관계가 서먹서먹해질 것이다. 우리는 집에서 못지않게 밖에서도 기혼자다. 결혼생활을 계속 요새화하려면 기혼자답게 행동해야 한다.

다음은 크리스티나의 경고다. "떨어져 있는 기간 내내 배우자와의 소통이 단절되어 있다면, '어, 나도 할 수 있잖아' 하는 생각이 슬슬 들어요. 혼자 있으면 어떤 면에서 방해도 적도 성가신 일도 적잖아요. 이제 배우자 없는 삶을 굳이 **상상할** 필요가 없지요. 이미 그렇게 살고 있으니까요! 이혼이 별로 무서워 보이지 않는다는 뜻입니다. 홀로 서는 법을 이미 터득한 것처럼 느껴지거든요."

조심하지 않으면 법적 이혼 이전에 머릿속에서부터 갈라설
수 있다.

대가를 따져 보라

배런과 크리스티나는 서로 떨어져서도 형통하는 법을 배웠
지만, 그래도 직업상의 별거가 누구나 다 받아들일 만한 삶은
아니라는 게 그들의 생각이다.

"나는 방랑벽이 있는 데다 모험을 추구하는 사람입니다." 배
런의 고백이다. "이동과 여행은 물론이고 세계 각지의 열악한
상황 속에 들어가는 것까지도 좋아하지요. 크리스티나는 이런
나를 받아들이는 데 좀더 오래 걸렸습니다. 내 생각에 모든 부
부가 다 수시로 떨어져 지내야 하는 생활 방식으로 부름 받은
것은 아닙니다."

크리스티나도 같은 생각이다.

"출장을 다니는 쪽만의 문제가 아니라 집에 남아 있는 배우
자에게도 특별한 무엇이 요구됩니다. 한동안 원활한 소통 없이
살 수 있어야 하고, 모든 게 어긋나도 의지할 사람 없이 혼자인
나날을 감당할 수 있어야 하고, 배우자 없이 많은 결정을 내리
면서 원망하지 않을 수 있어야 합니다."

떨어져 지낼 기간을 크리스티나가 어떻게 감당할 수 있을지 처음에는 본인도 몰랐고 남편도 몰랐다. 그러나 금세 현실과 대면했다. 배런이 아프가니스탄으로 떠난 다음날, 크리스티나의 차 타이어가 펑크 난 데다 아들의 편도선과 임파선을 절제해야 하는 사태까지 **겹쳤다**. 이런 일을 혼자서 감당하기가 너무 벅차 보인다면, 아마 배우자가 출장 없는 직장을 구하는 게 최선일 것이다. 물론 자주 떨어져 지내면서도 용케 함께 성장하며 관계를 견고하게 지킨 부부도 많이 있다. 하지만 어떤 이유로든 떨어져 지낼 수 없거나 따로 살고 싶지 않다면, 직업을 위해 부부관계를 희생할 위험을 감수하기보다는 솔직히 그대로 인정하는 편이 낫다.

조애나와 랍의 팟캐스트 Growing Home Together(함께 가꾸는 가정)에 보면 그들이 한계에 도달한 시점이 소개된다. 조애나가 랍을 공항에 데려다 주고 작별하는데 아이들이 울지 않더라는 것이다. 그때의 심정을 그날 밤 소그룹에서 나누면서 조애나는 울음을 터뜨렸다. "아이들이 아빠가 없는 게 정상인 것처럼 행동하는 거예요. 내 남편이자 아이들 아빠가 떠나 있는 게 정상으로 느껴져서는 **안** 되잖아요."[6]

머잖아 랍은 자신이 원하는 출장 빈도에 맞추어 몇 번 직업상의 결단을 내려서 결국 출장이 훨씬 적은 직위로 옮겼다.

배런은 모험을 추구하는 삶을 즐기지만 아내의 한계에 민감하다.

"해군 군목이 되기로 함께 결정할 때 내가 아내한테 그랬어요. 내 모든 출장에 아내가 100퍼센트 거부권을 행사할 수 있다고 말입니다. 한 번이라도 아내가 감당하지 못한다면 나는 군복을 아주 벗을 겁니다. 부부관계가 직업보다 중요하니까요. 물론 여기가 하나님이 나를 부르신 자리라고 믿지만, 그분이 우리를 꼭 한 가지 일로만 부르신다고 보지는 않아요. 내 신앙과 기독교 리더십을 실천할 수 있는 길은 해군 군목 말고도 많습니다. 나는 크리스티나와 결혼한 거지 가슴에 달린 직함과 계급과 훈장과 결혼한 게 아니니까요."

이런 태도로 지금까지 결혼생활을 단단히 했기에 배런과 크리스티나의 관계는 떨어져 있는 동안 약해지기는커녕 오히려 더 견고해졌다.

주는 나의 피난처시요
원수를 피하는 견고한 망대이심이니이다(시 61:3).

03 의도치 않게 떨어져 지내게 될 때

1. 부득이 떨어져 있더라도 부부관계를 제쳐두어서는 안 된다. 따로 지내는 동안에도 계속 서로 더 가까워지라.
2. 선택이 모여 성품을 빚는다.
3. 어떻게 따로 지내다가 어떻게 재회할 것인지에 대해 양쪽 다 기대하는 바를 솔직히 밝혀야 한다. 말로 표현하든 표현하지 않든 기대치는 그대로 있을 테니 함께 대화하는 게 최선이다.
4. 기대는 무난한 요청이지 결코 강요가 아니다. 내 쪽에서 변화를 원한다 해도 배우자가 그대로 따르는 게 현실적이지 못할 수 있다.
5. 긴 하루를 보내고 나서 머릿속이 노곤할 때는 '최고와 최저' 같은 방법으로 대화의 생산성을 최대한 높일 수 있다.
6. 서로 공감해 주라. 고갈되고 외로우면 삶이 고달파진다. 삶에 지친 상태를 배우자 탓으로 돌릴 게 아니라 오히려 서로 세워 주라.
7. 길게 대화하기가 힘들거든 10분만이라도 배우자와 최고의 대화를 나누라. 서로를 상대하는 동안에는 자신을 몽땅 내주라.
8. 직업상 떨어져 지내는 동안에도 혼인 서약의 효력은 중지되지 않는다. 소통을 유지하기가 어렵다 해서 시도조차 하지

않을 구실은 못 된다. 따로 있는 동안 소통에 힘쓰지 않으면 둘 다 배우자 없이 혼자 사는 법을 훈련하는 셈이고, 그것이 결국 별거로 발전할 수 있다.

9. 그리스도인은 출장 중에도 이점이 더 있다. 성령 안에서 서로 연합되어 있다는 것이다.

10. 떨어져 지낸 기간이 길다면 아이들과 재회하기 전에 부부만의 시간을 먼저 갖는 게 유익할 수 있다.

11. 성적 유혹을 부부로서 어떻게 물리칠지에 대해 대화하면, 떨어져 있어도 친밀함과 신뢰와 감사와 정과 유대감이 깊어질 수 있다.

12. 독거를 참고 견디거나 그 상태에 '익숙해지려' 하지 말고 소통을 유지할 방도를 모색하라. 그렇지 않으면 재회가 서먹서먹하고 어색할 것이다. 조심하지 않으면 법적 이혼 이전에 머릿속에서부터 갈라설 수 있다.

13. 자주 혹은 오래 떨어져 지내야 한다면 그런 생활 방식을 받아들이기 전에 미리 대가를 따져 보라. 자신들의 관계가 그런 삶을 감당할 수 없다고 판단하는 부부도 있고, 그냥 이런 삶을 원하지 않는 부부도 있다.

결혼의 요새화에 필요한 3대 기본 요소

정서적 여유, 민감한 반응, 신뢰

Chapter 04

아치볼드 하트 박사와 섀런 메이 박사가 주창하는 소위 '애착 이론'에 따르면, 부부관계에서 가장 중요하게 집중해야 할 부분은 정서적 소통이다. 모든 것이 둘을 갈라놓는 듯 보일 때도 정서적 소통이 부부관계를 견고하게 지켜 준다.

평생 나는 하나님과의 교제를 필두로 한 영적 소통에 무엇보다도 초점을 맞추었는데, 아마 그것은 내가 심리학자(하트 박사와 메이 박사처럼)가 아니라 교사와 목사라서 그랬을 것이다. 정서적 소통이 일차적 욕구든 그렇지 않든 친밀한 부부관계의 필수 요소인 것만은 분명하며, 어떤 면에서 그것이 친밀한 부부관계의 정의 자체다.

하트와 메이는 "우리의 임상 경험 및 연구 결과 부부관계가 안전한 피난처가 되려면 정서적 여유, 민감한 반응, 신뢰가 필수 요소다"라고 지적한다.[1] 만일 그동안 **산만해서** 서로 여유를 내지 못했고 **무관심해서** 무디고 둔해졌으며 **배신으로** 신뢰가 깨졌다면, 부부관계는 심히 위태롭다 못해 파경에 이를 수도 있다. 반면 이 3대 기본 요소-정서적 여유, 민감한 반응, 신뢰-가 있으면 멀어진 관계도 봉합하여 다시 단단한 요새로 만들 수 있다.[2]

정서적 여유란 배우자의 상처와 두려움과 희망과 기쁨에 관심을 충분히 내보일 만한 여지를 낸다는 뜻이다. 상대의 문제를 해결하려 하기보다 문제 속에 함께 앉아 상대의 좌절을 듣고 승리에 동참하는 것이다. 머릿속에 상대의 자리를 내는 것이다. '여유'란 바로 그런 뜻이다. 아마 그것을 가장 잘 표현해 주는 말은 관계를 세우는 위력적 세 단어인 "더 듣고 싶어요"일 것이다. 상대의 감정이 무엇이든 그 감정이 내 쪽의 행위보다 더 중요하다.

민감한 반응은 훈련을 요하는 기술이다. 반사적 비판이나 조롱으로 반응하면 안 된다. 그냥 넘어가려고 문제를 일축해서도 안 된다. 끝까지 듣고 상대의 표현 과정을 함께 통과해야 한다. 반드시 반응하되 꼭 민감하게 하라. 다음 두 질문에 답하는 자세로 임하라. 대화를 시작할 때 어떻게 하면 배우자에게 안전하게 느껴질까? 대화를 마칠 때 어떻게 하면 배우자에게 내가 자신의 말을 경청하고 이해했다고 느껴질까?

신뢰는 부산물이다. 마트에서 우유를 사 오기로 해 놓고 그냥 오면 신뢰가 깨져 관계에 영향을 미친다. 친밀한 소통이 가능하려면 상대가 믿을 만한 사람이며 거짓말하지 않을 것을 피차 알아야 한다. 한 번 거짓말하고 나면 그 뒤로 하는 말이 진실인 줄을 어떻게 알겠는가? 서로 더 가까워지려면 자신이 말한 대로 행동해서 배우자에게 믿을 만한 사람이 되라. 거꾸로 배우자 쪽에서 신뢰를 얻어냈다면 반드시 신뢰해 주라. 의심은 친밀함을 망치는 적이다. 신뢰의 기초는 안전임을 지적할 필요가 있다. 하트와 메이는 그 점에 대해 단호하다.

"구타하거나 정서적으로 학대하는 부부관계는 결코 안전한 피난처가 아니다."[3]

이 3대 요소는 부부관계를 견고하게 지키거나 다시 봉합하려면 무엇이 필요한지를 알려 주어서 좋다. 이번 장에서 만날 부부는 정서적 여유와 민감한 반응과 신뢰가 없을 때 어떻게 뜨거운 로맨스가 북극의 한파로 변할 수 있는지를 보여 주는 전형적 사례다. 아울러 우리는 세 가지를 다 (아주 창의적인 방식으로) 되찾으면 어떻게 망가진 부부관계가 재건될 수 있는지도 살펴볼 것이다.

다이너마이트와도 같은 배신

다이너마이트가 문짝을 폭파하듯이 배신도 부부관계를 산산이 무너뜨린다. 배신에는 사사로운 비밀의 누설, 정서적 외도, 인터넷에서 뭔가를 보아 배우자를 슬프게 하는 것, 생활비를 도박 중독이나 합의한 적 없는 대량 구매에 유용하는 것, 배우자를 뒤에서 험담하는 것, 끊겠다고 약속한 중독(마약이나 알코올 남용)에 빠지는 것 등이 있다. 이 모든 상황에서 문제는 행위 자체만이 아니라 배우자를 배신했다는 것이다. 그런데 사람들은 때로 관계를 깨뜨린 **배신감**보다 **행위**에만 집중한다.

배신당한 배우자는 처음에는 "어떻게 그럴 수 있어?"라고 묻지만 곧 그것을 자연스럽게 자신과 연결시킨다. "어떻게 **나한테** 이럴 수 있어?" 더는 신뢰하지 못할 사람과 과연 어떻게 계속 친밀하게 지낼 수 있을까? 나를 배신한 사람과 어떻게 내 마음과 미래를 공유할 수 있을까?

그렇다고 배신이 꼭 결혼의 파국으로 이어질 필요는 없다. 화해하려면 많은 회개와 많은 용서가 필요하지만, 양쪽 다 험로를 걸을 마음만 있다면 결국 관계가 배신 전보다 더 깊어질 수도 있다. 단 회개가 필수다. 재결합을 고려할 수라도 있으려면 먼저 배신이 종식되어야 하며, 실제로 재결합에 나서려면 더 말할 것도 없다.

테리와 데이비드는 부부관계를 되살리는 애착 이론의 살아 있는 화신일 뿐 아니라 새로운 삶이 시작되기까지 얼마나 오래 걸릴 수 있는지도 보여 준다. 어떤 배신이든 한 번의 대화와 단번의 용서로 해결될 수는 없다. 이들의 사연에 담긴 원리가 당신에게도 적용될 수 있다. 이 오랜 과정 내내 우리 믿음의 주요 또 온전하게 하시는 하나님이 친히 역사하여 우리를 도로 합쳐 주신다. 우리 자신이 갈라서려는 쪽으로 행동할 때조차도 말이다.

정욕에 빠지다

"사랑에 빠졌다"라는 말은 많은 부부에게서 들었다. 그런데 테리는 자신과 데이비드가 "정욕에 빠져서" 대학을 졸업하자 마자 결혼했다는 말을 본인의 입으로 먼저 꺼냈다.

당시 그리스도인이 아니었던 그들은 곧바로 두 아이를 잇달 아 낳았다.

두 어린애를 동시에 돌보자면 정욕이 현재의 친구라기보다 아득한 추억으로 느껴질 때가 많은데, 데이비드와 테리가 바로 그랬다. 한때 서로 옷을 벗기기 바쁘던 그들이 이제 서로 으르 렁거리는 사이로 변했다.

정서적 소통이 단절되자 데이비드는 정서적 욕구를 다른 데 서 채우기로 했다. 식구가 늘었으니 당연히 더 많은 돈과 더 큰 집이 필요했고, 그래서 그는 휴스턴의 한 컨설턴트 회사에 들 어가 빠르게 승진을 거듭했다. 그러다 서서히 회사의 요청으로 텍사스 주 전역으로 출장을 다녔다.

늘어난 수입으로 그들은 새 집과 새 차를 샀다. 회사는 그를 전국 각지의 거래처로 보내기 시작했다. 3년 동안 그는 일요일 에 집을 떠나 금요일에 돌아왔다.

"우리 부부관계는 그런 생활을 견뎌낼 만큼 기초가 탄탄하지 못했어요." 테리의 고백이다. "데이비드가 집에 오기만 하면 우 리는 싸웠어요. 남편은 '출장 갔다 와서 몹시 피곤하니 쉬어야

겠어' 그 말뿐이었고, 그러면 나는 늘 이렇게 되받았지요. '지금 장난해? 나는 살림하고 어린애 둘 키우면서 풀타임으로 일까지 하고 있어. 돈 관리도 다 내가 하고. 그런데 쉬어야 할 사람이 당신이라고?'"

그들은 서로 정서적 여유를 내지 못했고 민감하게 반응하지도 못했다. 오히려 정반대로 했다. 주말 내내 싸운 것이다. 테리는 "일요일 밤에 남편이 떠날 때마다 우리는 서로 증오하며 악을 써 댔어요. 둘 다 이혼을 원하면서도 변호사한테 전화할 용기가 없었지요"라고 말했다.

현재 테리와 데이비드는 서로 깊이 사랑한다. 최근에 테리는 결혼한 지 29년째인 그해가 전체 결혼생활 중에서 최고의 해였다고 내게 말했다. 내가 이것을 콕 집어 말하는 이유는 어느 해에 서로 죽도록 미워하던 부부도 이후에는 성장과 변화와 믿음을 통해 서로를 아끼고 즐거워할 수 있음을 강조하기 위해서다. 다른 부부들에게 실제로 있었던 일이니 당신도 그렇게 될 수 있다.

외도

깊은 실망에 젖어 있던 테리는 결국 직장 동료의 품안에서 위안을 구했다.

"그 직원이 처음에 집적거리면서 나를 칭찬해 주더군요. 남편에게 못 받는 것을 그렇게라도 받는 게 좋았을 뿐이지 솔직히 정서적 소통은 없었어요. 그러다 육체관계로 발전했지요. 무슨 대단한 성적 매력 때문이 아니라 남편은 나를 원하지 않는데 여기 나를 원하는 사람이 있구나 하는 마음이 더 컸어요."

테리의 가장 절실한 욕구는 '나도 남자가 원할 만한 존재임을 아는 것'이었는데, 집에서는 그 욕구가 채워지지 않았다.

테리가 외도에 빠진 과정은 아주 흔한 경우다. 외도라 해서 늘 사랑에 빠지는 것은 아니다. 사랑이라면 대개 머릿속에 경보가 울릴 것이다. 정욕조차도 대개는 외도의 관건이 못 된다. 정욕이라면 우리가 영적으로 더 경계하고 있다가 막아 낼 것이다. 테리의 경우 외도의 완만한 내리막길은 누군가 자신을 원해 주었으면 하는 욕구가 뻔히 충족되지 않은 데서 시작되었다. 그래서 그녀는 유혹당할 준비가 되어 있었고, 그래서 말이라도 붙여 볼 직장 동료를 찾아냈고, 그래서 집적거리는 그를 받아 주었고, 그래서 저녁에 술집에서 그의 키스에 응했고, 그래서 결국 첫 성관계에까지 이르렀다. 외도는 대개 많은 잔걸음으로 시작되어 점진적으로 이루어진다. 한걸음이 모여 결국 천리 길이 된다. 길을 잘못 들지 않도록 첫발부터 조심해야 하는 이유가 여기에 있다.

이번 장에서 건질 게 하나뿐이라면 그것은 바로 작은 배신이 모여 큰 배신을 낳는다는 것이다. 배우자에게서 멀어지는 모든 잔걸음을 부부의 연합을 해치려는 중대한 공격으로 간주하라. 조금이라도 속이고 숨기면 애초에 속이고 숨기려던 내용보다 훨씬 더 비참한 사태를 자초한다.

석 달간의 외도가 끝나 갈 무렵 테리와 데이비드는 산드라 블록 주연의 영화 "사랑이 다시 올 때"를 극장에서 보았는데, 배우자의 외도가 줄거리의 중심이었다. 그때 일을 데이비드는 이렇게 회고했다. "영화를 보는 동안 테리가 자꾸 나를 피하더 군요. 손을 잡거나 어깨에 팔을 두르지도 못하게 했어요. 왜 그 러는지 알아내려고 대화를 시도하다가 그날 밤 폭발하고 말았 습니다."

데이비드가 폭발한 것은 테리가 애정(정서적 여유)을 거두고 대화(민감한 반응)를 거부했기 때문이다. 좌절한 그는 "차라리 끝내자. 끝내 버려"라고 말했다.

테리의 말은 이렇다. "남편의 표정을 보니까 진심으로 하는 말이었어요. 그런데 정말 슬프게도 나는 오히려 안도감부터 드 는 거예요. 그래서 되받아 소리쳤지요. '좋아! 나도 당신이 싫 어! 끝나서 다행이야!'"

주님과의 인격적 관계는 없었어도 거의 평생 교회에 다녔던 테리는 문득 하나님이 자신을 붙드시는 게 느껴졌다. 그때부터 그녀는 부들부들 떨면서 "데이비드, 가지 마. 제발 가지 마. 우 리도 좋은 부부가 될 수 있어. 다시 시작하면 되잖아"라고 울부 짖었다.

그래도 데이비드는 박차고 나가 어느 호텔로 차를 몰았으나 방에 투숙하고 나자 결혼생활을 이렇게 포기할 수는 없다는 자각이 들었다. 아직 끝나지 **않았던** 것이다. 그가 집으로 돌아가 보니 테리는 눈물로 침상을 적시고 있었다.

그들은 대화했고 기도까지 했다. 테리가 하나님과의 진정한 관계에 들어선 것이 그 밤이었다고 한다. 부부관계가 힘들어질 때 이를 계기로 우리가 하나님을 새삼 의지할 수 있으니 얼마나 다행인가.

가족의 결속을 어떻게든 되살려 보려고 그들은 주말에 캠핑을 떠나 계획대로 좋은 시간을 보냈다. 마지막 날 아침에 테리는 호숫가에 내려가 '조용히 주님과 함께 아름다운 시간'을 보냈다.

테리가 걸어서 캠핑장으로 돌아오니 "데이비드가 진지하다 못해 거의 상기된 표정으로 텐트에서 나오더니 나한테 그러는 거예요. '방금 정직함과 성실함과 진실함에 대한 아주 신기한 꿈을 꾸었어. 담요에 예수님의 모습까지 어른거리고.'"

테리는 몸이 떨리면서 이내 숨이 가빠졌다.

"테리, 왜 그래?"

"데이비드, 그 꿈을 왜 꾸었는지 내가 알아. 말 안 하려고 했는데 하나님이 당신에게도 털어놓으라고 하셨어. 당신이 출장을 다니던 지난 석 달 동안 나는 직장 사람과 바람을 피우다 이제야 끝냈어. 당신이 내 모든 욕구와 갈망을 채워 줄 수 없다는 것과 내가 당신에게 기대하는 게 너무 많다는 것을 하나님이 알려 주셨어. 어차피 인간이 충족시킬 수 없는 부분인데 내가 다른 남자에게서 채움 받으려 한 거야. 오직 하나님만이 내 마음의 그 빈자리를 채워 주실 수 있음을 오늘 아침에 그분이 깨우쳐 주셨어. 데이비드, 정말 미안해. 당신에게로 향한 내 무리한 기대를 이제 모두 거둘게. 하나님이 나를 용서하신다는 것은 말씀에 나와 있지만, 나 자신을 용서하는 데 오래 걸릴 거야. 당신에게도 나를 용서할 마음이 들도록 기도하고 있어."

데이비드의 반응은 테리가 바라던 바가 아니었다. 그의 말로 들어 보자.

"테리가 외도 사실을 고백했을 때 나의 세상은 무너져 내렸습니다. 직장, 돈, 가정, 정숙한 아내 등 여태 믿었던 모든 기둥이 붕괴한 겁니다. 당연히 격분했지요."

그는 10분 만에 캠핑장의 짐을 다 싸고 테리를 뒷좌석에 태운 뒤 10번 고속도로를 '시속 180킬로미터쯤으로' 달렸다.

잠깐 기름을 넣을 때 그는 차에서 내려 "우리 친구들, 내 어머니, 테리의 부모, 우리의 결혼 상담자 등 생각나는 모든 사람에게 전화를 걸어 말하기를 '우리는 이래서 이혼하는 겁니다. 다 신기루였어요'"라고 했다.

몇 시간 후 차가 휴스턴의 집 앞에 들어서니 "꿈에라도 보고 싶지 않은 사람이 현관에 서 있더군요. 내 아버지였습니다."

데이비드의 아버지는 그가 열두 살 때 집을 떠나 곧바로 자기 비서와 결혼했다. 7년 동안 부자간에 연락이 두절되다시피 했는데, 어머니가 그에게 전화해 "당신이 데이비드 집에 좀 가 봐야겠어요"라고 말했다는 것이다.

차에서 내린 데이비드는 집 위층의 자기 사무실로 달려 올라 가 신용카드 명세서, 통화 내역서, 이메일 등 증거가 될 만한 것 을 모조리 뒤졌다. 다 그대로 있었다. "조각 그림을 맞추는 거대 한 퍼즐처럼 전부 맞아들더군요. 그 모든 신호를 놓친 내가 정 말 바보 같았습니다. 외도의 이유가 궁금했습니다. 출장이 잦 다고 그럴 수 있나요? 나한테도 잘못이 있을 수 있다는 생각은 물론 없었습니다."

아버지가 데이비드를 따라다니며 진정시키려 했다.

"지금은 감정이 너무 격해 있으니 꼭 당장 결정하려고 하지 마라."

"이걸 어쩌나요? 이미 결정했는데." 이어 그는 테리를 보며 말했다.

"테리, 한 시간 줄 테니 이 집에서 나가. 그리고 아이들은 내 거야."

아버지가 가까스로 두 사람을 빈 방으로 들여보냈다. 데이비 드는 한 시간 동안 상처를 쏟아 냈다. "어떻게 나한테 이럴 수 있어? 우리 가정과 아이들은 어떻게 되라고? 동네 사람들은 또 뭐라고 하겠어?" 그러고 나서 방에서 나오니 평생을 통틀어 가 장 뜻밖의 초대가 그를 기다리고 있었다.

"데이비드, 나랑 같이 교회에 가자."

남남으로 지내던 7년 사이에 그리스도인이 된 아버지가 이제 데이비드를 교회로 초대한 것이다.

"아빠, 그런 일은 없을 겁니다. 나는 성경책도 없고 하나님도 몰라요. 신이 있다 해도 분명히 나를 모를 겁니다." 그러나 워낙 혼란스럽고 무력한 상태다 보니 결국 데이비드는 교회에 가기로 했다. 이튿날 오전에 그와 테리는 아이들을 사이에 두고 서로 장의자의 반대쪽 끝에 앉았다.

"목사의 말이 전부 내 깊은 상처에 연고처럼 스며들었습니다. 목사가 어떻게 알았을까 싶을 정도로 교회 안에 나 혼자뿐인 것 같았어요. 자꾸 더 듣고 싶어서 속으로 이 생각만 했습니다. '더 말해 주세요!'"

하나님은 데이비드의 관심을 예수님 쪽으로 돌리시는 데 그의 아버지만 아니라 장인도 쓰셨다. 테리의 아버지는 딸의 외도에 대한 사위의 성난 음성 메시지를 듣고는 즉시 밤 비행기를 타고 휴스턴으로 날아와 새벽 2시에 성경책을 들고 그들 집에 들이닥쳤다.

"이 책은 이제 자네 걸세. 아예 자네와 함께 이 책을 공부하고 싶군. 궁금한 건 뭐든 내게 물어 보게."

데이비드는 어디서부터 시작해야 할지 몰랐으나 '구약'과 '신약'이 있으니 '더 나아진 신판'부터 보는 게 좋겠다는 생각이 들었다. 펼쳐 보니 마태복음의 족보가 나왔고, 예수가 잉태되어 태어난 이야기로 이어졌다.

"궁금한 게 하나 생겼네요. 요셉은 왜 마리아를 떠나지 않은 겁니까?" 데이비드가 장인에게 물었다.

"그게 무슨 소린가?"

"마리아가 외도했으니 요셉의 아기가 아닌 게 분명한데, 왜 요셉이 굳이 그대로 있었느냐는 겁니다."

"데이비드, 이게 외도라는 말은 처음 들어 보는군. 우선 이 예수가 실제로 누구인지부터 알아볼까."

이 대화 끝에 테리의 아버지(뒤에서 보겠지만 그도 결혼생활의 문제를 극복해야 했던 적이 있었다)가 데이비드를 그리스도께로 인도했다.

데이비드와 테리는 둘 다 영적으로 갈급해졌다. "2년 동안 우리는 교회 모임이라는 모임은 다 참석했습니다."

그러나 부부관계는 아직도 엉망이었다. 영적으로 살아났다 해서 부부관계까지 자동으로 살아나는 것은 아니고, 여전히 정서적 여유와 민감한 반응과 신뢰를 복구해야 한다. 데이비드와 테리는 처참한 교통사고를 계기로 결국 배신을 극복하고 정서적 소통을 회복하는 법을 배웠다.

교통사고

"2년 동안 우리는 가면을 쓰고 살았어요. 나는 도저히 테리의 외도를 용서할 수 없었고, '사랑해'라는 말도 입 밖으로 나오지 않았습니다. 우리는 동거인일 뿐이었고, 아이들이 대학으로 떠날 때까지만 버티다 관계를 끝낼 작정이었어요."

같은 집에 산다 해서 결혼생활이 요새화되는 게 아니라 같은 경험을 공유하며 살아야 된다. 침대를 같이 써도 마음은 남남일 수 있다. 반대로 정서적 여유, 서로의 욕구에 대한 민감한 반응, 신뢰를 공유하는 한 설령 이역만리에 떨어져 자도 친밀한 소통이 가능하다. 정서적 거리가 물리적 거리보다 훨씬 먼 법이다.

데이비드와 테리는 청소년 단체의 콜로라도 여행에 보호자로 따라갔다. 돌아오는 길에 버스 기사는 이 단체 때문에 출발이 여러 시간 지연되어 자신이 다음 차의 운행을 놓치게 생겼다며 노발대발했다. 미끄럽고 위험한 산길에서 그가 난폭 운전을 하는 바람에 버스가 중심을 잃고 벼랑으로 굴렀다. 버스 천장이 완전히 뜯겨 나가면서 테리와 데이비드와 두 자녀를 비롯한 청소년 65명과 성인 6명이 산중턱으로 튕겨 나갔다.

세 명이 사망했고 거의 모든 승객이 중상을 입었다. 테리는 최악의 경우에 속했다. 엉덩이가 으스러지고, 척추가 여러 군데 부러지고, 갈비뼈가 다수 골절되고, 머리에 중상을 입은 것이다.

데이비드는 두 팔과 여러 갈비뼈가 부러지고, 인대가 찢어지고, 머리에 아주 고약한 부상을 입은 채로 깨어났다.

응급 요원들은 모든 부상자를 다섯 개 병원으로 공수했는데, 데이비드와 두 자녀는 기적처럼 동일한 병원으로 후송되었다. 의식을 되찾은 그가 테리에 대해 물어 보니 아무도 그녀가 어디에 있는지를 몰랐다.

"테리의 생사가 묘연하던 그 순간, 내 입에서 이런 기도가 터져 나왔습니다. '하나님, 왜 이런 말도 안 되는 일이 벌어지게 그냥 두셨나요?'" 데이비드의 말이다.

거의 즉시 마음속에 이런 음성이 들려왔다.

"데이비드, 끝까지 왔다. 네 직업과 돈과 아끼는 물건, 이기심과 앙심과 용서하지 않는 마음은 이제 끝났다. 여기가 끝이니어서 테리를 찾아내 용서한다고, 사랑한다고 말해라."

과연 하나님답지 않은가? 우리는 배우자가 저지른 일 때문에 분노와 앙심에 차서 그분께 간다. 그러면 그분은 응답으로 때로 내 쪽에 책임을 물으신다. **내가** 저지른 일과 **내가** 달라져야 할 부분을 지적하신다. 테리가 저지른 일이 중대한 잘못이라는 데 모든 사람이 동의했으니 데이비드로서는 이런 지적을 받아들이기가 쉽지 않았다. 그러나 소통이 회복되려면 데이비드도 영혼을 살피시는 하나님께 순종해야 했다.

이틀이 지나서야 그는 휠체어를 타고 테리의 병실에 들어갔다. 그런데 막상 가 보니 착오가 있는 게 분명해 보였다. 병상에 누워 있는 여자가 테리일 리 없었던 것이다. 머리가 농구공 만하게 부어올라 도무지 알아볼 수 없었다. 아내가 맞는지 간호사들에게 확인한 후에야 그는 모든 사람을 병실에서 내보냈다.

혼수상태의 아내와 단둘이 남은 데이비드는 몸을 기울여 테리의 귀에 대고 말했다. "테리, 들릴지 모르겠지만 당신이 알아야 할 게 있어. 나는 당신의 외도를 완전히 용서했고 당신을 많이 사랑해."

여러 번의 수술 끝에 테리는 4개월 만에 퇴원할 수 있었다. 그런데 집에 와 보니 남편이 사뭇 달라져 있었다.

당시 데이비드는 휴렛 팩커드 사의 간부였다. 회복하고 회사로 돌아온 그에게 부사장은 아무데나 원하는 자리로 보내 주겠다고 했다. "아시아도 좋고 유럽도 좋고 어디든 말만 하세요."

데이비드는 한숨을 내쉬며 "던, 그만하렵니다"라고 말했다.

"뭐라고요?"

"일을 그만두려고요. 내 마음속에 하나님이 나를 풀타임 사역자로 부르셨다는 믿음이 있습니다."

이 부부는 골프장에 위치한 168평짜리 주택, 자동차들, 대부분의 세간을 다 팔고 자신들을 온전히 주님께 내어 드렸다.

무엇이 문제였을까?

테리는 자신이 외도에 유독 취약했던 이유를 이렇게 털어놓았다.

> 유년기를 비롯한 과거의 상처가 많았고 정서 불안이 심했어요. 그게 내게 어떤 영향을 미쳤는지도 몰랐고요. 나를 원하는 남자친구가 늘 있어야 했어요. 주님을 몰랐기 때문에 사람들한테 인정받으려 한 겁니다. 데이비드와 나는 철모르고 결혼에 뛰어들었고 신앙의 기반도 없었어요. 그냥 결혼하고 보자는 식이었지요. 서로의 과거와 기대에 대한 대화도 없었고 전혀 상담도 받지 않았어요. 준비되어 있지 않았던 겁니다. 온통 정욕에 휩쓸렸는데 정욕이 시들해지니까 우리를 하나로 묶어 줄 게 없더군요.
>
> 돌아보면 삶에 대한 우리의 기대는 "영원히 행복하게 살았답니다"라는 식으로 전혀 현실성이 없었어요. 사실 게리 토마스의 책이 우리의 회복에 도움이 되었습니다. 결혼의 본래 목적이 행복보다 우리의 거룩함에 있다고 하신 말씀이 큰 영향을 주었어요. 외도를 막아 줄 전혀 새로운 사고방식을 거기서 처음 배웠습니다.

많은 상처와 잘못된 기대를 품고 결혼한 것 외에도 테리가

외도의 세 번째 원인으로 꼽은 게 있다. "우리가 부부관계에 우선순위를 두지 않았다는 겁니다. 의지적으로 서로에게 투자하지 않는 부부는 교만해지고 자아에 매몰됩니다. 나는 일과 육아에, 데이비드는 일에 각각 매몰되었지요. 우리는 부부관계에 우선순위를 두기는커녕 관계를 위해 아무런 노력도 하지 않았어요. 그냥 관계가 저절로 늘 탄탄하고 더 깊어질 줄로 알았지요. 그럴 리가 없는데 말입니다."

데이비드의 생각도 같다. "우리는 깊은 공허감과 정서적 욕구를 채우고자 각자의 도피처로 이끌렸습니다. 양쪽 다 일이 도피처였지요. 테리의 외도 상대는 테리가 듣고 싶어 하는 모든 말―"지금보다 훨씬 많은 것을 누릴 자격이 있는데 정말 고생이 많으시네요"―을 해 주었습니다. 사실상 테리의 권리 의식을 부추긴 건데, 그 바람에 우리 둘은 단절의 골이 깊어져 서로 보기만 하면 싸웠습니다. 서로를 친밀하게 대한 게 아니라 기껏해야 근근이 버틴 겁니다."

하트 박사와 메이 박사는 이렇게 경고한다.

정서적 소통은 꼭 정서적 지진이 일어나야만 단절되는 게 아니다. 그냥 비판적인 말, 둔감한 발언, 거슬리는 행위 등이 쌓여서 배우자에게 비수로 꽂힐 수 있다. 온종일 기다린 배우자에게 건성으로 건네는 인사, 영혼 없는 키스, 대자마자 얼른 떼는 손길, 잠깐의 포옹에도 인색한 마음, 아이들을 깨워 급히 등교 준비를 시킬 때 돕지 않는 것, 쓰고 난 그릇을 싱크대에 넣지 않는 무심함, 마루에 벗어 놓은 옷, 들어 주는 귀가 절실히 필요할 때 시간이 없다며 듣지 않는 것, 이 모든 소소한 것들이 한 번에 조금씩 깊은 상처를 입힐 수 있다.[4]

부부관계가 멀어진 경우 두 가지로 대처할 수 있다. 하나는 '심리적 약'(일 중독, 지나친 게임, 외도 등)으로 고통을 무마하는 것이고, 또 하나는 고통의 원인인 둘 사이의 거리감을 없애는 것이다. 현재의 테리와 데이비드는 결혼 세미나를 인도할 때, '5중의 친밀함'을 가꾸어야 한다고 강조한다.*(데이비드와 테리가 설립한 "결혼생활 사역재단"은 모험에 기초한 치료에 특별히 초점을 맞춘다(www.marriagelifeministries.com). 그들은 전국 각지에서 워크숍과 수련회를 인도한다.) 바로 영적, 성적, 감각적, 정서적, 지적 친밀함이다. 외도를 경험한 수많은 부부를 그들이 상담해 본 결과, 대개 성적 친밀함을 유지하기가 가장 쉽다고 한다.

수많은 부부의 고백에 따르면 영적, 정서적, 지적, 감각적 친밀함은 털끝만큼도 없는데 유독 섹스만은 예외입니다. 단 섹스의 **종류**가 달라요. 감각은 사라지고 동작만 남아 있는 거지요. 소통의 의미로 나누는 진한 키스도 없고, 서로 눈을 들여다보거나 서로의 존재를 즐거워하지도 않습

니다. 상대의 몸을 이용해 성욕을 해소하는 것에 더 가깝
습니다.

그래서 부부의 섹스가 유지된다 해서 모든 게 좋다는 뜻은
아니다. 당신이 나누는 섹스의 종류에 주목하라. 소통하고 서
로에게 자신을 내주며 서로를 즐거워하는 섹스인가, 아니면 상
대를 이용해 육욕을 채우는 섹스인가? 감각은 배제된 채 섹스
만 남아 있다면 심각한 위험 신호다. 성관계는 잘하는데 진한
키스와 서로의 눈빛이 꺼려진다면 심각한 문제가 있을 수 있
다. 배우자를 조금이라도 배신하고 있다면 성관계 도중에라도
눈을 들여다보기가 힘들다.

테리의 외도 기간에도 이 부부는 (가끔) 섹스를 했다. "그런데
정서적, 감각적 면에서 확 달랐어요. 성관계를 하긴 했는데 그
냥 흉내만 낸 거지요."

그러던 것이 테리가 외도를 고백한 뒤로 완전히 달라졌다. "데
이비드가 보스턴으로 출장을 가는데 나를 믿을 수 없다며 굳이
데려갔어요. 거기서 나눈 섹스가 그때까지 중에서 가장 놀랍고
뜨거웠어요. 이전에 몰랐던 친밀한 수준에 도달한 겁니다."

바람을 피웠거나 신뢰가 무너졌으면 부부관계를 끝내야 할
까? 친밀함을 회복하는 게 불가능할까? 그런 의문이 든다면 당
신이 알아야 할 게 있다. 외도 후에도 외도 전보다 더 깊은 수준
의 친밀함과 만족감을 누리는 것이 가능하다. 배우자가 회개하

고 혼신을 다해 솔직해진다면, 정붙이기가 의외로 빠르게 이루어질 수도 있다. 물론 친밀함을 회복하려면 상대가 재정 관리나 인터넷 활동이나 제삼자와의 정서적 소통에 대해 더는 속이지 않는다는 전제가 요구된다. 신뢰를 무너뜨린 원인이 무엇이든 먼저 그것을 끊지 않고는 배우자와 다시 이어질 수 없다.

데이비드는 이렇게 설명한다.

> 섹스가 그렇게 좋았던 이유는 우리가 이전에 몰랐던 솔직한 수준에 도달했기 때문입니다. 외도를 수습하는 과정에서 나는 테리에게 "첫 키스를 어디서 했지?", "어느 호텔로 갔어?"와 같은 질문을 골백번도 더 했습니다. 여전히 아내를 믿지 못했기 때문에 엉겁결에라도 실토하게 하려고 자꾸 방법을 바꿔 가며 똑같이 물은 겁니다. 보스턴에 갔을 때도 침대 머리판에 기대어 있는 테리에게 또 물으려는데 마침내 테리가 그러더군요.
> "데이비드, 이미 수없이 들은 질문이지만 하나도 숨긴 게 없으니 당신이 답하라면 몇 번이라도 더 할게."

잘 보면 테리의 이 답변이야말로 정서적 여유와 민감한 반응의 전형이다. 덕분에 데이비드도 마음이 열려 이렇게 응했다. "여태 내가 당신에게 듣고 싶었던 말이 바로 그거야. 이제 더 질문할 필요가 없어졌어.' 그때부터 섹스가 아주 좋아졌습니다."

테리는 이렇게 덧붙였다.

"마침내 우리가 다시 정을 붙이고 친밀한 사이가 되었기 때문이지요. 경계 태세 없이 서로 통했다고 할까요. 그 섹스의 향연이 앞날의 모든 고통을 통과하는 데 필요한 정서적 절정감 같은 것을 가져다주었어요. 데이비드가 아직 나를 다 용서하지 않았었기 때문에 우리 앞에 어두운 날이 많이 닥쳐왔거든요."

무엇이 우리를 취약하게 하는가?

데이비드에 따르면 결혼생활을 단단히 하여 성적 유혹에 맞서려면 나머지 네 가지 친밀함에도 힘써야 한다. "모든 면에서 솔직함은 기본입니다. 반드시 소통 채널을 열어 두고 각자의 바람과 갈망과 욕구에 대해 막힘없이 대화하되 성적인 면만 아니라 특히 정서적, 영적인 면도 나누어야 합니다."

그가 지적했듯이 특히 남편들은 성욕에 대한 대화를 회피할 때가 많다. 수치스럽거나 자존심이 상해서 그냥 혼자 알아서 하려는 것이다. 그래서 남자는 탈선에 특히 취약하다. 그게 탈선의 구실이야 될 수 없지만 어쨌든 유혹에 빠지기 쉬운 것만은 분명하다. 다시 데이비드의 말이다.

우리가 믿기로 여성의 가장 큰 정서적 욕구 중 하나는 누군가 자기를 원하고 소중히 여겨 주는 것인 반면, 남성의 가장 큰 정서적 욕구 중 하나는 정비소든 주방이든 회의실이든 침실이든 어디서고 성공하는 것입니다. 나이가 들수록 남자는 자기 몸의 변화에 대해 말하기가 점점 힘들어집니다. 젊어서는 없었던 여러 문제에 어떻게 맞서야 할지 차마 말을 꺼내지 못해요. "요즘 힘들다"라는 말은 침실에서 성공하지 못한다는 말과 같아서 남자의 자존감을 무너뜨리니까요.

테리가 보기에 자신이 외도에 취약해진 이유 중에는 데이비드가 가정을 소홀히 한 탓도 있었다. 그는 가족을 먹여 살리는 데 매달렸을 뿐 정서적, 영적으로 돕는 쪽에는 거의 무관심했다. "설상가상으로 그는 출장을 통해 늘 인정과 칭찬을 받았는데, 집에서 나한테는 그런 것을 받지 못하니 바깥 생활이 더 즐거워진 거지요."

자연히 데이비드는 기간이 길어질 수밖에 없는 외딴 지역의 출장까지도 남보다 먼저 자원했다. 간혹 14일 기간도 마다하지 않다 보니 주당 근무 시간이 훌쩍 늘어났는데, 그럴수록 집에 있는 시간이 줄어들었음은 물론이다.

"밖에서는 성공하는 내가 집에만 왔다 하면 '데이비드, 당신은 남편 구실도 못하고 영적 리더의 자질도 없어'라는 말만 듣는 겁니다. 그때 나는 그리스도인도 아니었고 영적 리더가 뭔지도 몰랐는데 말이지요!"

때로 부부의 신앙 수준이 서로 다를 때 그러하듯이 테리도 자꾸 남편이 모자라다는 식으로 말하는 버릇을 버려야 했다. 심지어 기도할 때도 그랬다. 데이비드는 "둘이 처음으로 기도하던 날, 테리의 기도가 꼭 나를 고쳐 주려는 것처럼 들리더군요. 내가 존중받거나 인정받는다는 느낌과는 거리가 멀었습니다"라고 말한다.

다른 부부들에게서도 비슷한 말을 듣곤 한다. 그러니 당신도 조심하라. 기도의 방식과 내용에 신중을 기하지 않으면 부부가 함께 기도하는 게 오히려 관계를 해칠 수도 있다. 당신은 하나님께 염려를 맡긴다고 생각하지만 배우자에게는 그것이 야비한 메시지로 전달될 수 있다. "하나님, 남편이 더 훌륭한 영적 리더가 되게 해 주세요." "아이들을 대할 때 남편에게 더 인내심을 주세요." 이런 기도는 비판처럼 들리기 때문에 격려로 받아들여지지 않을 수 있다. 배우자와 함께 기도할 때만 아니라 당신 혼자 기도할 때도 하나님은 들으신다. 어떤 기도는 당신과 하나님 사이에만 하는 게 좋다.

요새화 작업

데이비드가 휴렛 팩커드를 그만둔 후 이 부부는 모험에 기초한 부부 수련회를 인도하기 시작했다. 그들의 신념은 이렇다. 교육만으로는 장기적 변화를 낳기 힘들지만, 부부 모험 프로그램에 참여한 부부는 수료한 지 오랜 후에도 더 만족스러운 관계를 유지할 소지가 높다는 것이다.[5] 훌라후프 한가운데에 서 있는 아내에게 다른 부부들이 공을 던지는 게임도 이 프로그램의 활동 중 하나다. 이때 남편이 훌라후프 주변을 돌면서 아내를 보호해야 한다. 이 게임은 배우자에게 던져지는 각종 공을 많은 사람이 모르고 있다는 실생활을 반영한 것이다. 데이비드와 테리는 "청구서, 스트레스, 자녀, 성적 유혹, 실직 등 수많은 공이 배우자에게 날아오고 있는 게 현실입니다. 그래서 늘 소통하지 않으면 배우자를 지켜 주지 못하고 공을 놓쳐 버립니다"라고 말한다.

어떻게 이런 '공'에 더 잘 대비할 수 있을까? 데이비드와 테리가 웃으며 말했다. "어느 한 남편의 답이 제일 마음에 듭니다. '공을 던지는 사람을 없애 버려야지요!' 이 속에 많은 진리가 담겨 있습니다. 우리가 방치해 둔 사이에 얼토당토않은 일이 결혼생활에 얼마나 많이 닥쳐옵니까?"

그래서 결혼생활을 단단한 요새로 만들려면 문제를 일으킬 만한 싹을 실제로 미리 잘라야 한다. 데이비드의 설명이다. "이제 시대가 달라졌어요. 외도 문제로 우리가 많은 부부를 상담했는데, 외도 상대의 약 70퍼센트는 크로스핏(체인점 이름이자 특유의 운동 방식—옮긴이)이나 헬스장의 트레이너이며 아내들의 경우에 특히 더 그렇습니다."

이에 대한 흥미로운 설명이 있다. 저명한 심리학자이자 관계 전문가인 존 고트먼 박사의 연구 결과에 따르면, 심장 박동이 분당 95회 이상으로 증가하면 우리 뇌가 정서적으로 고양된다. 그것이 활동 중이나 직후의 더 유의미한 대화로 이어지기 때문에 부부는 좋은 추억을 남길 소지가 높아진다. 그래서 데이비드와 테리는 교육 시간에 이어 격렬한 활동이나 심지어 무서운 활동(예컨대 신뢰를 되살리는 데도 유익한 고공 줄타기 장애물 코스)을 즐겨 활용한다. 심박이 빨라지면 뇌의 빗장이 풀리면서 새로운 소통이 촉진될 수 있다.

심박 박동이 빨라질수록 정서적으로 취약해진다는 이 원리가 부부에게는 신성하지만 결혼 밖에서는 배신의 물꼬로 작용할 수 있다. 당신의 심장을 분당 95회 이상으로 뛰게 하는 것은 무엇인가? 두 가지만 꼽자면 크로스핏 모임과 육상 동호회가 있다! SNS의 위력에는 우리도 각별히 주의를 기울인다. 온라인에서 만난 옛 연인들의 외도에 대해 대부분 들어 보았기 때문이다. 그러나 데이비드와 테리는 대면 교류가 더 위험할 수 있고 특히 **헬스장이** 위험하다고 부부들에게 경고한다. 헬스장에 부부가 **함께** 다닐 수 없다면 적어도 함께 운동하는 사람들에게 늘 확실히 선을 그어야 한다.

소통이 거의 없거나 아예 없어 부부관계가 이미 고갈된 상태라면 당신의 뇌는 더 긴밀한 소통에 취약해져 있다. 이럴 때 이

성과 어울려 지내는 것은 어리석은 일이다. 상대의 신체 접촉(그냥 자세를 고쳐 주기 위한 것이라도)과 격려("계속하세요! 잘하고 있어요!")를 받아 가면서 정서적으로 취약해질 때까지 운동하다 보면, 자칫 상상을 초월하는 지경으로 치닫기 쉽다. 자신의 취약한 상태에 대해 솔직해지라. 성적으로 외면당하거나 정서적으로 버림받은 심정이라면 당신은 지금 방비에 만전을 기해야 할 때다. 하필 이때 위험한 상황 속으로 들어간다면 스스로 요새를 허물어뜨리고 공격을 자초하는 꼴이다.

아울러 진실을 아군으로 삼으라. 비밀을 일절 용납하지 말라. 데이비드는 "그 어떤 문자 메시지도 숨겨서는 안 되며, 이메일이나 SNS 계정이나 휴대전화의 비밀번호를 주저 없이 공유해야 합니다"라고 조언한다. 정서적으로 허전하고 성적으로 외면당한 심정인데 배우자 아닌 사람과 은밀히 소통하고 있다면 당신은 이미 바람을 피우는 것이다. 아직 육체관계로 발전하지 않았을 뿐이다. 꼭 알몸이 되어야만 배우자를 배신하는 것은 아니다.

비밀번호의 공유와 관련하여 중요한 주의 사항이 있다. 학대당하는 배우자에게는 이 가르침이 적용되지 않는다. 바람피우려고 배우자를 속이는 것과 배우자의 학대나 지배나 위협이나 군림으로부터 자신을 보호하는 것은 엄연히 다르다. 이 조언이 당신의 부부관계에 적합한지 여부를 분별하는 데 전문 상담자가 도움이 될 수 있다.

가족이나 친구라는 '공'으로부터도 배우자를 보호해야 한다. 테리가 아는 한 여성은 남편에게 홀대당하는 중에도 어떻게든 부부관계를 다시 세우고 싶은데, 친정어머니가 나서서 계속 이런 말로 유혹했다. "훨씬 더 행복해질 수 있는데 왜 그 사람한테 붙어 있니? 당장 갈라서라."

테리는 "여자의 동성 친구들은 아무래도 너무 성급히 여자 편을 드는 경향이 있어요. 당장 불행하다는 이유만으로 결혼생활을 끝내야 한다고 생각하는 거지요. 그렇지 않은 더 성숙한 친구들을 찾아야 합니다"라고 말한다.

지혜로운 조언을 듣고 방비를 강화하여 당신의 결혼생활을 요새화하라. 데이비드는 자신의 부부관계를 재건하는 데 가장 큰 감화를 끼친 인물을 둘로 꼽는다. "내 어머니는 이런 말로 나를 충격에 빠뜨렸습니다. '데이비드, 내가 만일 네 아버지가 바람피우던 때로 다시 돌아갈 수 있다면 그냥 견디겠어. 테리의 외도 때문에 꼭 네 결혼이 파경을 맞아야 하는 건 아니야. 외도 후에도 부부로 남아도 괜찮아. 외도 후에도 계속 같이 살면 외도를 묵인하는 거라고 생각하는 사람이 많은데 사실은 그렇지 않거든.'" 외도가 치명적일 필요는 없다고 믿으면, 배를 몽땅 버리는 게 아니라 파손된 부분을 수리할 수 있다. 모든 심장 발작이 치명적이지는 않다. 때로 수술을 통해 환자가 아주 오래 살 수도 있다. 부부관계도 마찬가지다.

앞서 보았듯이 테리의 아버지는 사위에게 성경책을 주면서 하나님을 만나도록 도와 주었다. 자신의 결혼생활에도 일찍이 정서적 외도가 있었다고 나중에 그가 말했을 때 데이비드는 충격을 받았다. 테리 부모의 깊고 성숙한 사랑이 배신을 딛고 이루어졌다는 게 잘 믿어지지 않았다. 처음에는 "그렇다면 어떤 식으로든 외도가 **없었던** 부부는 세상에 없다는 말인가?"라는 반문도 들었지만, 결국 이 사실조차도 그에게 희망을 불어넣어 주었다. 금슬 좋고 헌신적이고 자상하고 행복한 부부의 전형인 장인과 장모가 신뢰의 심각한 훼손을 이겨낼 수 있었다면, 자신과 테리도 할 수 있겠다는 생각이 들었다. "두 분의 부부관계의 현 상태를 보니 다른 부부들도 외도 후에 다시 잘될 수 있음을 알겠더군요."

현재의 모습

"우리의 결혼생활 30년을 통틀어 작년이 단연 최고였어요!" 그렇게 말하는 테리는 꼭 상대에게 홀딱 반한 여학생 같다. 작년이란 바로 이차대전 후로 가장 악명 높은 해 중 하나일 것 같은 2020년이다.

"이동이 봉쇄된 덕분에 여태까지보다도 더 의지적으로 우리의 관계에 집중할 수 있었어요. 다시 데이트를 시작한 것도 중요한 일이었고요."

위낙 중요한 요소인 만큼 잠시 강조하고 넘어가고 싶다. 외도나 무너진 신뢰 후의 회복은 단번의 결단이 아니라 부부관계를 가꾸기로 선택하는 지속적 과정이다. 나는 보스턴 마라톤 대회 참가자 자격을 얻기 위해 마라톤 코스를 완주한 적이 여러 번 있는데, 이때는 구간별 기록에 고도로 집중해야 한다. 그러노라면 계속 달릴 것인지를 다시 결단해야 하는 지점이 매번 예닐곱 번씩 나온다. 굳센 결의로 출발선에 서거나 심지어 반환점을 도는 것만으로 부족하다. 보스턴 대회에 출전할 자격을 얻으려면 계속 결단하여 마지막 결승선까지 매진해야 한다.

마찬가지로 배신 후의 회복도 단번의 결단으로 되지 않는다. 계속 결단해야 한다. 용서하려는 결단은 시험에 부딪칠 것이다. 한때 외로웠던 부부관계로 돌아가려는 결단은 아찔할 수 있다. 다시 신뢰하려는 결단은 미련해 보일 수 있다. 애써 정서적 여유를 내려면 무서울 수 있다. 매번 민감하게 반응하기로 선택하려면 억울할 수 있다. 구습이 도질 때마다 용감하고 단호하게 행동하기로 또 다시 결단해야 한다. "그래, 우리는 계속할 거야. 살아남는 정도가 아니라 활짝 피어날 거야."

테리와 데이비드는 서로와 부부관계에 대해 이미 많이 배운 상태였는데도, 계속 의지적으로 관계에 집중해야 함을 되새긴 것은 전 세계적인 격리 조치 덕분이었다. 한 번 치유되었다 해서 부부관계가 다시 병들지 말라는 법은 없다.

앞서 잠시 언급한 '활동적 데이트'의 개념을 실천하고자 데이비드와 테리는 데이트 때마다 일부러 이런저런 활동으로 심박수를 높인다. 뇌를 흥분시키는 신경생물학적 현상 때문에 운동을 크로스핏 트레이너와 함께 하면 위험하지만 배우자와 함께 하면 오히려 소통이 깊어질 수 있다.

그들이 구상한 활동적 데이트는 가벼운 산책처럼 단순한 것도 있고, 급류 타기처럼 힘든 것도 있고, 야구 경기의 일루나 삼루 쪽 입장권을 사서 파울 볼을 잡는 일처럼 창의적인 것도 있다. 흥분이 고조되어 심장 박동이 빨라지면 더 친해지는 데 특효가 있다. 고등학생들이 놀이동산에서 롤러코스터 같은 기구를 타다가 사랑에 빠지는 것도 어쩌면 우연이 아닐지 모른다.

이 현상에 착안하여 테리와 데이비드는 결혼생활 사역재단을 설립했다. 데이비드의 설명이다.

오전에 건강한 갈등 해결에 대해 교육한 뒤 우리는 오후에 갈등 상황을 제공합니다. 몸에 안전장치를 장착한 부부를 15미터 상공의 밧줄에 올려놓고 장애물 코스를 함께 헤쳐 나가게 하는 겁니다. 그렇게 나무 우듬지 높이에 올라가기만 해도 심장 박동이 분당 95회를 넘어가니까 누구나 투쟁하거나 도피하거나 얼어붙게 되지요. 바로 이때 그들은 오전에 배운 대로 심호흡과 더불어 서로 눈을 들여다보며 안심시켜 주고 하나님의 말씀으로 격려해야 합니다. 모험에 기초한 부부 프로그램을 통과한 부부는 관계가 점점 더 좋아질 확률이 84퍼센트나 더 높습니다.

결혼을 단단한 요새로 만드는 데 활동적 데이트가 유익한 점이 또 있다. 과거의 상처를 압도할 만한 좋은 추억을 새로 공유하게 한다는 것이다. 괴로운 기억이 되살아날 때면 부부는 고공에서 남편이 아내를 도와 주고 아내가 남편을 도와 주던 그때로 돌아갈 수 있다. 오래 전에 바람을 피웠던 아내가 그 수련회에서는 미끄러지려는 남편의 손을 잡아 주었다. 해서는 안 되는 대량 구매를 했던 남편이 둘이서 강의 급류를 타고 내려갈 때는 든든한 손으로 길잡이 역할을 했다.

테리는 "과거에서 벗어나려면 계속 앞으로 나아가야 합니다. 용서하지 않고 앙심을 품고 살면 늘 과거의 포로가 되어 모든 희망을 잃지요"라고 설명한다.

과거의 고통을 현재의 추억으로 대체하는 작업은 데이비드가 아내를 계속 용서하는 과정에서 요긴한 역할을 했다. "빌립보서 4장 8절은 지금도 내게 중요한 구절입니다. '끝으로 형제들아, 무엇에든지 참되며 무엇에든지 경건하며 무엇에든지 옳으며 무엇에든지 정결하며 무엇에든지 사랑받을 만하며 무엇에든지 칭찬받을 만하며 무슨 덕이 있든지 무슨 기림이 있든지 이것들을 생각하라.'"

데이비드는 신경심리학을 공부하던 중에 MRI 촬영에 기초한 한 연구 결과를 접했다. 분노와 원망을 품고 사는 기간이 남자가 여자보다 최고 여섯 배까지 더 길며, 따라서 대체로 여자가 남편의 외도를 극복하는 쪽보다 남자가 아내의 외도를 극복하는 쪽이 더 힘들 수 있다는 것이다.

그 연구진에 따르면 분개한 남자가 LCD 화면으로 강아지나 시냇물을 마시는 사슴이나 산의 경치를 보면 뇌가 평정을 되찾는다.

"이런 생각이 들더군요. '어디서 들어 본 얘긴데 어디였더라?' 그러다 빌립보서 4장 8절이라는 걸 깨달았습니다! 사랑받을 만하며 정결하며 칭찬받을 만하며 경건한 것을 생각하라고 했잖아요."

테리의 외도 고백을 듣고 우울과 싸우던 초기에 데이비드는 긍정적 마음가짐을 잃지 않으려고 1970년대의 사랑 노래를 모아 아침마다 업무 준비를 하면서 들었다. "사랑 노래를 하나하나 들으면서 내가 테리에게 그 노래를 불러 준다고 상상했습니다. 그랬더니 놀랍게도 여태 내 분노와 원망 때문에 용서 못할 대상으로만 보이던 아내가 하나님의 도움으로 달라 보이더군요." 그 방법이 얼마나 도움이 되었던지 그는 지금도 계속 실천하고 있다. "그 결과 아내를 소중히 여기는 법을 배웠고, 내 기대를 아내가 저버렸던 때에 굳이 연연해하지 않게 되었습니다."[6]

음악에 더하여 좋아하는 배우자 사진으로 자신을 보강하라. 사진을 매일 보이는 곳에 두라. 섹시한 모습이든 즐거운 순간이든 웃는 얼굴이든 생각에 잠긴 표정이든, 당신을 다시 배우자와 사랑에 빠지게 하는 사진이면 무엇이든 좋다. 아울러 배우자의 성격 중 당신이 제일 좋아하는 면을 떠올리라.

그뿐 아니라 당신의 심박수를 높여 매주 좋은 추억을 더 늘려 나가라. 섹스에 다시 감각적 측면을 되살리고, 5중의 친밀함을 모두 가꾸라. 그러면 당신의 부부관계는 다시 난공불락의 요새가 되어 그 어떤 외도나 배신도 막아 낼 수 있다.

다시 정붙이기에 특히 요긴한 3대 요소를 잊지 말라. 바로 **정서적 여유와 민감한 반응과 신뢰다.** 여유 있게 대하려면 배우자의 말이나 감정에 민감해져야 한다. 꾸준히 여유를 내고 민감하게 반응할수록 신뢰가 깊어지고, 신뢰가 깊어질수록 안전하게 느껴져 다시 정을 붙일 수 있다.

내게 귀를 기울여
속히 건지시고
내게 견고한 바위와
구원하는 산성이 되소서(시 31:2).

04 결혼의 요새화에 필요한 3대 기본 요소

1. 부부관계는 정서적 소통 내지 정붙이기를 통해 시련 속에서도 견고해질 수 있다. 당신 부부를 갈라놓으려는 게 무엇이든 계속 정서적으로 소통하며 정을 붙이는 데 주력하라.

2. 정붙이기의 3대 요소는 정서적 여유와 민감한 반응과 신뢰다.

3. 다이너마이트가 문짝을 폭파하듯이 배신도 당신 부부가 힘써 쌓아 올린 모든 것을 산산이 무너뜨릴 수 있다.

4. 우리 믿음의 주요 또 온전하게 하시는 하나님이 친히 역사하여 우리를 도로 합쳐 주신다. 우리 자신이 갈라서려는 쪽으로 행동할 때조차도 말이다.

5. 어느 해에 서로 죽도록 미워하던 부부도 이후에는 성장과 변화와 믿음을 통해 서로를 아끼고 즐거워하는 법을 배울 수 있다.

6. 외도는 대개 많은 잔걸음으로 시작되어 점진적으로 이루어진다. 한걸음이 모여 결국 천리 길이 된다. 길을 잘못 들지 않도록 첫발부터 조심해야 하는 이유가 여기에 있다.

7. 영적으로 살아났다 해서 부부관계까지 자동으로 살아나는 것은 아니고, 여전히 신뢰와 정서적 여유와 민감한 반응을 복구해야 한다.

8. 아내의 외도로 인한 고통 속에서도 데이비드는 하나님의 음성에 민감해져서 치유를 얻었다. 그분은 **그가** 했던 잘못과

그가 달라져야 할 부분을 지적하셨다. 배우자가 죄를 지었다 해서 내 죄가 묵인되는 것은 아니다.

9. 유년기의 상처를 해결하지 않고, 현실성 없는 기대를 품고, 부부관계에 우선순위를 두지 않으면 외도에 특히 더 취약해질 수 있다.

10. 정서적 소통은 꼭 부부관계에 지진이 일어나야만 단절되는 게 아니다. 느리지만 꾸준한 무관심과 단절의 행위가 그런 결과를 낳을 수 있고, 이런 비교적 작은 행위가 합해져 결국 거대한 간극을 벌려 놓는다.

11. 데이비드와 테리에 따르면 5중의 친밀함은 바로 영적, 성적, 감각적, 정서적, 지적 친밀함이다.

12. 부부의 섹스가 유지된다 해서 꼭 모든 게 좋다는 뜻은 아니다. 당신이 나누는 섹스의 **종류**에 주목하라. 소통하고 서로에게 자신을 내주며 서로를 즐거워하는 섹스인가, 아니면 상대를 이용해 육욕을 채우는 섹스인가? 감각은 배제된 채 섹스만 남아 있다면 심각한 위험 신호다.

13. 외도나 배신 후에도 외도 전보다 더 깊은 수준의 친밀함과 만족감을 누리는 것이 가능하다.

14. 계속 정을 붙이려면 모든 면에서 솔직함은 기본이다. 단 서로에게 안전한 한에서만 그렇다.

15. 심장 박동이 증가하면 우리 뇌가 정서적으로 고양되며, 이때 함께하는 대상이 누구냐에 따라 부부관계가 더 친밀해질

수도 있고 외도에 더 취약해질 수도 있다.

16. 결혼생활에 대한 조언을 구할 때는 성경적 가치관을 지닌 사람, 주님의 능력과 은혜를 신뢰하는 사람들과 대화하라.

17. 배신 후의 회복은 단번의 결단이나 혼자서도 가능한 결단이 아니라 둘이 함께 부부관계를 가꾸기로 선택하는 지속적 과정이다.

18. 한 번 치유되었다 해서 부부관계가 다시 병들지 말라는 법은 없다. 회복된 후에도 관계를 계속 가꾸어야 다시 정이 식으려 할 때 거기에 맞서 싸울 수 있다.

19. 활동적 데이트는 과거의 배신에 대한 생각을 새롭게 신뢰를 나눈 추억으로 대체하는 데 도움이 된다.

너무 바쁜 삶은
불시의 공격이
될 수 있다

관계 면에서 부지런한 부부가 되라

Chapter 05

불시의 공격이 먹혀드는 이유는 늘 강해서만이 아니라 불시여서일 때가 더 많다. 예상하지 못한 한 방이라 피해자가 준비되어 있지 않다. 완전히 허를 찌르는 무방비 상태의 공격이다. 그래서 최대의 타격을 입힐 수 있다. 불시의 공격에서 불시를 빼면 그야말로 더는 불시의 공격이 아니다. 그런 문제에는 누구나 대비할 수 있다.

　바쁜 삶은 오늘날 결혼생활에 닥쳐오는 가장 큰 불시의 공격일 것이다. 외도를 예방해야 함은 어느 부부나 안다. 자녀를 사별하거나 장애 자녀를 낳으면 결혼생활이 새삼 취약해진다는 경고도 들었다. 이런 도전이 부부관계에 미칠 수 있는 영향을 통계 수치로 들었고, 그 수치에 또 하나의 사례로 더해질 마음도 없다.

　바쁜 삶은 우리를 공격하기 전에 얼러서 잠들게 하지만, 치명적이기는 어느 중대한 공격 못지않을 수 있다. 공격처럼 보이지 않을 뿐이다. 바쁜 삶이 위험하다는 말은 운전이 위험하다는 말과 비슷하다. 운전이 위험하다는 거야 누구나 알지만 우리는 그것을 자신과는 무관한 남 일로 여긴다. 해마다 교통사고로 부상을 입는 운전자가 미국에서만 2백만 명이 넘으며,

그중 3만여 명이 부상으로 사망한다. 하지만 자신의 운전 중에 언제라도 그런 사고가 나리라고는 아무도 예상하지 않는다.

그러다 사고가 난다.

너무 바쁜 사람은 우선 배우자를 소중히 여길 수 있는 여유를 잃는다. 서로 아껴 주며 고마워하기가 힘들어진다. 온갖 일을 해내려고 아등바등하느라 너무 피곤하고 산만하기 때문이다. 그러다 점점 서로에게 짜증나고 억울해진다. 그러다 점점 외로워진다. '내 배우자는 왜 내 삶이 더 나아지도록 돕지 않을까?' 그러다 점점 화가 난다. 자신이 처해 있는 상황이 싫은 것이다. 배우자와 함께 처해 있는 상황이 싫어지면 거기서부터 배우자가 싫어지기까지는 한 치 건너다.

바로 그때 불시의 공격이 날아든다.

잘못하면 KO로 끝날 수도 있다.

랜디는 캐나다 브리티시컬럼비아 주의 버논에서 교회의 담임목사고 해나는 음악 교사다. 결혼 25년차인 그들은 십 대 자녀 둘과 곧 십 대에 들어설 막내를 두었다. 그 연령대의 자녀를 길러 본 사람은 누구나 알듯이 그 시기는 정말 바쁜 때다. 그런데 그들은 내 표현으로 '관계 면에서 부지런한' 부부가 됨으로써 거기에 맞서 싸울 길을 찾아냈다. 삶의 다양한 시절을 통과하는 동안 여러 관계 기술을 의지적으로 적용하고 다듬어 부부관계를 계속 가꾼 것이다.

열역학 제2법칙을 당신도 물론 들어 보았을 것이다. 아마추

어식 정의를 관계에 대충 적용해 보자면, 힘써 전진하지 않는 한 악화와 퇴보를 면할 수 없다는 것이다. 무엇이든 그냥 두면 저절로 못쓰게 된다. 부부관계의 친밀함을 그나마 현상 유지라도 하려면 의지적으로 전진해야 한다. 관계 기술을 가꾸지 않으면 결혼생활의 만족도가 떨어지게 마련이다. "우리는 성격이 잘 맞나?"를 따지는 게 요즘의 세태지만, 이왕 맺어져 결혼한 후에는 "우리는 기술을 갖춘 부부인가?"가 더 좋은 질문이다. 사별이나 이혼이 아니고는 배우자를 바꿀 수 없지만 부부관계의 기술은 고칠 수 있다. 기술을 고치면 결혼생활이 여러모로 새로워진다. 실제로 그런 사례를 많이 보았다.

레스와 레슬리 패럿 박사 부부의 책 *I Love You More*(더욱 사랑합니다)에 이 개념이 나온다. "전문가들에 따르면 큰 결함에 더 잘 대처할 새로운 기술을 하나만 배워도 대다수 부부의 결혼생활이 몰라보게 개선될 수 있다. 연구로 뒷받침되고 사례로 입증되는 사실이다. 결혼생활이 잘 돌아가려면 우리 모두에게 새로운 기술이 필요하다."[1]

의지적으로 시간을 내서 새로운 관계 기술(경청, 공감, 겸손, 정 붙이기, 갈등 해결, 성적 친밀함 등)을 1년에 하나씩만 익힌다면 부부관계가 더 견고해질 것이다. 당신이 관계 기술 면에서 이미 뛰어나다 해도 여기 생각해 볼 게 있다. 세상 최고의 프로 운동선수들도 상대에게 뒤지지 않으려고 계속 연습하여 기술을 발전시키고 새로운 기술을 더한다. 행복한 결혼생활을 원한다면 관계 기술을 연마하라! 패럿 부부의 말처럼 "자신에게 아무런 결함도 없다고 생각한다면 그게 당신의 가장 큰 결함일 것이다. … 모든 부부관계에는 결함이 있다. 부부마다 다를 수는 있어도 반드시 하나쯤은 다 있다."[2]

이것이 바쁜 삶과 무슨 관계일까? 부부관계는 아무래도 직장의 위기나 자녀의 일정만큼 급해 보이지 않는다. 당신이 판매 할당량을 달성하지 못하면 사장이 당신을 해고할 수 있지만, 당신이 좀더 잘 경청하지 못한다 해서 배우자가 이혼하겠는가? 아닐 것이다. 그래서 우리는 급한 일 쪽으로 이끌리고, 결국 관계 기술을 습득하려는 노력 따위는 망각하는 지경에 이른다.

바로 그때 불시의 공격이 날아든다.

우리가 계속 다듬어야 할 중요한 관계 기술에는 하나님의 음성과 권고를 듣기, 공감 능력을 키우기, 갈등 해결을 실천하기, 소통에 힘쓰기, 사랑의 언어를 서로 파악하기, 서로 소중히 여기기, 서로 경청하기, 꾸준히 관계를 점검하기, 함께 즐거운 시간을 보내기, 성적으로 더 친밀해지려고 노력하기 등이 있다. 이중 하나라도 약해지려는 조짐이 보이거든 그때마다 해당 기술을 힘써 익히라. 너무 바빠서 이런 부분에서 자라 갈 여유가 없다면 당신은 정말 너무 바쁜 것이다! 사탄은 부부를 공격할 때 당신이 가장 등한시하는 바로 그 분야를 노릴 공산이 크다. 관계 기술을 무시하거나 녹슬게 둔다면 이는 성곽 정면에 3미

터 높이의 철문을 달면서 측벽에 뚫린 큰 구멍을 방치하는 것
과 같다. 적이 어디로 공격해 올지는 아무도 모른다.

영적 분별과 공감

내가 대화해 본 수많은 부부처럼 해나와 랜디도 멀쩡히 잘
지내다가 위기를 맞았다. 예기치 못한 도전은 뜻밖의 새로운
상황-코로나19로 인한 전 세계적 봉쇄-에서 비롯했다. 해나의 설
명이다. "랜디는 바빠지면 생각이 온통 일에 가 있어 대처법과
해결책에 골몰합니다. 코로나19의 타격으로 우리 교회에 온라
인 예배가 시작될 때 그런 일이 벌어졌어요. 남편의 생각 속에
내가 들어설 자리는 없음을 표정만 보고도 알 수 있었지요. 웬
만한 남편과 달리 랜디는 팬데믹 기간에 오히려 집을 나가 있
는 시간이 더 많았습니다. 집에 있을 때도 나한테는 그저 빈말
로 일관했고요."

랜디는 온라인 주일 예배를 더 좋게 만드는 데 집착했다. 예
배의 수준이 양에 차지 않았던 것이다. 코로나19로 인한 봉쇄
가 애초에 다들 생각하던 것보다 훨씬 길어질 게 분명해지자
그는 무난한 수준으로 만족할 수 없었다.

해나가 화난 이유는 이렇다. "예배가 이미 정말 좋은데도 랜
디는 계속 시간을 더 들여 더 좋게 만들려고 했어요. 그 에너지

의 다만 얼마라도 나와 소통하고 가족들과 함께 지내는 데 쏟아 주었으면 좋겠는데 말이에요."

그들이 패들보드(서핑보드 위에 서서 노를 젓는 스포츠-옮긴이)라도 타러 호수에 나갔을 때였다. 평소에 알고 존경하던 선배 부부가 수상스키 보트를 타고 다가오더니 그중 아내가 말했다. "아주 로맨틱하고 아름다운 데이트의 밤이군요!"

해나는 "사실 우리는 지금 서로 말도 안 하고 지내요. 로맨틱과는 거리가 멀어요"라고 대답했다.

그 부부가 집으로 초대해 주어서 랜디와 해나는 그동안 힘들었던 소통과 시간 관리 문제에 대해 함께 허심탄회하게 좋은 대화를 나누었다. 해나는 고백하기를 별로 유익하지 못한 감정도 많이 드러났지만, 하룻밤 쉬고 나서는 성령께서 그 대화를 정리해 주신 덕분에 남편의 어깨에 놓인 무거운 짐이 보였다고 한다. 늘어난 일은 어차피 일시적인 것이었고, 남편이 해나나 가족을 일부러 무시한 것도 아니었다. 랜디 쪽에서도 해나의 시각을 듣고 이해했으며, 시간적으로나 생각 속에나 더 여유를 내기로 했다.

누가 무엇을 들어야 하는가?

여기서 잠시 멈추어, 너무 바빠 소통할 시간이 없는 부부들에게 말하고 싶다. 둘 중 한쪽이 유난히 더 바쁜 경우에 특히 해당되는 말이다. 배우자 때문에 몹시 속상할 때는 당연히 속상하다고 말하고 싶어진다. 당신을 괴롭히는 문제를 배우자 쪽에서 듣고 이해해 주었으면 해서다. 물론 정당한 갈망이지만, 배우자가 당신의 말을 들어야 하는 것만큼이나 **당신은 성령의 음성을 들어야 한다**. 머릿속에 떠오르는 생각이나 믿을 만한 친구의 조언이 달갑지 않을 수 있다. 그러나 "배우자가 내 말을 들어야 하는 것 이상으로 내가 성령의 음성을 들어야 한다"라는 모토로 산다면, 당신은 관계 면에서나 영적으로나 건강한 길에 들어서 있는 것이다.

내가 믿기로 기독교는 초자연적 신앙이다. 우리가 길러야 할 가장 중요한 관계 기술 중 하나는 초자연적 존재이신 하나님의 인도와 임재와 권고에 점점 더 마음을 열고 익숙해지는 것이다. 하나님이 자기 백성에게 "들으라"라고 말씀하신 게 몇 번이나 되는지 성구 사전에서 찾아보라. 예수님의 가르침에도 그 말씀이 단골로 등장한다.

> "듣고 깨달으라"(마 15:10).
> "무리를 다시 불러 이르시되 '너희는 다 내 말을 듣고 깨달으라'"(막 7:14).
> "그러므로 너희가 어떻게 들을까 스스로 삼가라"(눅 8:18).

예수님은 영적 깨달음이 이 하나의 기술에 달려 있다고 말씀하신다.

베드로와 야고보와 요한을 인도하여 예수님의 변화되신 모습을 목격하게 하실 때 하나님이 이 복된 3인조에게 말씀하신 한 가지는 무엇인가?

> "이는 내 사랑하는 아들이요 내 기뻐하는 자니 너희는 그의 말을 **들으라**"(마 17:5,).

예수께서 죽으시고 부활하신 후에 하나님은 성령을 우리의 위로자와 대언자로 주셨다(요 14:26). 성령께서 우리를 모든 진리 가운데로 인도하신다(요 14:17, 16:13). 자신과 배우자의 참모습을 우리가 안다고 단정하지 말자. 야고보서 1장 5절에 보면 우리에게 지혜가 부족하거든 하나님께 구해야 하며 그리하면 주신다고 명시되어 있다. 그 후에 성령께서 우리에게 해당 문제를 배우자 앞에 계속 밀고 나가라고 말씀하실 수도 있다. 누가 알겠는가? 하지만 그렇더라도 먼저 듣는 게 순서다.[3]

마음이 아플 때 끝까지 들어 주는 사람이 있으면 좋다. 그래서 당신은 배우자가 당신의 좌절을 경청해 주고, 친구들이 당신의 아픔을 알아주고, 상담자가 당신의 고충을 인식해 주기를 바란다. 그러나 이 모든 것보다 더 당신이 하나님의 음성을 들어야 한다.

예수께서 경고하셨듯이 내 눈 속에 들보가 있는데도 이웃의 눈 속에 있는 티를 보는 게 우리의 본능적 반응이다.[1] 그분의 이 비유는 좌중의 웃음을 자아냈을 것이다. "하지만 배우자의 눈 속에 분명히 티가 있는데." 속으로 그런 항변이 고개를 쳐들거든 **당신이야말로 예수께서 지적하신 그 사람임을 알라.** 그분이 물리치라 하신 사고방식을 당신이 여태 품어 온 것이다.

부부간의 화해는 "배우자가 내 말을 들어야 하는 것 이상으로 내가 성령의 음성을 들어야 한다"라고 인정할 때 시작된다.

다행히 해나는 그런 태도를 취했다. 전날 밤 조언을 들을 때는 수긍이 가지 않았지만 "이튿날 아침에 깨닫고 보니 랜디가 내게 준 모든 상처는 그의 잘못이 아니더군요. 전혀 고의도 없었고요. 그래서 더는 남편을 괘씸하게 여기지 않기로 했습니다."

이 깨달음의 백미는 결혼생활의 적이 남편이 아니라 **상황**임을 해나가 깨달았다는 것이다. 랜디는 자신의 한계를 넘어서는 많은 스트레스에 짓눌려 있었다. 평소만큼 건강하게 반응하지는 못했지만, 그렇다고 앙심이나 냉담한 마음이나 악의를 품고 '딴 세계'로 빠진 것은 아니다. 중요한 시기에 성실한 목사가 되려 했을 뿐이다.

이어지는 해나의 말이다. "나는 우리 부부관계에서 남편 쪽에 큰 변화가 필요하다고 생각했어요. 그런데 또한 깨닫고 보니 나를 향한 그의 마음은 선하고 의도도 좋거든요. 그걸 인정하면서 비로소 남편에 대한 비판을 버릴 수 있었습니다."

그녀가 여기서 활용한 관계 기술은 공감이다.[5] 부부간에 정서적 소통이 단절되는 중이라면, 배우자를 평가하기 전에 **배우자에게 닥쳐온 상황을 평가해 보라.** 정말 배우자가 관심이 없어서 그런가? 혹시 배우자가 도저히 감당할 수 없거나 감당할 방도가 묘연한 상황에 맞닥뜨려 있지는 않은가? 자신에게 이렇게 물어 보라. '나를 대하는 배우자의 방식에 좌절감이 들 때 나는 삶이 배우자를 대하는 방식에 어떻게 공감할 수 있을까?' (물론 학대를 묵인하라는 의미는 아니다.)[6]

레스 패럿 박사에 따르면 "연구 결과가 보여 주듯이 문제를 배우자의 시각으로 보기만 해도 부부 문제의 90퍼센트는 해결될 것이다."[7]

공감한다 해서 당신과 배우자의 문제가 해결되지는 않지만 정서적 소통을 유지하는 데 도움이 된다. 함께 문제에 직면할 때는 문제 해결보다 정서적 소통이 결국 더 중요하다. 결혼생활의 관건은 혼자 문제없이 사는 것보다 둘이 함께 살아가는 게 아니던가?

문제의 징후

"너무 바쁜" 부부의 증상은 무엇일까? 이런 증상을 아는 게 특히 중요한 이유는 정서적 소원함을 상황 탓이 아니라 **나쁜 궁합** 탓으로 돌리는 부부들이 있기 때문이다. 잘 어울리는 두 사람도 소원해질 수 있지만, 기술과 공감을 통해 개선하면 전보다 더 *끈끈*하고 친밀하게 화합할 수 있다. 가깝게 느껴지지 않으면 더는 연분일 수 없다는 생각은 로맨틱한 것만 중시하는 데서 나온 것이다. 정서적으로 만족스러운 결혼생활에서 중요한 것은 궁합이 아니라 소통이다.

이번 장에서 다룰 것은 **상황**이다. 그래야 **관계**가 깨지지 않는다. 당신은 이미 배우자를 선택했으니 궁합일랑 그만 따지라! 소통을 되살리는 데 모든 에너지를 집중하라.

해나에 따르면 이 부부는 이럴 때 자신들이 너무 바쁘다는 것을 안다. "눈을 마주치는데도 서로를 이해하지 못할 때입니다. 남편은 내 사정을 모르고 나는 남편의 사정을 모르는 거지요."

"너무 바쁜" 삶을 관계적 인식에 기준하여 정의하는 이 관점이 마음에 든다. 정말 중요한 것은 스케줄이나 함께 보내는 시간의 양이 아니라 **소통** 여부다. 지금 당신은 배우자의 가장 큰 유혹과 좌절과 두려움이 무엇인지 말할 수 있는가? 다음 주, 다음 달, 다음 해까지 배우자가 고대하는 바가 무엇인지 아는가? 묻고 듣지 않으면 우리는 배우자의 고민과 상처와 실망과 두려움에 서서히 무지해지고, 그럴수록 배우자는 버림받은 심정이 되어 외로워진다.

해나는 "내게 중요한 것은 남편이 나를 볼 때 내 사정을 조금이라도 감지하는 것이고, 거꾸로 나도 남편의 사정을 아는 것입니다"라고 말한다.

물론 랜디 쪽에서만 간혹 '딴 세계'로 빠지는 것은 아니다. 해나도 그럴 때가 있다. 랜디의 설명이다. "전형적 남성과 달리 나는 생각이 체계적이지 못하지만 문제를 대화로 풀려는 마음은 있습니다. 그러다 보니 말이 길어질 때가 있는데, 그러면 해나에게서 '결론이 뭐예요? 이럴 시간 없으니 요점만 말해요'라는 반응이 나올 수 있어요. 나는 당장 요점을 끌어내기가 쉽지 않고 과정을 거쳐야 합니다. 그래서 매주 화요일 밤이 우리에게 그토록 중요합니다. 그 시간에 생각을 정리할 수 있으니까요."

그렇다고 그들이 화요일 밤만 기다리는 것은 아니다. 역시 랜디의 설명이다. "소통의 시간은 매일 아침저녁으로 필요합니다. 아침에 아내가 일어나면 내가 바로 커피를 타다 주는데, 알고 보니 아내는 그때 당장은 내가 곁에 있기를 원하지 않아요. 혼자 있을 시간이 좀 필요한 거지요. 얼마 후에 내가 커피를 한 잔 더 가져다주면서 오늘 어떠냐고 물으면 그때부터 소통이 이루어집니다. 5~10분이면 되는데, 이 작은 투자가 없이는 뭔가 단절된 채로 하루가 시작되거든요."

관계의 단절에 더 민감한 쪽은 랜디보다 해나다. 그래서 랜디는 이제 해나를 관계의 온도계로 삼는다. 해나는 이렇게 말한다. "남편은 더 몸으로 소통하는 쪽인데, 나는 둘 사이에 정서적 소통이 없는 상태에서는 육체관계에 마음이 잘 열리지 않아요."

바로 이것이 수많은 부부를 갈라놓는 요인이다. 남편은 육체적 친밀함을 더 원하는데 아내는 정서적 소통을 더 원한다(반대의 경우도 있다). 그러면 아내는 이것이 남편의 정서적 외도로 느껴져(당신도 그런 얘기를 수없이 들어 보았을 것이다) 남편과의 성관계를 거부하고, 성관계를 거부당한 남편은 다시 아내에게 정이 떨어진다. 악순환의 연속인 것이다.

그런데 랜디와 해나의 경우는 이런 역동 때문에 관계가 붕괴되기는커녕 정반대로 요새처럼 단단해졌다. 그 이유는 둘 다 소통을 중시하기 때문이다. 소통의 척도는 서로 다르지만, 그들은 소통이 단절될 때 원망하는 게 아니라 다시금 깨닫고 소통을 되살린다. 부부마다 이런 차이 때문에 사이가 멀어지기보다 오히려 더 가까워지는 법을 배운다면 관계가 훨씬 더 행복해질 것이다.

단 그러려면 우선 양쪽 다 소통을 중시해야 한다. 상대에게 느껴지는 소통 여부에는 관심이 없이 섹스만 원하는 남편이나 대화만 원하는 아내는 건강한 관계를 원하는 게 아니라 그저 자신의 욕구를 채우려는 것이다. 건강한 부부관계를 보면 서로 다른 두 척도(육체적 친밀함과 정서적 친밀함)가 싸움의 빌미는커녕 오히려 경고등으로 작용한다. 거의 실패의 여지가 없는 장치다.

랜디와 해나가 소통에 주력하는 것은 과학으로도 뒷받침된다. 아치볼드 하트 박사와 새런 메이 박사에 따르면 "이혼의 전조 1호는 싸움이 아니라 정서적 단절이다."[8] 즉 싸우면 관계가 파탄 날까 두려워 싸움(물론 몸싸움은 아니다)을 피한다면 그게 부부관계에 더 해로울 수 있다. 갈등을 회피하면 대개 정서적으로 단절되기 때문이다.

해나의 설명이다. "우리는 부부들에게 늘 세 가지를 가르칩니다. 하나는 데이트의 밤이고, 또 하나는 부부관계에 대한 대화 시간을 꾸준히 따로 내는 것이고, 나머지는 재정과 일정 등을 논하는 일상적 실무 회의지요."

랜디와 해나의 '실무 회의'는 대개 아침에 이루어진다. 매주 화요일 밤은 소통의 시간이다.

데이트의 밤에는 의논이 포함될 때도 있고 그렇지 않을 때도 있다. 랜디는 "조심해야 돼요. 갈등이 불거지면 데이트의 밤은 물건너가거든요"라고 경고한다.

로맨스에 젖으려던 어느 밤을 그는 이렇게 회고했다. "여태 밴쿠버에서 본 가장 아름다운 노을이었는데 우리가 대판 싸우다가 망쳐 버렸어요. 그래서 데이트의 밤과는 별도로 관계를 정비하는 시간이 필요합니다. 늘 데이트의 밤을 기다렸다가 그제야 소통을 되살리려 하면 그 특별한 밤을 망칠 수 있거든요. 우리는 데이트의 밤에는 더 사이좋게 정을 나누는 데 집중합니다."

마라톤을 달리려고 훈련하는 사람은 대개 전력 질주와 오래 달리기와 슬슬 달리는 정리 운동을 병행한다. 이 셋이 조화를 이루어야 최고의 훈련 일정인데, 그렇다고 같은 날 세 가지를 다 하지는 않는다. 부부관계라는 운동에도 똑같은 거시적 관점이 요구된다. 실무를 처리해야 할 때도 있고, 그냥 앉아서 대화해야 할 때도 있고, 성적 친밀함이 관계에 도움이 될 때도 있다. 하룻밤에 세 가지를 다 하려 하면 이는 접시돌리기에서 동시에 접시 열 개의 균형을 잡으려는 것과 같다.

연기는 용납되지 않는다

자기가 포옹하려 다가가는데 아내가 본능적으로 뒤로 물러선다면, 그때 랜디는 소통에 문제가 있음을 안다.

해나는 "정서적으로 단절된 기분일 때 나는 아닌 척 연기를 못해요. 남편이 '에이, 그냥 포옹하려는 것뿐인데'라고 항의해도 소용없어요. 정신없이 바쁘게 사느라 한동안 소통이 끊겼으면 내 몸이 반응을 안 하거든요"라고 설명한다.

랜디도 그것을 고깝게 받아들이지 않고 이렇게 자문한다. '지난번 데이트의 밤을 건너뛰었던가? 아침에 마음을 나누는 데 우리가 인색한 건가?' 그는 정서적 단절의 증상 때문에 화를 내기보다 원인을 찾으려 한다. 해나가 연기에 서투르다는 사실이 그에게는 오히려 다행으로 느껴진다.

"둘 사이에 소통이 없으면 나는 알콩달콩 사이 좋은 척을 못해요."

해나의 설명에 랜디도 이렇게 맞장구친다. "결혼 세미나 강사들은 여자들에게 '어쨌든 남편에게 성적 의무를 다해야 합니다'라고 말하잖아요. 그런데 나는 해나가 그렇지 않아서 다행입니다."

해나가 말하는 이유는 이렇다. "내가 성관계에 응할 때 적어도 남편은 그게 내 진심이고 진정임을 알아요. 그래서 둘 다에게 더 의미가 커지지요. 우리가 읽은 어떤 책에 보니 남자의 욕구와 여자의 욕구에 대해 말하면서, 남자가 어찌어찌하면 여자가 성적으로 반응할 거라고 했던데 – " 여기까지 말하다 말고 그녀가 내게 물었다. "잠깐, 그 책을 당신이 쓴 게 아니지요?"

"아닙니다."

"다행이네요. 우리한테는 그게 통하지 않거든요. 나는 연기에 서툴러요. 랜디도 내가 그런 체 연기하기를 바라지 않고요. 아내가 무조건 남편의 성욕을 채워 주어야 남편도 아내의 정서적 욕구를 채워 줄 수 있다는 개념은 우리한테 통하지 않아요. 우리가 추구하는 것은 진짜 친밀한 관계입니다. 가짜 친밀함은 싫거든요."

랜디가 중요한 주의 사항을 덧붙인다. "그렇다고 우리 관계에서 모든 게 완벽해야만 해나가 성관계에 응하는 것은 아닙니다. 아내는 침실에서 나를 피할 구실을 찾는 게 아니에요. 소통이 없는데도 있는 척하기가 싫은 것뿐이지요. 나도 그것을 존중하고요.”

랜디에 따르면 육체적 친밀함이 중단되어 그것이 정서적 단절로 이어지면 부부는 엉뚱한 것 – 예컨대 섹스와 말 – 때문에 싸울 수 있다. 그러나 진짜 문제는 그게 아니라 존중과 소통이다.

“남자는 말하지요. ‘나는 존중받는 느낌이 없습니다. 집안일을 이렇게 많이 하는데도 아내는 더 원하거든요. 내가 무엇을 더 줄 수 있을까요? 아내에게 더 필요한 게 무엇이든 시간이 없어서 못합니다. 어떻게 이보다 더 합니까?’ 하지만 여자에게 필요한 것은 그게 아닐 수 있습니다. 여자는 그냥 마음이 통하기를 바라는 거지요. 남자가 하는 집안일과 여자가 침실에서 보이는 행동은 더 깊은 문제의 증상일 때가 많습니다.”

중요한 점이 나왔으니 잠시 짚고 넘어가자. **정말 무엇 때문에 싸우는지 확실히 알라.** 집안일의 태반을 누가 하느냐를 놓고 싸우지만, 진짜 문제는 아내가 남편에게 소외감이 들고 남편은 섹스가 너무 뜸해 좌절감이 드는 것일 수 있다. 집안일과 섹스가 초점이 될 수 있으나 그것은 증상이지 각자를 괴롭히는 진짜 문제는 아니다. 아내가 깨끗한 부엌보다 더 바라는 바는 남편이 자기를 당연시하는 게 아니라 자기를 보고 관심을 갖고 공감해 주는 것일 수 있다. 남편이 아내의 지적보다 더 바라는 바는 아내가 자기를 무슨 실용적인 전용 로봇처럼 대하는 게 아니라 자신의 수고와 헌신을 알아주는 것이다.

정서적 소통이 이루어지면 남편은 아내를 속상하게 하기 싫고, 아내는 남편에게 잔소리할 마음이 달아난다. 대화할 때 더 깊이 들어가라. 문제가 정말 화장실 변기인가, 아니면 다분히 관계의 붕괴인가? 말하기와 듣기의 관계 기술을 충분히 활용하라.

천천히 조금씩

결혼생활을 단단히 하여 바쁜 삶이라는 흔한 문제를 막아 내려면 반드시 기억해야 할 게 있다. 관계의 소외감은 천천히 조금씩 찾아온다. 나는 쉰 살이 되기 직전에 다른 주(텍사스)로 이사하여 사실상 겸업을 시작했다. 마침 아이들이 다 집을 떠난 직후라서 작업 시간을 대폭 늘리는 게 가능했고, 실제로 그렇게 되었다. 그런데 텍사스의 날씨는 단것을 좋아하는 내 버릇을 끊는 데 도움이 되지 않았다. 당연히 살이 찌기 시작했다.

일주일에 100그램쯤 되었으니 조금이었다.

하지만 일주일에 100그램이면 한 달이면 500그램이고, 한 달에 500그램이면 1년이면 5킬로그램이 넘는다. 그렇게 2년이면 살이 10킬로그램도 더 찐다.

어느 해 1월 1일에 깨어나 체중계에 올라서니 여태 본 적이 없던 숫자가 나왔다. '어쩌다 이렇게 된 거지?' 그런 생각이 들었다.

어쩌다 된 일은 아니다. 오랫동안 **서서히** 된 일이다.

관계의 소외감도 그와 같다. 당신은 '약간' 너무 바빠진다. 텔레비전 시청이 '약간' 더 많아진다. 부부가 따로 있는 시간도 '약간' 늘어난다. 섹스는 '약간' 뜸해진다. 아이들과 함께 보내거나 직장에서 보내는 시간이 둘이 함께 있는 시간을 '약간' 상회한다. 그렇게 빙하처럼 느리고도 꾸준하게 둘 사이가 '조금씩' 벌어진다.

시간이 지나면 그 '약간'이 모여 덩치를 크게 불린다. 서로를 별로 좋아하지 않는 지경에 이를 수도 있다.

관계를 결딴내지 않고도 상황에 대처할 수 있음을 잊지 않는 게 중요하다. 우리집 화장실의 묵직한 문이 삐걱거리기 시작하면 문짝을 뜯어내고 새로 사다 달지 않는다. 경첩에 윤활유를 조금만 뿌려 주면 6개월은 더 멀쩡하다. 부부관계에도 똑같은 태도가 필요하다. 관계를 몽땅 폐기하지 않고도 그런 삐걱거리는 소리와 거슬리는 문제를 고칠 수 있다.

랜디와 해나는 적절한 질문을 통해 더 깊이 들어감으로써 결혼생활을 단단히 했다. 랜디는 이렇게 자문한다. '나는 왜 아내에게 짜증날까? 아내는 왜 내게 짜증날까?' 그들은 **짜증**이 **멸시**로 발전하지 않도록 공을 들인다.

해나는 "소통이 빈곤해져 갈 때는 단둘이 있을 시간을 확보하는 수밖에 없어요. 소통이 없으면 당연히 더는 사랑도 느껴지지 않을 테니까요"라고 설명한다. 랜디도 이렇게 덧붙인다. "나는 '너무 바빠서 관계가 힘들다'라는 말을 좋아하지 않아요. 우리는 너무 바쁜 게 아닙니다. 시간은 충분히 있어요. 정서적으로 혹사했거나 지쳐서 탈진했다면 그건 자신이 결혼생활보다 뭔가를 앞세우기 때문입니다. 솔직히 나도 직장 일에 과도히 매달릴 때는 그만큼 부부관계를 축내는 겁니다."

이 말을 반복하고 싶다. 수많은 부부를 기습하는 '불시의 공격'이 그 속에 강조되어 있다. 직장 일에 과도히 매달리면 그만큼 부부관계가 축난다. '직장 일'의 자리에 '육아', "본가나 친정', '취미' 등을 대신 넣어도 된다. 시간과 에너지는 유한하므로 뭔가는 희생되어야 한다.

교회 예배가 온라인으로 전환되던 때 랜디를 비롯한 교역자들은 교인들을 계속 끌어들일 만하게 일요일 오전을 재창조해야 했다. 신학교에서 다루지 않은 분야였지만, 대면 예배가 워낙 갑자기 중단되는 바람에 이제 와서 배울 시간도 없었다. 랜디가 화상 예배를 시작한 때는 앞으로도 일요일마다 건물이 텅 빌 것을 안 지 불과 며칠 만이었다.

온라인 전환에 집중력과 에너지와 열성이 요구됨은 물론이다. 그런데 집중력과 에너지와 열성이 무한한 사람은 없으므로 자연히 해나에게 돌아갈 몫은 셋 다 줄어들었다. 게다가 집중력과 에너지와 열성을 그 새 일에 쏟을수록 랜디는 전에 없이 피곤했다.

"그렇다고 시간이 없었다고 말할 수는 없습니다." 랜디의 고백이다. "출퇴근이 없어졌으니 시간은 **있었어요**. 그런데 새삼 정신적으로 피곤하더군요. 정신적으로 피곤하면 깊은 대화를 나누기보다 넷플릭스를 보기가 더 쉽잖아요."

해나도 "배우자와 함께 대화하느니 차라리 SNS나 들여다보고 싶다면 중대한 위험 신호입니다"라고 덧붙였다.

꾸준한 노력의 결실

랜디와 해나는 바쁜 삶의 주기를 얼마나 자주 통과할까?

"계절마다 달라요." 해나의 설명이다. "교사인 내가 여름에는 일을 쉬니까 그때는 부부관계에도 부담이 훨씬 적어요. 그래서 여름에는 소통이 더 원활한 편입니다. 둘 다 일할 때는 6~8주 단위로 관계를 점검해서 어긋난 데를 바로잡아야 하고요."

관계를 바로잡으려면 많은 수고가 따른다. 사람들은 결과만 보고 과정은 보지 않는다. 그래서 관계에 들인 랜디와 해나의 수고를 인정하기보다 그냥 성격이 잘 맞아서 좋은 결과가 나왔다고 생각할 때도 있다. "친구들은 우리더러 결혼 세미나를 인도해서 좋겠다고 말하곤 합니다. 사역 중에 비쳐지는 모습만 보고 우리 부부관계 – 자기들 보기에 최고라는 – 가 원래부터 그랬으려니 하는 거지요. 우리가 얼마나 열심히 노력해야 하는지를 그들은 모릅니다. 우리도 꾸준히 머리를 맞대고 집중해서 의지적으로 소통을 되살려야 한다고 말하면 다들 믿지 않아요."

강조하고 싶은 게 있다. 랜디와 해나의 소통이 깊은 이유는 그들이 타고난 천생연분이어서 아니라 관계 면에서 부지런하기 때문이다. 그들은 의지적으로 각자 마음을 살피고, 힘써 소통을 되살리며, 어떻게든 소통이 서로에게 느껴지게 한다. 또 함께 시간을 보내기 위해 때로는 자녀와 직장의 일까지 포함해서 다른 것들을 거절해야 한다.

왜 굳이 수고해서 소통을 이어 가야 할까? 정말 그만한 가치가 있을까?

해나는 웃으며 말한다. "결혼생활은 평생이잖아요. 평생 불행하게 살고 싶은 사람이 누가 있겠어요?"

그들은 자신들이 백년해로할 것을 안다. 그래서 이렇게 자문한다. '장차 우리는 부부로서 행복할까, 아니면 불만에 차 있을까? 행복한 쪽으로 더 갈 수 있다면 좀더 수고하지 못할 이유가 없지 않은가?'

랜디는 이렇게 덧붙인다.

"우리는 소통이 단절된 삶에 전혀 만족하지 않아요. 그런데 경험이 쌓이다 보니 이제 바쁜 철에 뒤따라올 단절이 미리 보입니다. 그래서 일정이나 새 약속에 대해 의논하다가 이런 말을 하곤 하지요. '당신이 이것을 맡고 내가 저것을 맡으면 결과는 뻔한데, 너무 많이 맡는 게 아닐까요?'"

그렇다고 그런 주관적 요소만이 다는 아니다. 매주 화요일 밤과 아침저녁의 소통 외에도 따로 정해 둔 정기 목표가 더 있다. 해나의 설명이다. "1년에 두 번씩 아이들을 두고 둘이서만 보내는 시간을 가져요. 다시 시작한다고 할까요. 우리는 다행히 친정 부모님이 아이들을 선뜻 봐 주셔서 가능했어요."

관계적 해법

랜디와 해나의 소통 유지에 도움이 되는 소중한 활동은 "화요일 밤에 집에서 하는 데이트"다. 둘이 돌아가면서 계획을 짠다. 한번은 해나가 텐트를 쳤는데 지붕이 침대 시트였다. 다른 밤에는 랜디가 방수포를 깔고 벽에 대형 캔버스를 걸어 화실로 둔갑시킨 차고에서 둘이 물감을 뿌려 그림을 그렸다.

이런 밤을 성사시키기가 쉽지 않다 보니 더욱 소중한 추억이 되었다. 해나는 그림을 그리던 그 밤을 특히 잊지 못한다. "그날이 최고였어요. 아이들을 재우느라 **한없이** 기다린 뒤라서 정말 좋았지요. 처음에 나는 랜디가 도와 주지 않고 자꾸 산만하게 밖을 내다보는 게 못마땅했어요. 차고에 집착하는 이유를 몰랐다가 나중에 보니 촛불을 많이 붙여 놓고는 차고가 홀랑 타 버릴까 봐 걱정했던 겁니다! 결국 우리가 차고로 나갔을 때는 9시나 9시 반쯤 됐을 거예요."

집에서 데이트하는 밤에 아이들이 바로 잠들지 않으면 "다른 날에 할까요"라고 말하며 그냥 잘 만도 하련만, 랜디와 해나는 그러지 않았다. "서로를 생각하며 기쁨을 가꾸는 일이라면 우리는 열성을 다합니다. 책임을 감당하는 방식이 서로 워낙 달라서 책임에만 집중하면 결혼생활에 기쁨이 없어져요. 그래서 책임에서 벗어나 관계에 주목하며 즐거워할 필요가 있어요."

그때 함께 물감을 뿌려 캔버스에 그린 그림은 지금도 남아 있다.

영적 해법

부부관계가 단절되는 영적 원인은 대개 하나님과의 관계에 있다. 랜디의 말처럼 "우리의 관계는 그저 둘 사이의 문제가 아니라 하나님 앞에서 자신의 문제입니다. 당신이 온전한 존재로 느껴지나요? 그렇지 않다면 단지 배우자에게 기대하게 됩니다. 어떻게든 배우자에게서 받기만 원한다면, 자신이 너무 바빠서 먼저 하나님과 연합하지 못하는 것일 수 있어요."

부부가 하나님과 소통하는 것은 늘 내 집필과 교육의 주안점이었다. 사람들은 자기가 하나님과 단절되어 있으면서 그로 인한 무기력감을 배우자 탓으로 돌린다. 배우자에게 요구하는 게 과해지는 것이다. 이 오류는 양극단으로 나타날 수 있다. 즉 서로 무시하다가 단절될 수도 있고, 아니면 서로 지나치게 의존하다가 실망할 수도 있다.

부부관계의 영적 온도를 늘 뜨겁게 유지하기 위해 랜디와 해나는 화장실 거울에 성경 구절을 열심히 붙인다. 랜디가 제일 좋아하는 구절 중 하나는 느헤미야 8장 10절이다. "여호와로 인하여 기뻐하는 것이 너희의 힘이니라." 그는 "주님의 기쁨은 내게 주시는 선물입니다. 그것을 해나에게서 얻어낼 필요가 없어요. 나의 힘은 바로 하나님의 기쁨이니까요"라고 설명한다.

해나는 예레미야애가 3장 22~23절을 아주 좋아한다. "여호와의 인자와 긍휼이 무궁하시므로 우리가 진멸되지 아니함이니이다. 이것들이 아침마다 새로우니 주의 성실하심이 크시도소이다.' 이 구절이 나한테 중요한 이유는 아침마다 남편을 새로운 은혜로 대하고 싶어서입니다."

그들의 좌우명 구절은 "그리스도를 경외함으로 피차 복종하라"라는 에베소서 5장 21절이다. 이 구절이 부부관계에 그토록 최고의 좌우명인 이유는 남편과 아내 둘 다에게 서로의 소통 욕구에 복종할 것을 명하기 때문이다.

"복종하려면 헌신해야 합니다." 랜디의 설명이다. "이것은 양쪽에 똑같이 해당합니다. '이렇게 열심히 일하는 내게 웬 잔소리요?'라고 묻는 남편은 아내가 바라는 소통에 복종하는 게 아니라 반기를 드는 거지요. 어쩌면 아내는 그가 직장 일을 조금 줄이고 둘의 관계에 좀더 열심을 내 주기를 바랄 겁니다."

"복종하려면 헌신해야" 한다는 개념은 일정 외의 다른 분야에도 널리 적용된다. 젊은 부부들을 돕다 보면, 전 여자친구와 페이스북으로 계속 연결되어 있는 남편 때문에 불안하다는 아내를 만날 때가 있다. 그때 나는 해당 남편에게 이것부터 묻는다. "아내가 괴로워하는 줄 뻔히 알면서 왜 고집하는 겁니까? 그렇게 해서 아내에게 당신과 소통한다는 기분이 들까요?" 이런 일에 상관하지 않는 아내들도 있지만, 아내가 싫어한다면 당신이 소그룹의 지원 사격을 받아 아내가 과민해서 그렇다는 주장을 펴려 해도 소용없다. 아내와 소통하려면 **아내의 의견이 가장 중요하다.** 그리스도를 경외함으로 피차 복종하려는 마음가짐은 부부관계를 궤도에서 벗어나지 않게 해 주는 확실한 방법이다.[9]

세 번 뒤집는 모래시계

내게 있는 큰 모래시계는 가장 치열한 창작에 몰두하는 데 도움이 된다. 좋은 일보다 최선의 일에 우선순위를 두기 위해 나는 그 모래시계를 적어도 하루 세 번 뒤집는 동안에는 치열한 창작에 힘써 집중한다.

언젠가 설교 예화로 그 얘기를 했더니 놀랍게도 그런 모래시계를 어디서 구할 수 있느냐고 묻는 사람이 아주 많았다. 가장 중요한 일에 집중하는 데 도움이 필요한 사람이 비단 나만은 아닌 모양이다.

결혼생활을 단단한 요새로 만들려면 서로에게 시간을 내야 한다. 시간이 땅에서 솟아나거나 하늘에서 떨어질 일은 없다. 부부관계에 쓰라고 예상외의 3시간이 주어질 일은 없다. 당신이 우선순위를 정해 시간을 내는 수밖에 없다.

결혼생활도 다른 많은 것과 비슷하다. 예컨대 아침에 눈떠보니 갑자기 체력이 좋아져 있어서 높은 산을 등정하는 사람은 없다. 산에 오르려면 일주일에 사나흘씩 몇 달간 훈련해야 한다. 부부관계라는 운동도 마찬가지다. 거기에 우선순위를 두어야 한다.

저스틴도 그것을 깨달았다. 자녀 중 하나의 문제가 진행되는 과정에서 그와 로렌은 소통을 잃었다. 저스틴은 어느새 공상에 시달리고 있었다. 성적 공상을 넘어 정서적 공상일 때도 있었다. 요컨대 그는 더 즐거운 결혼생활을 원했고, 맏이로 태어나 보스 기질이 있고 때로 정서적 거리감을 주는 지금의 아내가 아니라 좀더 느긋한 사람과 결혼했다면 어땠을까 하는 생각이 들었다.

그는 내게 이렇게 말했다.

　　대개 하나님은 내가 그분의 음성을 알아차릴 정도로 내게 직접 말씀하지 않으시는데, 이번에는 기도하는 중에 경고와 아주 구체적인 지시가 아마 이전 어느 때보다도 분명하게 느껴지더군요. 공상은 나를 위험한 길로 떠밀고 있었습니다. 단지 막다른 길이 아니라 위험한 길이었어요. 나는 공상에 빠질 게 아니라 이제부터 세 가지를 해야 했습니다. 매일 아내와 함께 기도하고, 매주 한 번 데이트의 밤을 보내고, 침실에서 더 노력하는 것이지요. 세 부분 모두에서 우리는 타성에 젖어 있었는데 하나님이 내게 결혼 생활의 영적, 정서적, 성적 요소를 보강하라고 분명히 말씀하신 겁니다.

하나님은 저스틴을 불러 관계 면에서 더 부지런해지게 하셨다. 그는 이 세 가지에 집중하여 큰 효과를 보았다.

기도는 쉬운 편이었어요. 잠자기 전에는 로렌에게 기도 제목을 물어서 기도했고, 하루 중에는 일이 생기는 대로 그냥 "함께 기도합시다"라고 말했습니다.
데이트의 밤은 로렌을 놀라게 했습니다. 처음에는 아내가 약간 뒤로 뺐지만, 몇 주 지나서는 그것이 우리의 새로운 일상이 되었어요. 아이에게 급한 일이 생겨 부득이 계획을 취소한 적이 있는데, 그때 로렌이 나를 보며 그러더군요. "오늘밤의 데이트가 취소되어 정말 서운했어요."
성적인 면에서는 사실 당신의 블로그 게시물 중 하나를

활용했습니다. "이 게시물에 대해 어떻게 생각해?"라고 물으면서 아내에게 읽어 보도록 권했어요. 섹스에 대한 대화 자체만으로 둘 다 몸이 달아오르더군요. 섹스가 뜸하다고 불평만 하기보다 **아내가** 좋아할 만한 것을 내 쪽에서 먼저 제안했다는 사실이 아내에게는 훨씬 더 '자상해' 보였던 것 같아요.

어쨌든 알고 보니 이 세 가지에 집중하는 게 강한 선제공격과도 같아서 수비는 저절로 해결되더군요. 공상의 유혹이 사라진 겁니다. 아내를 원하면서 **동시에** 공상에 빠져들 정신적 여력이 없다 보니 공상은 그냥 사라질 밖에요. 나는 포르노를 보지는 않지만 공상에도 죄책감이 따라왔었는데, 아내와의 소통이 살아나면서 희망이 생겼습니다. 한번은 그 세 가지를 다 합한 적이 있습니다. 그날은 데이트의 밤을 보낼 곳으로 아내와 함께 가면서 기도했고, 도착해서는 정말 따뜻한 시간을 보냈습니다! 돌아보면 나는 아내와의 거리감을 공상으로 채우려 했고, 그럴수록 부부 사이는 **더** 멀어졌어요. 악순환에 빠져 자칫 결혼이 파경에 이를 뻔했는데, 다시는 그렇게 방황하고 싶지 않습니다.

결국 저스틴은 자신도 모르게 성경 최고의 조언 중 하나에 따른 셈이다. 에베소서 4장 20~24절에 나오는 바울의 조언을 들어 보라.

> 오직 너희는 그리스도를 그같이 배우지 아니하였느니라. 진리가 예수 안에 있는 것같이 너희가 참으로 그에게서 듣고 또한 그 안에서 가르침을 받았을진대 너희는 유혹의 욕심을 따라 썩어져 가는 구습을 따르는 옛사람을 벗어 버리고 오직 너희의 심령이 새롭게 되어 하나님을 따라 의와 진리의 거룩함으로 지으심을 받은 새사람을 입으라.

물론 함께 기도하고, 데이트의 밤을 보내고, 침실에서 더 의지적으로 창의력을 발휘하라는 권고는 부부관계에 대한 지극히 진부한 조언처럼 들린다. 그래서 저스틴의 실화를 소개하지 말까 망설이기도 했다. 하지만 진부한 조언이 잘 통할 때도 있다. 매번 마법의 묘약이나 색다른 방책이 필요한 것은 아니다. 저스틴의 결론을 들으면서 나는 아람의 군대장관 나아만이 생각났다. 그는 요단강에 몸을 일곱 번 씻으면 자신의 나병이 나을 거라는 엘리사의 말을 듣고 노했다.[10] 엘리사의 '처방'은 너무 단순해 보였다. 군대장관이 기대한 것은 자신이 직접 찾아온 게 무색하지 않을 만큼 더 복잡한 무엇이었다.

그러나 우리는 하나님이 종종 단순한 방법을 통해 역사하심을 잊어서는 안 된다.

한창 바쁜 때라는 이유로 남편은 공상으로 치닫고 아내는 신작 로맨스 소설을 읽고 있다면, 당신도 저스틴의 '3종 세트'를 시도라도 해 보는 게 어떨까? 나는 항생제가 필요할 때 의사가 아목시실린 같은 흔한 약을 처방해 준다 해서 의사를 비난하지는 않는다. "이봐요. 의사 양반, 여태 내가 들어 본 적이 없는 약을 처방해 당신의 실력을 입증해 보시오"라고 말하지 않는다. 아목시실린이 잘 듣는 약일진대 그것을 무시하는 것은 바보짓이다.

그런 의미에서 당신 부부는 함께 기도하는 부분에서 어떤가? 꾸준히 데이트의 밤을 보내고 있는가? 섹스에 조금씩 변화를 주고 있는가?[11]

부부관계가 표류할 때 대항할 해법이 딱 **하나**는 아니지만 당신에게 맞는 해법이 있게 마련이다. 부족한 관계 기술이 무엇인지 잘 생각해서 마음을 다해 그것을 보충하라. 의지와 성찰과 기도가 합해지면 당신의 결혼생활도 단단해져 우선순위가 뒤바뀌는 걸 막아 낼 수 있다.

> 나의 구원과 영광이 하나님께 있음이여.
> 내 힘의 반석과 피난처도 하나님께 있도다(시 62:7).

05 너무 바쁜 삶은 불시의 공격이 될 수 있다

1. 너무 바쁜 삶은 오늘날 결혼생활에 가해지는 가장 해로운 불시의 공격 중 하나다. 대개 공격인 줄도 모르고 피해를 입기 때문에 위험하다.

2. "우리는 성격이 잘 맞나?"를 따지는 게 요즘의 세태지만, 이왕 결혼한 후에는 "우리는 **기술을 갖춘** 부부인가?"가 더 좋은 질문이다. 그 질문에 늘 집중하면 관계 기술을 가꿀 수 있다.

3. 중요한 관계 기술에는 하나님의 음성과 권고를 듣기, 공감 능력을 키우기, 갈등 해결을 실천하기, 소통에 힘쓰기, 사랑의 언어를 서로 파악하기, 서로 소중히 여기기, 서로 경청하기, 꾸준히 관계를 점검하기, 함께 즐거운 시간을 보내기, 성적으로 더 친밀해지려고 노력하기 등이 있다. 이중 하나라도 약해지려는 조짐이 보이거든 힘써 그 부분에서 점점 더 자라 가라. 너무 바빠서 이런 기술을 익힐 여유가 없다면 당신은 정말 너무 바쁜 것이다!

4. 배우자 때문에 속상할 때는 당연히 배우자 쪽에서 듣고 이해해 주었으면 하는 마음이 든다. 물론 정당한 갈망이지만, 배우자가 당신의 말을 들어야 하는 것만큼이나 당신은 성령의 음성을 들어야 한다.

5. 외부 요인 때문에 부부관계에 스트레스가 있는데 배우자가

최선의 반응을 보이지 않을 때는 다음 사실을 잊지 말라. 당신이 맞서 싸울 적은 배우자가 아니라 **상황**이다. 배우자를 평가하기 전에 배우자가 처해 있는 상황을 평가해 보라.

6. 당신을 대하는 배우자의 방식에 좌절감이 들 때 당신은 배우자를 대하는 방식에 어떻게 공감할 수 있겠는가? (단 학대를 묵인하지 **않도록** 주의해야 한다.)

7. 공감한다 해서 당신과 배우자의 문제가 해결되지는 않지만 이런 문제에 직면하는 동안 정서적 소통을 유지하는 데 도움이 된다.

8. 관계 면에서 부지런한 부부는 결혼생활의 새로운 도전에 부응하려면 새로운 기술을 배우거나 기존의 기술을 되살려야 함을 의지적으로 인식한다. 그냥 수수방관하는 게 아니라 서로 더 가까워질 방도를 찾아낸다.

9. 잘 어울리는 두 사람도 관계가 소원해질 수 있지만, 기술과 공감을 통해 개선하면 전보다 더 끈끈하고 친밀하게 화합할 수 있다.

10. 가깝게 느껴지지 않으면 더는 연분일 수 없다는 생각은 로맨틱한 것만 중시하는 데서 나온 것이다. 정서적으로 만족스러운 결혼생활에서 중요한 것은 궁합이 아니라 소통이다.

11. 너무 바쁜 삶을 가장 잘 정의하는 기준은 관계적 인식이다. 당신은 배우자가 지금 무슨 일로 어떤 감정 상태인지를 인식하고 있는가?

12. (정서적 소통이나 육체적 소통 등) 소통의 척도가 달라도 그 둘을 서로 대립시키지 않고 둘 다에 주목하면, 그 차이 때문에 사이가 멀어지기보다 오히려 더 가까워질 수 있다.

13. 이혼의 가장 큰 전조는 싸움이 아니라 **정서적 단절**이다. 즉 싸우면 관계가 파탄 날까 두려워 논쟁을 피한다면 그게 부부관계에 더 해로울 수 있다. 갈등을 회피하면 정서적으로 단절될 수 있고, 그 상태가 일시적 좌절보다 더 위험하다.

14. 랜디와 해나가 부부들의 소통 유지를 위해 권하는 세 가지 만남이 있다. 하나는 데이트의 밤이고, 또 하나는 부부관계에 대한 대화 시간을 꾸준히 따로 내는 것이고, 나머지는 일상적 실무 회의다.

15. 정서적 단절의 **증상**(대화나 육체적 친밀함에 대한 의욕이 없음) 때문에 분통을 터뜨리기보다 **원인**을 찾으려 하라.

16. 대화할 때 더 깊이 들어가서 문제가 정말 화장실 변기 같은 것들인지 아니면 관계 붕괴의 신호인지를 분간하라.

17. 관계의 소외감은 천천히 조금씩 찾아온다.

18. 짜증이 멸시로 발전하지 않게 하는 방법 중 하나는 "왜 짜증날까?"를 자문하는 것이다.

19. 하나님과의 영적 소통 ─ 매일 그분의 사랑과 인정을 받아들이는 것도 포함된다 ─ 은 내 기대와 요구로 배우자를 질식시키지 않으면서 배우자와의 정서적 소통을 유지하는 데 도움이 된다.

20. 그리스도를 경외함으로 피차 복종하는 것은 부부의 소통을 유지하는 데 꼭 필요한 부분이다.

21. 잘 통하기만 한다면 진부한 조언처럼 보일지라도 주저 없이 시도하라.

부부의 리비도에도 차이가 있다

자생적 욕구와 반응적 욕구 이해하기

Chapter 06

성적 친밀함이 서로의 즐거움일 때는 삶의 여타 공격을 막아 내는 방벽이 되지만, 부부싸움의 주요 소재일 때는 그 자체가 큰 공격이 될 수 있다. 나쁜 부부관계를 좋은 섹스로 살려낼 수는 없지만 섹스가 나쁘면 당연히 관계가 취약해질 수 있다. 물론 건강상의 이유로 섹스를 중단하고도 계속 아주 친밀하고 정이 두터운 부부를 나는 많이 보았다. 대개 문제는 "섹스를 얼마나 자주 하는가?"가 아니라 "왜 섹스를 하거나 하고 있지 않은가?"다. 관계에서 더 중요한 것은 대개 "무엇"보다 "왜"다.

얼마 전 부부의 성적 친밀함에 대한 책을 썼으니[1] 이 책에서는 부부의 가장 흔한 성적 좌절 중 하나인 리비도의 차이에 중점을 두려 한다. 당신 부부에게 이 특정한 문제가 없다 해도 이 내용은 둘을 갈라놓을 수 있는 다른 성적 문제들을 해결하는 데 유익할 것이다(미리 밝혀 둘 점은 학대나 중독이 개입된 결혼생활은 이번 장에서 논외로 한다는 것이다. 학대나 배신의 트라우마가 문제인 상황에서 성적 친밀함의 횟수를 늘리는 데 대한 논의는 적절하지 못하다).

에밀리와 프레드: 아내의 욕구가 더 강한 경우

프레드와 에밀리의 첫 두 번의 데이트는 '거의 재앙'이었다. 그래서 에밀리가 제안하기를 세 번째 데이트 때는 공항에 '비행기 구경'을 가자고 했다. 에밀리의 생각에 그것은 활주로 근처 주차장에서 애무하자는 완곡한 표현이었다. 이 젊은 커플이 주차하자마자 에밀리는 안전벨트를 풀고 프레드 옆으로 바짝 다가갔고, 그러자 그는 "잠깐! 멈춰! 뭐하는 거야?"라고 말했다.

에밀리는 당황했다. "음, 너는 뭐하는 건데?"

"비행기를 구경하는 줄 알았지!"

에밀리는 할 말을 잃었다. "정말 나랑 같이 비행기나 구경하러 여기 온 거야?"

"물론이지. 넌 뭘 생각한 거야?"

둘은 데이트와 애무에 대해 긴 대화를 나누었다. 프레드가 원한 게 정말 그냥 같이 있으면서 그녀를 알아 가는 것이었다는 사실도 대화의 소재가 되었다. 이전 남자친구들과 달리 그는 그녀의 몸에만 관심이 있었던 게 아니다.

에밀리는 이렇게 말한다. "지금 생각해 보면 정말 재미있는 세 번째 데이트였지만, 프레드의 성품을 엿볼 수 있는 좋은 기회였어요. 성장 배경이 서로 다르다는 것도 확연히 드러났고요."

결혼 후 그들에게 닥쳐온 도전은 리비도의 차이다. 프레드는 에밀리보다 성욕이 약한 편이다. 에밀리는 "나는 거의 언제라도 좋아요. 남편이 하루에 여러 번 하고 싶다면 나야 대환영이지요!"라고 털어놓았다.

그들은 플로리다로 신혼여행을 갔다. 에밀리는 날마다 하루에 몇 번씩 섹스를 나누는 성적 무한궤도를 예상했다.

그러나 프레드의 계획은 달랐다. "큰돈을 들여 거기까지 갔고 디즈니월드 입장권도 저렴하지 않았어요."

그런데 에밀리는 프레드가 섹스에 관심이 덜한 것을 자신과 연결시켜 받아들였다. 그가 일주일에 두세 번씩 즐겁게 섹스를 하는데도, 자신은 매일 한두 번씩 하고 싶다 보니 그의 '관심 부족'을 자기가 더는 매력이 없어서라고 해석한 것이다. 그녀는 약혼 후로 살이 18킬로그램쯤 찐 터라 자신의 외모에 특히 민감했다.

비현실적인 기대는 프레드 쪽에도 있었다. "내게는 섹스가 큰 수고로 느껴졌어요. 에밀리를 도와 오르가즘에 도달하게 하기가 쉽지 않았습니다."

그들이 둘 다 포르노를 본 이력이 있음을 나도 알고 있었기에 목사로서 그 부분에 대해 조심스럽게 물어 보았다. 포르노 속의 여자들은 성교 중에 쉽게 오르가즘에 도달하지만, 실생활에서 성교만으로 오르가즘에 이르는 아내는 사실 드물다. 산부인과 의사이자 아메리칸 산부인과대학의 전문가 모린 윌러핸 박사에 따르면 여성의 70~90퍼센트는 (클리토리스를 자극하지 않는) 삽입만으로는 오르가즘에 도달하지 못한다.[2] 포르노 배우는 말 그대로 배우다. 프레드는 에밀리에게 성교 외에 '10분 남짓'의 자극이 더 필요하다는 것도 알게 되었는데, 이 역시 흔한 경우며 사실은 대다수 아내에 비해 오히려 훨씬 짧은 시간이다. 하지만 프레드는 그것을 몰랐으므로 성관계에서 재미가 일부 달아났다.

이것은 포르노가 한 세대 전체의 부부들에게 안겨 준 허위 정보의 또 다른 예다. 사탄과 그의 수하들은 거짓을 말한다(참조. 요 8:44). 당신이 침실에서 고전하고 있다면 이런 질문으로 시작하라. 섹스가 어떠해야 한다는 내 기대는 현실적인가, 아니면 거짓 정보에서 난 것인가? 주 7일 내내 서로에게 성욕을 느껴야 하는가? 대다수 부부가 주체할 수 없이 자주 몸이 달아올라 섹스를 나눌 생각만으로도 옷부터 벗는가? 부부의 성관계는 매번 이전보다 나아지고 뜨거워져야 하는가? 섹스도 결혼생활의 다른 모든 분야처럼 약간의 수고와 많은 소통을 통해 자라고 꽃피는 게 아닐까?

섹스가 늘 쉽지만은 않아서 불만인 부부를 너무 많이 보았다. 그들에게 묻고 싶다.

"누가 쉽다고 그러던가요?"

프레드는 섹스를 점점 덜 원했는데 에밀리의 욕구 수준은 전혀 달라지지 않았다. 그것이 이 부부가 침실에서 마주친 좌절이었다. "에밀리는 시도 때도 없이 내게 성적으로 다가왔습니다. 샤워하는 내 뒤로 슬쩍 따라붙거나 사무실로 들어와 내 바지 단추를 끄르곤 했지요."

에밀리도 인정했다. "그 말이 맞아요. 나는 매일 남편을 쫓아다녔어요. 아침에 섹스를 한 날에도 나중에 또 하려 했지요." 그런데 남편 쪽에서는 자신을 그만큼 원하지 않으니 그녀는 실망하고 상처받아 이렇게 말하곤 했다. "나 같은 아내를 원하는 남편들이 얼마나 많은지 알기나 해?"

그거야 프레드도 알았지만 그래도 "내 쪽에서 시작할 기회를 당신이 주지 않잖아"라고 맞섰다.

성욕의 차이

모든 배우자는 거절할 권리가 있다. 섹스는 악수(握手)가 아니다. 섹스에는 상당량의 관계적, 정서적, 육체적 에너지가 소요된다. 그래서 둘 중 한쪽이나 양쪽 다 에너지가 달릴 때도 있다.

거부하는 배우자에게 지나치게 삐치거나 화내서 '항복'을 받아내는 것은 조종과 강요일 수 있다. 둘 다에게 즐거운 성관계를 힘써 가꾸어 나가는 게 거의 언제나 최선이다. 그러려면 서로의 영적, 정서적, 관계적, 신체적 건강(이 모두가 리비도를 저해할 수 있다)을 배려해야 한다. 많은 부부의 경우 이런 부분이 배려되면 성적 좌절도 사라진다.

문제는 성생활과 관련된 상처와 불만을 어떻게 건강하게 소통하여 이해와 공감을 높일 것이냐는 것이다. 삐치는 것은 도움이 안 되지만, 이를 악물고 말없이 분노를 삭이는 것도 무익하기는 마찬가지다. 제3의 방법이 있어야 한다.

리비도의 충돌로 인한 소외감과 분노는 성적 친밀함이 부부 사이에만 허락되어 있다는 사실에서 일부 기인한다. 따라서 내가 거부하면 배우자는 성적인 면에서는 그야말로 모든 것을 잃는다. 다른 여러 욕구는 다른 사람과 친구를 통해 채워질 수 있으나 성욕만은 예외다. 물론 섹스를 못 해서 죽음에 이를 사람은 없다. 하지만 학대나 관계 붕괴의 상황도 아닌데 이런저런 구실로 일부러 배우자를 죽지 않을 만큼의 불행에 빠뜨린다면, 그 위험한 기초 위에 만족스러운 결혼생활을 지을 수는 없다. 아내든 남편이든 섹스를 차단 당하면 성적으로만 아니라 정서적으로 버림받은 심정이 들 수 있다.

반면 이 문제를 헤쳐 나갈 줄 알면 부부관계에 새로운 장이 열릴 수 있다. 성생활에서 서로 이해하고 섬기는 기술을 기르면 그 유익이 결혼생활 전반에 두루 미친다.

많은 부부에게 도움이 되는 비교적 최근의 개념으로 '자생적 욕구'와 '반응적 욕구'의 구분이 있다. 자생적 욕구란 큰 자극이 없이도 발동하는 성욕이다. 이런 사람은 성적으로 쉽게 흥분하기 때문에 배우자의 몸이 살짝만 보이거나 유혹의 손길에 닿기만 해도 바로 시동이 걸린다. 거의 항시 섹스에 '준비되어' 있다 보니 굳이 멍석을 깔아 주지 않아도 즐거운 섹스를 예상한다. 에밀리가 자생적 욕구형 배우자임은 물론이다.

 반응적 욕구란 먼저 성적 자극이 있어야만 발동하는 성욕이다. 이런 사람은 막상 섹스가 시작되기 전까지는 대개 섹스를 원하지 않는다. 뇌의 작동 방식이 자기가 바라는 모종의 애무가 선행되어야 비로소 섹스에 마음이 끌리게 되어 있다. 먼저 신체 접촉이 없는 한 섹스는 반가운 초대라기보다 힘든 일처럼 느껴진다. 그들도 일단 섹스가 시작되면 충분히 만족할 수 있으나, 뇌의 작동 방식 때문에 섹스를 **예상할** 때보다 **회상할** 때가 더 즐거운 편이다. 당신에게 섹스가 딱히 가슴 설레는 일은 아닌 것 같은데 성적으로 친밀한 시간을 보내고 나면 '왜 우리는 이걸 더 자주 하지 않지?'라는 생각이 든다면, 당신도 반응적 욕구형 배우자일 수 있다.

 당신의 성욕은 결함이나 문제가 아니다. 뇌가 그렇게 작동할 뿐이다. 그러나 자생적 욕구와 반응적 욕구의 차이를 알면 리비도의 차이로 인한 좌절을 해결하는 데 큰 도움이 될 수 있다. 당신이 반응적 욕구형 배우자라면 다음 사실을 기억하면 도움이 된다. 당신이 섹스를 원할 때가 많지 않다 해서 더 잦은 섹스가 부부관계에 유익하지 않은 것은 아니다. 당신의 배우자는 자생적 욕구형일 수 있다. 어쨌든 배우자를 잘 이해하려는 소통이 중요하다.

매튜와 코트니: 남편의 욕구가 더 강한 경우

매튜와 코트니가 이 역동을 공부하기 시작한 시점은 매튜의 성욕이 코트니보다 훨씬 더 강하다는 게 분명해졌을 때였다. 그들은 결혼생활에 헌신했고 관계 전반에서 행복했으나 침실의 긴장 때문에 이 정보를 배우고 적용하게 되었다. 매튜는 욕구의 차이에 대처하는 법을 알고자 많은 책과 블로그를 읽었다. 알고 보니 자신의 소통 기술이 부족한 것도 실패의 한 원인이었다. 그는 코트니에게 자신이 무엇을 원하는지만 말했지 그것을 **왜** 원하는지는 말하지 않았던 것이다. 그의 관건은 단지 성욕 해소가 아니었는데, 섹스를 할 것인지 여부에만 집중했을 때는 관계를 이해하기는커녕 그저 교착 상태에 빠졌다. 게다가 그가 아내의 거부에 대응한 방식도 도움이 되지 않았다.

매튜가 속마음을 더 잘 소통하게 된 뒤로 코트니도 공부를 시작했고, 그 결과 자신이 반응적 욕구형 배우자임을 깨달았다. "매튜는 사랑이 후해서 나를 충족시키지 않을 때가 없어요. 그런데 왜 나는 더 잦은 섹스를 원하지 않았을까요? 반응적 욕구라는 개념으로 설명하니 비로소 이해가 되더군요."

자기 뇌의 작동 방식을 인식한 그녀는 그때부터 남편의 유혹에 더 마음을 열었다. 평소에는 늘 거부하든지 아니면 섹스를 꾸준히 원하는 남편을 무안하게 만들었는데, 이제 적어도 남편의 접근이 성관계로 발전할 여지를 남겨 둔 것이다.

그전에는 매튜가 침대에서 자신의 등을 어루만지면 코트니는 그것을 섹스의 청유로 보고 긴장해서 "오늘밤은 아니에요" 또는 "머리가 아파요" 또는 "내일 일찍 일어나야 돼요"라고 말하곤 했다. "한번은 '섹스한 지 얼마 안 됐잖아요'라고 말한 적도 있어요. 사실은 두 주가 지났는데도 말이지요." 그녀의 설명이다.

이제 코트니는 자신에게 친절하고도 단호하게 말한다. '괜찮아. 남편이 그냥 마사지를 해 주는 거야. 무조건 거부할 게 아니라 긴장을 풀어. 호응할 수 있으면 더 좋고. 이게 남편이 사랑을 표현하는 방식임을 받아들여. 너도 남편을 만져 줌으로써 사랑을 표현할 수 있어.'

그들이 성적으로 다시 깨어나던 첫 몇 달은 코트니의 표현으로 '롤러코스터'였지만, 시간이 지나면서 상황이 점차 호전되자 그녀도 성적 친밀함을 가꾸는 데 더욱더 헌신하게 되었다. 이를 통해 분명히 결혼생활 전반이 더 나아졌을 뿐 아니라 남편과의 친밀감도 훨씬 깊어졌기 때문이다.

코트니는 "30여 분의 섹스로 끝나는 게 아니라 이후 30여 시간 동안 관계의 분위기가 완전히 달라지거든요. 나는 섹스도 물론 즐겁지만 섹스 후의 관계도 그 못지않게 즐거워요"라고 회고했다.

바른 관점

리비도의 차이가 당신 부부에게 문제되어 왔다면 바른 관점을 얻는 게 도움이 된다. 성욕의 차이는 흔히 문제로 거론되지만 현실에서는 거의 모든 부부의 자연스러운 현상이다. 이는 뻔한 사실인데도 우리가 깨부술 생각조차 못하는 허황한 기대 중 하나다. 리비도 수준이 정확히 똑같은 부부는 거의 없는데도 말이다. 양쪽 다 섹스를 똑같은 횟수로 또는 늘 동시에 원하는 부부는 드물다. 절대다수 부부의 실제 경험이 그러할진대 이제 더는 마치 결혼에 무슨 '문제'라도 있는 것처럼 말해서는 안 된다!

게다가 이 차이를 다른 차이보다 더 중시할 까닭이 무엇인가? 진지한 대화, 즐거운 외출, 외식 등 관계의 다른 면에서도 대다수 부부는 타이밍이 서로 다르다. 부부의 욕구가 일치하지 않는 분야도 많다. 리비도의 차이를 극복하기 위해 서로의 성욕을 일치시키려 한다면 이는 실생활에 어긋난다. 배우자를 너그럽게 이해할 수는 있어도 뜯어고칠 수는 없는 법이다.

시애틀의 공인 성 치료사인 제사 지머먼은 리비도가 강한 배우자 쪽에서 "상대의 약한 성욕을 자신과 연결시켜 받아들여 자신이 사랑받지 못한다고 느끼면" 문제가 가중된다고 말한다. 그녀에 따르면 배우자의 성욕 수위를 자신과 연결시켜 받아들이는 것은 "아주 잘못된 일이다. 욕구란 개인의 타고난 작동 방식이지 배우자와는 무관하기 때문이다." 사실 그것을 자신과 연결시켜 받아들이면 (에밀리와 프레드의 예에서 보았듯이) 부부관계에 해로울 뿐 아니라, 자칫 "섹스를 나누는 의미마저 달라진다. 이제 배우자는 당신의 자존심을 세워 주려고 섹스에 응해야만 한다."[3] 서로를 즐거워하는 한 방편이어야 할 섹스가 인간의 가치 척도로 둔갑하는 것이다.

지머먼이 지적하는 다른 위험은 약한 성욕의 배우자가 마치 자신에게 문제라도 있는 양 기분이 비참해질 수 있다는 것이다. 프레드는 아무런 문제도 없었고, 그의 성욕도 본인에게는 딱 적절했다. 물론 이것은 양쪽으로 다 작용한다. 에밀리도 웬만한 아내보다 자신이 섹스를 더 원하는 것 같아서 혹시 **자신에게** 문제가 있는지 의문이 들 때가 있었다. 본래 남편이 아내를 늘 쫓아다니게 되어 있다는 말을 으레 들었기 때문에 특히 더했다.

배우자에게 부담을 주어 죄책감이나 비참한 기분에 빠뜨리는 것은 학대다. 그럴수록 골이 메워지기는커녕 계속 더 깊어진다. 우리는 배우자를 소중히 여기도록 부름 받았다. 배우자를 더 깊은 성적 친밀함 속으로 초대할 때도 그래야 한다. 사람마다 자기만의 '잠재 욕구'가 있다. 그러니 최고의 즐거움에 도달하도록 배우자를 돕는 데 집중하라. 그러려면 상대의 뇌가 어떻게 작동하는지를 더 잘 알아야 한다. 당신이 욕구가 강한 쪽이라면, 자존감의 근거를 배우자의 반응에 두지 않도록 자신을 성찰하는 게 큰 도움이 될 것이다. 남편이든 아내든 요리하기를 싫어한다 해서 배우자의 배고픔에 무관심한 것은 아니다. 어쩌면 그 배고픔을 해결하는 과정이 그냥 즐겁지 않을 뿐이다!

지머먼은 리비도가 약한 배우자에게 "'아마도'를 아끼지 말" 것을 권한다. 여기에는 양쪽의 노력이 따라야 한다. 성욕이 강한 배우자는 '아마도'를 자신과 연결시켜 받아들이지 말고 마음을 열어야 하며, 성욕이 약한 배우자는 너그럽고도 솔직하게 "음, 아마도 지금은 그럴 기분이 아니지만 일단 시작한 뒤 어떻게 되나 봅시다"라고 응해야 한다. 시작한다고 끝까지 가리라는 보장은 없지만, 조금씩 키스하고 포옹하면서 욕구가 더 동하는지 볼 수는 있다. 대개는 성욕이 살아나지만 100퍼센트 항상 그런 것은 아니다. 성관계로 이어지지 않더라도 양쪽 다 괜찮아야 한다. 이미 시작한 후에라도 누구나 거절할 권리가 있다.

성적 유희를 단일한 행위로 보기보다 광의의 '외출'로 보는 게 중요하다. 지머먼은 그것을 놀이터에 비유한다. 둘이 뜻이 맞아서 놀이터에 갔어도 미끄럼틀은 타지 않고 그네만 탈 수도 있다. 그네만 탔다 해서 실패라고 말하지는 않는다. 함께 있으면서 서로를 즐거워하고 일정 수준의 친밀함을 경험했으니 외출은 성공이다. 어느 아내는 긴 하루를 마친 남편에게 성교까지 할 기력은 없음을 알고 이렇게 물었다. "벗은 채로 서로 안고만 있으면 어떨까요?" 그녀는 성적 친밀함의 수위를 현실에 맞추려 했고 남편도 동의했다. 마침 이 아내의 요청은 신경과학으로도 뒷받침된다. 포옹하면 옥시토신이라는 '행복 호르몬'이 뇌에 적잖이 분비되면서 서로 친밀감이 든다. 분비량이 오르가즘 때만큼 많지는 않지만 그래도 상당한 수준이다.

격려와 감사

아내 쪽의 성욕이 강한 에밀리와 프레드에게로 다시 돌아가 그들이 어떻게 해법을 찾았는지 보자. 그들의 반전은 에밀리의 삶에 찾아온 영적 변화로 시작되었다. 그녀는 내게 이렇게 말했다. "당신의 책을 읽은 게 도움이 되었어요. 하나님이 설계하신 결혼의 목적이 우리를 행복하게 하기보다 거룩하게 하기 위해서라는 책 첫머리에서부터 그분이 내게 말씀하시는 게 느껴졌어요. '여태 너는 남편에게 집중하지 않고 네가 원하는 바를 얻기 위해 살았다. 섹스를 너만큼 자주 원하지 않는다는 이유로 남편의 사랑을 알아보지도 못했다.'"

그녀는 블랙보드를 사서 안방 화장실의 남편 세면대 옆에 세워 놓고 날마다 거기에 잘 지워지는 보드펜으로 격려의 말을 썼다. 글귀는 매일 새로 바뀌었다.

"팬케이크를 만들어 준 당신을 사랑합니다."

"내 차의 오일을 교체해 준 당신을 사랑해요."

"어젯밤 아기가 울 때 아기와 같이 일어나 기저귀를 갈아 준 당신, 사랑합니다."

"우리 아이들에게 미친 듯이 웃기는 아빠라서 당신을 사랑해요."

어떤 때는 약간 도발적인 메시지도 있었다. "오늘 그 바지를 입으니 당신 엉덩이가 사랑스러워 보여요."

날마다 작은 게시판에 썼다 지우는 이런 말이 에밀리와 프레드 둘 다에게 혁신을 불러 왔다. 우선 에밀리는 울먹이며 이렇게 회고했다. "그것이 나를 바꾸어 놓았어요. 성적으로 먼저 다가오지 않는 남편에게 늘 실망만 하던 내가 이제 나를 향한 남편의 놀라운 사랑에 초점을 맞추게 되었어요. 그동안은 섹스하나에만 집중하느라 남편의 그 모든 사랑을 놓쳤거든요."

프레드는 프레드대로 의욕이 한껏 고취되었다. "아내에게 사랑을 표현하려는 내 모든 시도와 수고를 아내가 알아주니까 참고맙더군요. 그래서 계속 더 힘쓰고 싶어졌습니다."

결혼생활의 어느 분야에든 좌절이 있다면 당신도 부디 격려의 기술을 활용해 보라. 하나의 실망으로 당신의 부부관계를 규정하지 말라. 많은 감사의 표현으로 그것을 퇴치하라. 배우자가 당신을 즐겁게 해 주는 일은 무엇인가? 그것을 말과 글로 알려 주라. 그것을 인해 하나님께 감사하라. 이거야말로 빌립보서 4장 8절의 실천이다.

프레드의 삶에 새로운 기쁨이 찾아왔다.

"나를 대하는 아내의 태도가 달라졌습니다. 섹스에 대한 끝없는 기대가 줄었어요. 그것은 나로서는 결코 부합할 수 없는 기준이지요. 대신 아내는 이제 나를 매번 섹스와 연결시키지 않고 그냥 남편으로 사랑합니다. 나한테는 그게 더 매력 있어요. 나는 에밀리를 아내로 사랑하는 거지 단지 섹스 파트너로 사랑하는 게 아니거든요."

에밀리는 "내가 액자에 그런 글을 쓴 것은 더 열심히 하라는 뜻에서가 아니었어요. 그냥 알아주고 싶었을 뿐이지요"라고 덧붙였다.

개인적 성찰

리비도의 차이에 대한 바른 관점을 얻은 후로 프레드도 에밀리도 어느 정도 개인적 성찰이 필요했다. 둘 다 포르노를 일절 끊기로 철석같이 약속했고, 에밀리는 트라우마 치료도 받아야 했다. 어렸을 때 깊은 상처를 입었던 그녀는 결국 그로 인한 불안과 우울을 떨치고자 상담을 받았다. 부부가 결혼 상담도 받기 시작했는데, 현명한 상담자는 에밀리에게 외상 후 스트레스

장애(PTSD)가 있는 게 분명하니 부부 문제를 다룰 수 있으려면 먼저 그것부터 치료해야 한다고 설명했다.

"18개월 동안 EMDR(안구운동 민감소실 및 재처리 요법: 신경네트워크 안에 갇힌 트라우마 기억을 찾아서 고통스러운 생각, 감정, 신체감각의 증상에서 벗어나도록 도와주는 치료법) 치료로 트라우마 치료를 받았어요. 그게 얼마나 힘들고도 나와 프레드에게 꼭 필요한 것이었는지는 아무리 말해도 지나치지 않습니다."[4]

프레드도 "에밀리의 치료 과정은 힘들긴 했지만 우리 관계에 엄청난 변화를 일으켰습니다. 아내의 태도가 즐겁고 사랑스러워졌으며, 성격도 여태 내가 보지 못했던 모습으로 빛을 발했거든요"라고 말했다.

아울러 그녀는 필요한 수술도 받고 자기 몸의 전반적 건강에 다시 주력했다. 프레드는 이로써 "아내의 에너지와 활기에 또 한 번 큰 도약이 이루어졌습니다"라고 평했다.

병적 의존에서 벗어나려는 에밀리의 결단도 그들의 치료에 한몫했다. 그녀는 치료사에게 "늘 내가 프레드를 쫓아다니는 것처럼 느껴져요"라고 말했다.

"왜 그런다고 생각하세요?"

"모르겠어요. 하지만 무서워요."

"왜 무섭지요?"

"그러는 나를 남편이 원하지 않을까 봐서요."

결국 에밀리는 깨달았다. "프레드도 나를 똑같이 원하는데 내가 그것을 알아보지 못했어요. 나는 성적으로 원해야 곧 나라는 사람을 원하는 거라고 생각했는데, 사실 그 둘은 다르거든요."

섹스는 관계에 도움이 될 수 있지만 관계가 섹스로 규정되어서는 안 된다.

이 모두가 확실히 일깨워 주는 사실이 있다. 성적 문제의 관건이 오직 섹스만일 때는 거의 없다. 영적 치유(포르노를 끊는다), 정서적 치유(트라우마를 해결한다), 신체적 치유(건강이 나쁘면 성욕과 성기능이 심각하게 저하될 수 있다), 관계적 치유(분노와 앙심은 리비도를 죽인다)도 다 중요한 분야로서 주목을 요할 수 있다.*(데브라 필레타와 내가 공저한 책 *Married Sex*에 이 주제를 더 상세히 다루었다.)

오늘의 에밀리와 프레드

에밀리는 지금도 섹스라면 언제고 환영이다.

"무슨 말이 필요할까요? 프레드는 아주 매력 있는 남자인 데다 나이가 들수록 매력도 더해 갑니다. 나이 마흔다섯의 내 리비도는 한창 절정이고요. 그러니 남편만 준비되어 있다면 나는 언제라도 좋아요."

프레드는 어떨까? "나는 여전히 다른 것들을 하는 게 좋습니다." 그는 웃으며 말했다.

"차라리 걷자고 할 때도 있어요. 믿어지세요?" 에밀리가 덧붙인다.

어쨌든 그들은 이제 섹스를 거의 격일로 하고 있고, 둘 다 거기에 만족해 보인다.

"간혹 목요일에 두 번 하거나 월요일에 여러 번 할 때도 있지만, 에밀리 쪽에서 며칠씩 쉬자고 할 때도 있답니다." 프레드가 눈을 반짝이며 말했다.

핵심은 양쪽 다 현 상태로 행복하다는 것이다. 에밀리는 매주 3~4회 이상의 섹스도 얼마든지 좋지만 지금만큼으로 자족한다. 프레드는 주 4회를 자원할 사람은 아니지만 에밀리를 즐겁게 해 주는 게 기쁘다. 리비도의 차이가 한때는 그들에게 큰 고통과 상심의 원인이었으나 이제 그들은 거기서 기쁨과 위안을 얻는 법을 찾아냈다.

성욕의 강도가 서로 다를 때 부부가 섹스를 얼마나 자주 해야 하는가에 대한 옳고 그른 답이란 없다. 더 중요한 것은 서로를 원하고 아끼고 사랑하고 소중히 여기는 마음이 상대에게 느껴지는 것이다. 핵심은 섹스가 부부관계에 부담이 아니라 복이 되는 것이다. 그러면 당신의 결혼생활이 단단해진다.

자족하는 마음

　매튜와 코트니도 상호간의 즐거운 성생활에 헌신되어 있다. 매튜의 말이다. "아내는 내 주도에 잘 응해 줍니다. 그러나 내가 자극해도 아내의 몸이 반응하지 않으면 우리는 섹스를 하지 않아요. 상대의 몸이 거부하는 상태에서 섹스를 하고 싶은 마음은 나도 없으니까요."

　그래서 코트니의 몸이 따라 주지 않는 밤이면 매튜는 "오늘은 그냥 잡시다"라고 말할 수 있고, 실제로 종종 먼저 그렇게 말한다.

　그럴 때면 코트니는 "정말 괜찮겠어요?"라고 물으며 남편에게 솔직히 미안하다고 말한다.

　이 부부의 가장 큰 변화는 서로를 향한 공감이다. 그것이 그들의 결혼생활을 단단하게 해준다. 코트니는 남편을 사랑하기에 때로 처음에 의욕이 발동하지 않아도 성관계에 마음을 열고, 매튜는 아내를 사랑하기에 때로 아내가 섹스를 자기만큼 원하지 않을 때는 밀어붙이지 않는다. 둘 중 누구도 자신의 뇌를 **개조**할 수 없고 그럴 필요도 없지만 뇌를 **관리**할 수는 있다. 코트니는 매튜에게 공감할 수 있고, 매튜는 코트니에게 공감할 수 있다.

　한 달에 한 번꼴이던 그들의 섹스는 매주 2~3회로 비교적 꾸준해졌다. 매튜는 거기에 만족하면서도 솔직히 "더 잦았으면 좋겠지요. 나는 섹스를 매주 4~5회는 하고 싶으니까요"라고 말한다. "하지만 아내에게 부담을 주면서까지 굳이 고집할 만한 일은 아닙니다."

매주 4~5회의 섹스를 못한다고 투덜거린다면 현재 매주 2~3회씩 하고 있는 섹스마저 망가질 것이다. 불평은 공감이나 친밀함을 북돋아 주는 태도가 아니다. 그렇다고 코트니 쪽에서 그에게 한 달에 한 번의 섹스로 만족하기를 바란다면 이 또한 공감이나 이해와는 거리가 멀다.

이렇게 말하는 매튜의 태도가 귀해 보인다.

"우리의 성관계는 전보다 지금이 훨씬 나아졌습니다. 내가 원하는 만큼은 아니지만 삶이란 그런 거니까 만족합니다. 그렇게 따지자면 내 수입도 지금보다 많았으면 좋겠지요. 하지만 나는 부족함 없이 살고 있고, 현실에 자족할 필요도 있습니다."

성욕이 강한 배우자가 성욕이 약한 배우자에게 자기 기준의 잦은 섹스를 바라며 타협하지 않는다면 결국 둘 다 좌절할 수밖에 없다. 보다시피 에밀리와 매튜(성욕이 강한 두 배우자)는 자신이 원하는 이상적 횟수보다 좀더 적은 성행위에 자족하는 법을 배웠고, 프레드와 코트니(성욕이 약한 두 배우자)는 자신이 바라는 것보다 좀더 잦은 성행위에 마음을 여는 법을 배웠다. 전도서 저자는 어떤 사람을 보니 "그의 눈은 부요를 족하게 여기지 아니하"더라고 경고했다(전 4:8). 잘 보면 그는 **부요한데도** 불만이었다. '더 많은' 게 늘 최고의 답은 아니다. 오랫 동안 섹스 없이 사는 미혼자도 있고, 배우자가 병들거나 정서적으로 고갈될 때 몇 달씩 사랑으로 섹스 없이 견디는 기혼자도 많이 있다.

바울은 디모데에게 "자족하는 마음이 있으면 경건은 큰 이익이 되느니라. … 우리가 먹을 것과 입을 것이 있은즉 족한 줄로 알 것이니라"(딤전 6:6, 8)라고 말했다. 그 목록에 섹스는 들어 있지 않다!

그렇더라도 부부 중 하나가 순교자 의식에 젖는 것은 영적으로나 관계 면에서나 건강하지 못하다. 그러면 한쪽은 섹스 없는 결혼생활의 고통을 감수해야 하고, 다른 쪽은 마음 내키지 않을 때도 섹스에 굴복해야 할 것처럼 느껴진다. 이번 장 서두에 말했듯이 나는 지금 학대나 관계 붕괴 때문에 부부의 성관계가 달갑지도 않고 현명하지도 못한 상황에 대해 말하는 게 아니다. 이 교훈은 서로 애정이 있는 상태에서 한쪽에서는 (좌절에) 공감하려 하고 다른 쪽에서는 (높거나 낮은 성욕의 수위를) 이해하려 하는 부부에게 해당한다. 부부가 둘 다 성품과 친밀함에서 성숙하게 자라 가면 영적 건강에 가장 유익하다. 그러려면 비난과 비현실적 요구를 멈추고 둘 다 자신의 마음이 실제로 어떤 상태인지를 살펴야 한다.

나는 혼전 상담을 할 때 커플들에게 야고보서 4장 1~3절을 암송하게 한다.

너희 중에 싸움이 어디로부터 다툼이 어디로부터 나느
냐. 너희 지체 중에서 싸우는 정욕으로부터 나는 것이 아
니냐. 너희는 욕심을 내어도 얻지 못하여 살인하며 시기
하여도 능히 취하지 못하므로 다투고 싸우는도다. 너희가
얻지 못함은 구하지 아니하기 때문이요 구하여도 받지 못
함은 정욕으로 쓰려고 잘못 구하기 때문이라.

이 본문은 내게 아내의 뭔가를 지적하기 전에 내 마음부터
살필 것을 가르쳐 주었다. 내가 무엇을 원하는지는 알겠는데,
그것을 원하는 내 동기는 무엇인가? 대개는 나의 이기적인 면
이 보인다. 그러면 짐을 아내에게 떠넘길 게 아니라 나부터 회
개해야 한다. 그보다 훨씬 드물긴 하지만 내 아내 쪽이 이기적
일 때도 있는데, 그러면 그리스도 안의 형제로서 나는 내가 틀
릴 수도 있음을 인정하는 가운데 겸손히 그것을 지적할 수 있
다. 아내에게 내가 틀리지 않을 경우 하나님 앞에서 마음을 성
찰해 보도록 권할 수 있다.

섹스를 더 원하는 게 이기적일 수 있다고 생각되기 쉽다. 하
지만 섹스를 더 원하는 건 잘못이 아니며-뇌가 그렇게 작동할 뿐
이다-그 원함을 배우자에게 알리는 것도 잘못이 아니다. 일방
적 요구와 강요와 교묘한 조종은 학대다. 그러나 자족하는 마
음으로 아픔을 무릅쓰는 용감한 고백은 아름다우며, 더 깊은
친밀함과 공감과 이해로 나아가야 할 우리의 사명이기도 하다.

용감한 고백 후에도 원하는 바를 얻지 못했다 해서 현실과 이상 사이의 괴리에 집착한다면, 이는 자신의 행복과 영적 건강에 대한 자해 행위다. "어떠한 형편에든지 나는 자족하기를 배웠노니"(빌 4:11)라고 쓸 때 바울은 독신자였다. 지금 나는 대체로 건강한 부부관계의 여자나 남자에게 섹스가 없거나 거의 없는 결혼생활을 그냥 견디라고 말하는 게 아니다. 다만 상황에 사랑으로 대처하여 우선 이해에 힘쓰고, 그래도 교착 상태가 지속되거든 상담을 받으라고 권하는 것이다. 목표는 양쪽 다 성품과 신앙과 이해와 공감에서 성숙하게 자라 가는 것이고, 그리하여 리비도의 차이를 방치하다 서로 멀어지는 게 아니라 차이에 대응하여 소통이 더 깊어지는 것이다. 알고 보면 섹스의 **양**에 대한 욕구 차이 덕분에 더 적극적으로 더 깊게 소통하여 부부관계의 질을 높일 수 있고, 그 결과 서로를 아끼고 소중히 여기고 경청하고 이해하는 마음이 상대에게 느껴질 수 있다.

그들이 배운 교훈

매튜와 코트니는 소통의 수위를 훨씬 높임으로써 성욕의 차이에 맞서 결혼생활을 단단하게 했다. 그것이 매튜의 삶에서 가장 큰 변화일 것이다. "우리의 소통은 더 나아지고 또 빨라졌습니다." 그들은 자신의 뜻에 따라 주지 않는 상대에게 속으로 분노하는 게 아니라 서로의 뇌 속에서 벌어지는 일을 대화로 알린다. 여기 부부의 깊은 친밀함에 꼭 필요한 주요 원리가 있다. 어떤 분야의 갈등이든 모든 갈등은 더 깊은 **이해**로 이어져야 한다는 것이다. 배우자에 대한 이해는 깊어지고 분노는 약해지도록 계속 앞으로 나아가라.

매튜는 남편들에게 이렇게 당부한다. "성생활에 좌절감이 든다면 섹스에만 집중해서는 안 됩니다. 대개 배후 문제는 소통과 태도입니다." 서로 말하고 들으라. 마음을 다해 서로를 섬기라. 늘 요구하는 이기심과 늘 거부하는 이기심은 둘 다 흉하다.*(거듭 말하거니와 학대나 중독이 배신의 트라우마로 이어진 경우는 섹스를 거부해도 이기적인 게 아니다.) 배우자가 행복하지 않다면 그것은 문제다. 배우자가 행복하든 말든 당신이 신경 쓰지 않거나 무시하면 둘의 관계에 해롭다. 피를 흘리는데 지혈하지 않으면 몸에 해로운 것과 마찬가지다. 과다 출혈로 죽을 수도 있다.

"코트니와 나는 서로 비난을 많이 했었어요. 그래서 더 나은 소통을 강조하는 겁니다. 섹스에만 집중할 뿐 자신이 왜 섹스를 원하거나 원하지 않는지를 서로 설명하지 않는 부부가 너무 많아요. 그러니 이해의 접점에 이르지 못할 밖에요."

성욕이 강하거나 그렇지 않은 배후 '이유'를 설명해 주면 형세가 일변할 수 있다. 에밀리가 프레드에게 알리고 싶은 것은 성적 친밀함에 뒤따르는 결속과 안전이 자신에게 소중하다는 것이고, 매튜는 코트니가 자신에게 가장 가깝게 느껴질 때가 바로 성관계 후라고 말해 준다. 덕분에 문제의 무게 중심이 개인에서 관계로 옮겨 간다. 단지 "**나는 무엇을 원하는가?**"가 아니라 "**우리에게 무엇이 필요한가?**"가 되는 것이다.

프레드는 자신이 침실 바깥의 재미있는 일을 원하는 이유가 에밀리와의 우정을 즐거워하기 때문임을 설명해 주고, 코트니는 자신도 매튜와의 섹스가 정말 즐겁긴 하지만 뇌에 기어가 걸리는 데 시간이 걸릴 수 있음을 설명해 준다. 덕분에 에밀리와 매튜는 리비도의 차이를 자신과 연결시켜 받아들이지 않기가 쉬워진다. 또 하나 잊지 말 것은 어떤 부부든 이미 대화한 내용도 곧잘 잊어버린다는 것이다. '이해'는 정적이지 않고 동적인 개념이다. 끈기 있는 대화로 계속 서로의 속마음을 알리면 친밀함에 더없이 유익하다. 뇌 회로를 조정하여 비판을 중단하고 서로에 대한 단죄를 새로운 이해로 대체하려면 그만큼 시간이 걸리기 때문이다.

매튜가 특히 우려하는 부분은 성욕이 약한 아내들이 다음 사실을 알아야 한다는 것이다. "남편들이 아내의 몸만 원하는 건 아닙니다. 아내와 잘 통하고 아내에게 사랑받는다고 느끼고 싶은 거지요. 육체적인 것만은 **아닙니다.**"

그는 또 자신의 여정을 떠올리며 성욕이 강한 이들에게 이렇게 당부한다.

"완전한 상태가 아니라 진전 과정에 집중해야 합니다. 아직 미흡한 부분에 집중하면 그동안 이루어진 많은 진전을 놓치거든요."

코트니가 믿기로 자신이 성관계에 쏟아 붓는 노력은 기대 이상의 효과를 냈다. "결혼생활이 훨씬 행복해졌어요. 모든 반감과 분노와 경계심이 사라졌거든요. 기분이 훨씬 더 좋습니다." 게다가 더 잦은 섹스가 그녀에게 정말 즐거워졌다. 그동안 매튜가 특별히 창의력을 발휘한 덕분에 섹스가 더 재미있고 즐거워졌고, 그만큼 그녀도 성적 친밀함을 더 자주 고대하게 되었다.

그러니 성욕이 강한 배우자는 자신도 할 일이 있음을 잊지 말라. 매번의 성관계를 배우자가 최대한 즐길 수 있게 해 주라. 당신이 배우자를 즐거워하고 섬기고 소중히 여긴다는 느낌을 주어야지 당신에게 이용당한다는 기분이 들게 해서는 안 된다.

성욕이 약한 배우자는 어떨까? 코트니는 이렇게 조언한다.

"성욕이 약한 쪽에게 내가 말해 주는 가장 중요한 것 중 하나는 상황을 배우자의 시각으로 보라는 것입니다. 상대의 입장이 되어 보세요."

코트니가 안심하고 이렇게 말하는 이유는 자신의 즐거움과 행복을 남편도 중시함을 알기 때문이다. 그 안전감을 토대로 그녀는 적절한 이견을 기꺼이 받아들였고 그 결과 넉넉한 보상을 거두었다. 이어지는 그녀의 말이다. "이제 나도 섹스를 더 자주 하는 게 좋아졌어요. 섹스가 잦을수록 신뢰와 행복도 커졌거든요. 남편을 보는 눈도 더 선명해졌고요. 그래서 그가 더 잘 이해됩니다." 남편을 기쁘게 해 주려고 섹스에 더 자주 응한다고 생각했는데 결국 그것이 자신에게 더 큰 유익이 되었다.

반응적 욕구형 배우자를 둔 남편과 아내에게 매튜는 이렇게 조언한다. "가장 힘든 부분은 상대가 나를 원하지 않는다는 기분이 상존할 수 있다는 겁니다. 하지만 알아야 할 게 있어요. 배우자가 섹스를 먼저 시작하지 않는다 해서 당신을 좋아하지 않거나 당신과의 섹스를 싫어한다는 뜻은 아닙니다. 뇌가 다를 뿐이지요. 상대가 나쁜 뜻으로 무엇을 원하거나 원하지 않는 것은 아니니 자신과 연결시켜 받아들이지 마세요." 성욕이 강한 배우자에게 그는 강요나 요구를 삼가라는 현명한 조언과 더불어 이렇게 덧붙인다. "배우자 쪽에서 먼저 시작하지 않는다고 싸우지 마세요. 대개 배우자도 어쩔 수 없습니다. 기꺼이 응해 주는 것만이라도 다행으로 여기세요."

그의 설명은 이렇다. "코트니의 몸이 반응하지 않으면 나도 아내의 진한 애무를 기대하지 않지만, 내 자극에 아내가 깨어나면 내가 세상에서 가장 섹시한 남자가 된 기분이지요!" 그는 몸이 굳어 있는 아내에게 좌절하기보다 자신이 아내를 달아오르게 할 수 있다는 데 자부심을 느낀다. 내가 보기에도 그게 훨씬 더 건강한 삶이다.

관계의 주요소 중 하나인 성적 친밀함이 부부를 더 결속시키기는커녕 오히려 갈라놓는다면 당신의 결혼생활을 요새화하기 힘들다. 성생활이 부실하면 부부관계가 위태로워진다. 그러나 서로 이해하고 즐겁게 해 주고 섬기고 긍휼히 여길 줄 알면 결혼생활이 더 단단해진다.

06 부부의 리비도에도 차이가 있다

1. 나쁜 부부관계를 즐거운 섹스로 살려낼 수는 없지만 섹스가 나쁘면 관계가 불행해질 수 있다.

2. 이번 장의 교훈과 요점 정리는 학대나 중독이 개입된 결혼생활에는 해당하지 않는다. 그런 경우는 성관계의 횟수를 논하는 게 오히려 더 해로울 수 있다.

3. 당신이 침실에서 고전하고 있다면 이런 질문으로 시작하라. 섹스가 어떠해야 한다는 내 기대는 현실적인가, 아니면 거짓 정보에서 난 것인가?

4. 모든 배우자는 "오늘밤은 아니에요"라고 말할 권리가 있어야 하며, 그래도 두렵거나 보복당할 염려가 없어야 한다. 리비도가 충돌할 때는 둘 다에게 즐거운 성관계를 힘써 가꾸어 나가는 게 최선이다. 그러려면 서로의 영적, 정서적, 관계적, 신체적 건강(이 모두가 리비도를 저해할 수 있다)을 배려해야 한다.

5. 리비도의 충돌로 인한 소외감과 분노는 성적 친밀함이 부부 사이에만 허락되어 있다는 사실에서 적어도 일부 기인할 수 있다. 따라서 내가 거부하면 배우자는 성적인 면에서는 그야말로 모든 것을 잃는다. 인생에서 성적 친밀함은 부부 외에 다른 관계나 사람으로는 채워질 수 없는 몇 안 되는 경험 중 하나다.

6. 아내든 남편이든 섹스를 차단당하면 성적으로만 아니라 때로 정서적으로 버림받은 심정이 든다.

7. 성적 친밀함에서 서로 이해하고 섬기는 기술을 기르면 그 유익이 결혼생활 전반에 두루 미쳐 더 친밀한 연합을 가꾸는 데 도움이 된다.

8. 자생적 욕구와 반응적 욕구의 차이를 알면 리비도의 차이에 건강하게 대응하는 데 큰 도움이 될 수 있다.

9. 배우자의 성욕이 나만큼 강하거나 약하기를 바란다면 이는 실생활에 어긋난다. 틀림없이 당신 부부는 섹스와 무관한 많은 분야에서도 욕구가 상충될 것이다. 리비도의 차이를 고칠 수는 없다. 대신 그 차이를 잘 관리할 줄 알면 부부 사이가 멀어지지 않고 오히려 정서적 소통이 깊어질 수 있다.

10. 배우자가 섹스를 원하는데 내 쪽에서 아직 잘 모르겠다 싶을 때는 (**무조건** 응하거나 거부하기보다) '아마도'(maybe)라는 말이 도움이 될 수 있다. 필요하다면 거절할 권리는 항시 유지된다.

11. 성욕이 강한 배우자가 좌절감을 줄이려면 배우자의 약한 성욕을 자신과 연결시켜 받아들이거나 자신의 관점에서만 보아서는 안 된다.

12. 성욕이 다르다는 이유로 배우자를 비참한 기분에 빠뜨리지 않도록 조심하라. 뇌가 그렇게 작동할 뿐임을 잊지 말라.

13. 성적 문제의 관건이 오직 섹스만일 때는 거의 없다. 부부의

성 문제를 다룰 수 있으려면 각자의 영적, 정서적, 신체적 치유가 선행되어야 할 수도 있다.

14. 이상적으로 부부 중 어느 쪽도 순교자가 되어 자신이 항상 굴복하거나 항상 거부당한다고 느껴서는 안 된다. 그런 느낌이 소외감을 낳을 수 있다.

15. 섹스를 더 원하거나 그 원함을 배우자에게 알리는 것은 잘못이 아니다. 일방적 요구와 강요는 학대지만 '용감한 고백'은 건강한 접근 방식이다. 타협에 만족하지 않고 현실과 자신이 바라는 이상 사이의 괴리에 집착한다면 부부관계에 많은 스트레스를 자초할 위험이 있다.

16. 갈등 때문에 사이가 멀어질 게 아니라 갈등을 계기로 더 잘 이해하려 하라. 배우자에 대한 이해는 깊어지고 분노는 약해지도록 계속 앞으로 나아가라.

17. 성욕이 강하거나 그렇지 않은 배후 '이유'를 설명해 주면 관점이 확 바뀌면서 이해와 정이 더 깊어질 수 있다.

심각한 재정 문제가 생길 때

두 부부로부터 배우는 지혜

Chapter 07

메뉴를 훑어보던 도나는 가격을 보고 눈물을 삼켰다. 그곳은 미쉐린 가이드에서 별점 셋은커녕 별점 하나를 받은 식당도 아니었다(프랑스의 타이어 제조사 미쉐린은 매년 발간하는 여행 가이드에서 전 세계의 우수한 식당을 선별하여 별 하나부터 세 개까지 별점을 부여한다-옮긴이). 하다못해 루스 크리스 스테이크하우스도 아니고 그냥 아웃백이었다.*(미국의 아웃백 스테이크하우스는 편안한 분위기의 중저가 식당 체인점이다.)

도나는 아이들을 데리고 앉아 메뉴를 오른쪽에서 왼쪽으로(즉 가격부터) 읽으면서, 자신은 아들의 어린이 메뉴를 나누어 먹어야 할까보다 생각했다. 그러다 혹시 친정 식구들에게 표가 나는 게 아닐까? 자기 부부의 재정 상황이 얼마나 열악한지를 그들이 눈치 채지나 않을까?

"웅크려 앉아 울고 싶었어요. 정말 배고팠는데도 식당을 나가 버리고 싶더군요. 돈에 쪼들려 사느라 지칠 대로 지쳤거든요."

결국 음식 값은 친정아버지가 계산했지만 도나는 다시는 그런 궁색한 상황에 놓이고 싶지 않았다.

에마는 초인종을 눌러도 아무도 나오지 않기를 기도하며 -
정말 기도하며 - 교외의 아늑해 보이는 집 앞에 다가섰다. 에이본
화장품을 팔러 온 길이었다. 훗날 박사학위를 받고 교육 전문
가로 주가를 올릴 그녀가 지금은 흠뻑 젖은 몸으로 빗속에 서
있었다. 굳이 구매 권유까지 할 필요 없이 그냥 카탈로그만 두
고 가고 싶었다. 부유한 교외 지역까지 2.5킬로미터를 걸어왔
더니 어느새 책자가 무겁게 느껴졌다. 형편상 한 대뿐인 차는
건설 현장에서 일하는 남편 빌리가 타고 가야 했다.

그때는 몰랐지만 에마는 롤러코스터에 올라타 있었다. 남편
은 결국 수백만 달러를 벌었다가 다 날려 버렸다. 한동안 그녀
는 하루하루 근근이 살았고, 두 어린 아들을 먹여 살리려고 동
전까지 센 적도 있다. 그런데 상황이 바뀌어 남편이 수만 달러
씩 수표를 끊어 많은 불우한 가정을 도울 수 있었다. 그렇게 총
수백만 달러를 기부하던 에마와 빌리가 종국에는 큰 집을 팔고
아들에게서 작은 집을 빌려야 하는 처지가 되었다. 재정적 롤
러코스터는 그들을 많은 부부가 상상할 수조차 없는 고도로 끌
어올렸다가 어느 부부라도 이겨내기 힘든 무서운 나락으로 쿵
떨어뜨렸다. 다행히 이런 과정을 통해 결국 그들은 더 친밀한
사이가 되었고 신앙도 깊어졌다.

이번 장에서 살펴보려는 것은 풍요도 궁핍도 부부관계를 해
치기보다 오히려 보강해 줄 수도 있다는 사실이다. 위의 두 부

부는 궁핍에 맞서야 했지만(한 쌍은 지금도 궁핍을 견디는 중이다) 풍족한 재정도 결혼생활에 화를 부를 수 있다. 몇 년 전 CNBC 뉴스에 "부자일수록 이혼율이 높아질 수 있다"라는 머리기사가 실렸을 때 나는 전혀 놀라지 않았다.[1] 크게 성공한 어느 사업가가 내게 이렇게 말한 적이 있다. "우리 부부는 내 연봉이 수십만 달러에서 백만 단위로 높아지면서부터 파경으로 치달았습니다."

이혼 통계가 틀을 깨기로 유명하긴 하지만, 부의 극치도 결혼생활을 단단하게 해주지 못함을 뉴스만 보아도 알 수 있다. 이 글을 쓰는 현재 세계 최고의 갑부인 일론 머스크는 두 번 이혼했고, 동거 중인 세 번째 여자와도 최근에 반쯤 별거에 돌입했다. 부자 서열 2호와 3호인 빌 게이츠와 제프 베이조스도 이혼했다. 도널드 트럼프의 세 아내, 래리 엘리슨의 네 아내, 리처드 페럴먼의 다섯 아내 역시 억만장자에게도 행복한 결혼이 보장되지 않는다는 증거다.

재정이 결혼생활에 **영향**을 **미치긴** 하지만, 풍족하든 궁핍하든 결혼생활이 그것으로 **규정될** 필요는 없다. 지금부터 풍부와 빈곤을 두루 겪은 두 부부를 만나 그들이 배운 교훈을 살펴보자.

무지의 복: 도나와 커크의 이야기

도나와 커크는 결혼할 때 맞벌이였으나 돈이 들어오는 족족다 썼다. 커크는 "우리는 집을 샀고, 차 두 대의 대출금을 갚아야 했고, 쓸데없는 데 자꾸 돈을 썼습니다. 저축은 한 푼도 하지않고요"라고 말했다.

첫 아기가 태어나자 도나는 일을 그만두었다. 커크보다 그녀가 돈을 더 많이 벌었기 때문에 이제 수입은 이전의 절반 이하로 떨어졌다. 회계사인 도나가 가계부를 맡았으나 돌아가는 사정을 남편에게 별로 말하지 않았다. 그들은 몇 번의 이직과 이사를 거쳤고, 새 집의 대출 신청을 검토하는 과정에서 결국 커크가 재정 상황을 직접 관리하기로 했다. "그동안 나는 무지의복 속에서 살았더군요. 알고 보니 신용카드 빚이 4만 달러였습니다. 내 연봉이 3만5천 달러인데 말입니다. 얼마나 심각한 상태인지 그제야 듣고는 아내에게 화나고 빚 때문에 속상했습니다. 어쩌다 그 지경이 됐을까요? 왜 아내는 여태 귀띔조차 하지않았을까요? 나는 아내가 회계사니까 어련히 알아서 잘 꾸려나가는 줄만 알았지 그렇게 빚이 쌓이게 둘 줄은 몰랐습니다."

"남편은 여간해서 화내지 않는 사람이에요." 도나의 회고다. "98퍼센트의 상황에서는 그냥 무던하거든요. 하지만 나머지 2퍼센트로 넘어가면 확 달라져요."

커크는 이렇게 설명했다.

"그때는 마치 아내가 내게 폭탄을 던진 것 같은 기분이었습니다. 믿는 도끼에 발등을 찍혔다고 할까요. 명색이 회계사잖아요! 일단 나는 한걸음 물러나 거리를 두어야 했습니다. 너무너무 화가 났어요. 다시 그 주제를 거론하기까지 이틀이 걸렸습니다."

커크는 청천벽력 같은 빚에 '명치를 얻어맞은 기분'이었으나 결국 그 낭패 속에서 자신이 해야 할 역할이 점차 보였다고 되짚었다. "애초에 그 짐을 아내에게만 맡겨 두는 게 아니었습니다."

돌아보면 그는 도나에게만 아니라 자신에게도 화가 났다.

"내가 상황을 잘 살피지 않은 것만은 분명하니까요."

분노

가장 오해가 많은 성경 본문 중 하나를 여기서 바로잡을 필요가 있다. "분을 내어도 죄를 짓지 말며 해가 지도록 분을 품지 말고 마귀에게 틈을 주지 말라"(엡 4:26~27). 재정 문제 때문에 부부가 서로 분을 낼 수도 있고 그렇지 않을 수도 있다. 그러나 이런 문제를 건설적으로 다루지 않으면 언젠가는 부부관계에 반드시 부정적 영향이 미친다.

오해가 발생하는 이유는 본문의 세 문장 중 가운데 "해가 지도록 분을 품지 말고"를 분노 중에 죄짓지 말고 마귀에게 틈을 주지 말라는 앞뒤 문맥에서 떼어 내기 때문이다. 이것을 화난 상태로 잠자서는 안 된다는 뜻으로 해석하는 부부들이 있다. 그래서 그들은 늦게까지 자지 않고 계속 싸우는데, 그럴수록 관계에 더 해로울 수 있다.

사도 바울의 이 말은 율법처럼 지켜야 할 문자적 명령이 아니라 일반 지혜다(첫 문장은 지혜 문학의 일부인 시편 4편 4절을 인용한 것이다). 바울이 우리에게 알려 주려는 것은 분노가 위험하며 사탄에게 우리를 갈라놓는 도구로 쓰일 수 있다는 점이다. 귀담아 들을 만한 경고다! 많은 사람이 "해가 지도록 분을 품지 말고"에 집중하는 경향이 있는데, 이 부분은 특정 행동을 일몰과 연계한 신명기의 여러 대목에 기초한 것이다. 주석가 마르쿠스 바르트에 따르면 "일몰은 여러 행동의 제한 시간이다. 가난한 사람에게서 받은 담보물을 그때까지 돌려주어야 하고, 품꾼의 삯을 그때까지 지급해야 하고, 공개 처형된 사람의 시신을 그때까지 장사지내야 한다."[2]

원리는 이것이다. 꼭 해야 할 일을 나중으로 미루지 말라. 오늘 돈이 필요한 사람의 정당한 품삯을 내일까지 미루다가 지급한다면, 지급하더라도 그 사람에게 죄를 짓는 것이다. 바울이 에베소서 4장 26~27절에서 강조하는 것은 분노를 해결하지 않거나 화해하지 않은 채로 살아가는 위험이다. 많은 부부가 적용해야 할 지혜의 말씀이다.

분노는 삶과 결혼생활의 정상적 감정이며, 분노를 표현하는 게 늘 죄인 것은 아니다. 모세가 노하여 십계명이 새겨진 돌판을 깨뜨린 것은 하나님의 분노에 **동참한** 것이었다. 그러나 그가 홧김에 반석을 쳐서 물이 나오게 했을 때는 하나님이 그를 책망하셨다. 그 분노 폭발은 바람직하지 **않았다**.[3]

N. T. 라이트의 시각이 여기에 도움이 된다. "무슨 감정이든 마침 그때 드는 감정의 흐름에 자신을 맡기는 것은 좋지 않다. … 말을 탈 때 어느 방향으로 가야 할지를 말에게 자주 환기시켜 주어야 하듯이 자신의 기분과 거기서 흘러나오는 말도 마치 힘세고 고집 센 말을 탈 때처럼 다루어야 한다.[4]

부부 사이에 문제가 불거진 때가 밤 11시인데 둘 다 피곤해서 바로 대화하면 상황이 더 악화될 것 같다고 하자. 이럴 때는 일단 숙면을 취하고 아침까지 먹은 뒤에 생각을 잘 정리해서 건설적 대화를 나누어도 에베소서 4장 26절에 불순종하는 게 아니다. 사실 커크는 분노를 이틀 동안 삭인 뒤에야 비로소 그간의 사태에 대해 도나와 함께 건강한 대화를 나눌 수 있었다. 마음을 가라앉히고 소화하는 시간이 필요했던 것이다. 화나는데도 사탄에게 틈을 주지 않았으니 바울의 말대로 한 셈이다. 문제를 그냥 접어 버리고 다시는 거론하지 않았다면 사탄에게 틈을 주었겠지만, 격분한 상태에서 말했어도 똑같은 결과를 낳았을 것이다. 에베소서 4장 26절에 담긴 원리가 하나가 아니라 **셋**임을 잊지 말라.

1. 분노가 죄로 발전하지 않게 하라.
2. 분노에서 벗어나기를 쓸데없이 미루지 말라.
3. 분노 때문에 사탄에게 틈을 주어 관계를 해치지 못하게 하라.

바울의 일몰 은유("해가 지도록 … 말고")는 신명기를 읽어 본 유대인이라면 누구나 잘 알던 것으로서(에베소에 상당수의 유대인 인구가 있었다), "시급한 문제니 반드시 제때에 해결하라"라는 말의 창의적 표현이었다. 내가 목사로서 경험한 사례로 보건대, 사람들이 에베소서 4장 26절을 읽으면서 "해가 지도록" 부분을 바울의 전체 요지와 따로 떼어 해석할 때 많은 피해가 발생했다. 새벽까지 계속 싸우다가 서로를 비참하게 만들고 사이가 더 멀어진 것이다.

이제 다시 재정 문제로 돌아간다.

빚에서 헤어나다

커크가 일단 멈추어 기도와 성찰 가운데 자신의 분노를 살피고 정리한 뒤에야 그 상황에 대해 도나와 대화한 것은 성숙하고 현명한 결단이었다. 24시간을 넘기긴 했어도 그는 정확히 바울이 에베소서 4장 26절에 권한 대로 했다.

도나도 자신의 불찰을 인정했다. "처음부터 빚을 둘이 같이 관리할걸 그랬어요. 설령 한쪽이 전문 회계사라 해도 재정 분야에 **양쪽의** 협력이 필요하다고 모든 부부에게 말해 주고 싶어요."

샹-양 탠 박사는 내 친구인데 그의 아내가 회계사다. 우리 둘이 어떤 집회에서 함께 강연하다가 웃은 적이 있다. 양쪽 다 아내는 재정 관리에 아주 능한데 반해 남편은 수표 하나도 제대로 쓸 줄 몰라서 말이다(요즘은 온라인 뱅킹이 대세라서 내가 청구서 하나라도 지불하려면 족히 한 시간은 걸릴 테고 비밀번호도 두어 개 알아내야 할 것이다). 탠 박사의 아내가 어찌나 훌륭한 청지기인지 근래에 그는 아무런 걱정도 없이 풀러 신학대학원과 오랜 담임목사직에서 은퇴할 수 있었다. 부부 중 어느 한쪽에서 재정을 관리하는 게 드문 일은 아니지만, 탠 박사는 재정 상황을 대략 파악하고 있다는 점에서 다르다.

나와 리자도 같은 경우다. 아내는 우리가 저축하고 투자한 돈이 얼마나 되는지를 1년에 네 번 정도 내게 알려 준다. 현금 수급이 원활하지 못할 경우 꼭 필요한 돈을 어떻게 충당해야 할지도 내게 말해 준다. 매년 사사분기 때는 그해 우리가 번 돈과 기부한 돈을 꼭 함께 결산한다.

커크와 도나의 상황이 위험해진 이유는 재정을 도나가 관리해서가 아니라 친밀함에 방해될 갈등을 피하느라 둘 사이에 소통이 부족해서였다. 빚이 연수입보다 많다는 사실을 커크가 안

뒤로는 함께 앉아 모든 지출을 적어 본 뒤 차 한 대를 팔고 외식을 중단했다. 도나는 재테크 도서를 읽기 시작했다.

"누구나 자신이 얼마나 많은 돈을 쓸데없이 낭비하는지 알면 놀랄 거예요." 도나의 말이다. 그 첫해에 그들은 아이들에게 줄 것 외에는 크리스마스 선물을 사지 않았고, 신용카드 빚을 18개월 무이자에 잔액 이체 비용이 무료인 카드들로 옮겼다(요즘은 그게 불가능까지는 몰라도 더 힘들어졌다). 또 그들은 데이브 램지의 "눈덩이 채무 청산" 방식대로 해서 서서히 빚에서 헤어났다.*(눈덩이 채무 청산이란 소액 부채부터 청산한 뒤 그 빚을 갚던 돈으로 그다음 소액 부채를 갚아 나가는 방식이다.)

재정 상황에 대한 소통 부족은 분노와 거리감을 낳았지만, 문제를 함께 직시하고 극복하는 과정은 새로운 차원의 친밀함을 가꾸는 데 도움이 되었다. 커크는 "덕분에 우리의 소통이 더 많아졌지요"라고 말한다. 돈이 없어서 재미있는 일을 이전처럼 많이 할 수는 없었지만, 빚을 청산할 방도를 놓고 함께 대화에 열중한 것이다.

도나와 커크는 아직 빚이 있는 상태에서 처음으로 십일조를 내기 시작했다. 헌금으로 하나님께 복을 받아내려 한 게 아니라 주님을 사랑하는 마음의 표현이었다. 그런데 몇 달 만에 커크의 연봉이 적잖이 인상되었고, 3년 내로 그의 수입은 밑바닥을 쳤을 때의 두 배가 되었다. 4년이 채 못 되어 마지막 신용카드 빚을 상환한 그들은 주택 융자금을 제외하고는 빚에서 해방

되었다.

커크에게 이렇게 말하던 그날을 도나는 영영 잊지 못한다. "이제 막 마지막 신용카드 빚까지 갚았어요. 완전히 빚에서 벗어난 거예요. 자축하러 갑시다."

그들은 완불된 신용카드를 다 불태우고 아웃백에 가서 외식한 뒤 계산서를 현금으로 지불했다. 도나는 필레 미뇽을 주문했다.

현실적 기대: 에마와 빌리의 이야기

에마와 빌리의 이야기는 그런 깔끔한 마무리와는 거리가 멀다. 그들은 열두 살 때 학교에서 이름 알파벳순에 따라 옆자리에 앉는 바람에 처음 만났다. 같은 사립 중학교와 고등학교를 나왔지만 데이트를 시작한 때는 고등학교 3학년의 2월이었다.

고등학교를 졸업한 후 빌리는 항공 선교사가 되려고 공부했고 에마는 의예과 과정에 들어갔다. 에마가 장거리 데이트를 유지하는 데 지쳐서 그들은 함께 다닐 수 있는 학교를 찾아 전학했고, 이듬해에 약혼했고, (졸업하기 전인) 그 이듬해에 결혼했다.

쉽지 않았다. 에마는 "우리의 첫 예산이 월 972달러였는데, 문제는 둘의 수입을 합한 게 월 436달러였다는 겁니다"라고 말했다.

학교에 다니는 동안 에마는 에이본 화장품을 팔았고 빌리는
건설 현장에서 일했다. 희망하는 진로는 둘 다 전혀 달랐는데
도 말이다(나중에는 결국 둘 다 석사학위와 박사학위를 취득했다).

> 20대 때는 우리가 뭘 몰랐기 때문에 재정이 관계에 부담
> 을 주지 않았습니다. 일찍 결혼하면 경제적으로 힘들 줄
> 이야 알았지만 그래도 함께 살고 싶었거든요. 우리가 부
> 유한 집안 출신이거나 결혼 초에 경제적으로 편하게 살았
> 다면, 주님이 우리 안에 이런 배포와 인내심을 길러 주시
> 지 못했을 겁니다.
> 힘들었던 초년에 빚어진 자질 덕분에 나중에 불가피한 고
> 생이 닥칠 때마다 감당할 수 있었지요.

내게 인상 깊은 부분은 에마와 빌리가 현실적 기대 덕분에
많은 불행을 면했다는 것이다. 처음 10년은 경제적으로 힘들
거라는 것을 그들은 알았고, 그래서 원망하거나 자기연민에 빠
지지 않았다. 어떤 젊은 부부들은 자신들이 태어나기 전이 아
닌 현재의 자기네 부모 같은 생활수준을 기대한다. 그들에게
예산이란 가혹한 억압이고 저주다.

저주받아 억압당한다고 느껴지는 상황에서 결혼생활이 썩
행복할 리가 없다. 개인의 자족은 부부의 만족에 꼭 필요한 기

초다.

에마의 관점이 이토록 건강해진 데는 캘리포니아 주 남부의 부촌에서 가르친 경험도 한몫했다. "찢어지게 가난한 동네에서도 가르쳐 보고 아이들이 리무진을 타고 등교하는 동네에서도 가르쳐 보면서 내가 무엇을 깨달았는지 아세요? 부자 집안이라고 더 행복하지 않더라는 겁니다. 문제의 종류가 다를 뿐이지요."

당시에는 약간 천하게 느껴졌지만 돌아보면 자신이 처음에 했던 일들이 매우 유익했다고 에마는 말한다. "나는 아주 어리고 부끄러움도 많았어요. 그런데 방문 판매도 그렇고 나중에 접수원으로 일하며 고객을 응대한 것도 그렇고, 다 내가 교사로서 소통을 훨씬 잘하는 데 도움이 되었어요."

그녀의 관점은 비범하다. 화장품을 팔려고 무거운 카탈로그를 잔뜩 메고 빗길을 걸어야 했지만, 지금 그녀는 넋두리를 하기는커녕 오히려 "가방이 한결 가벼워져" 훨씬 더 즐거웠던 귀갓길에 방점을 둔다! 또한 초기에 고생한 덕분에 이후의 직책들에서 성공할 수 있었음을 귀하게 여긴다.

당신은 아주 힘든 시기를 지나는 중일 수 있다. 그러나 삶이 달거나 쓴 것은 당신의 태도에 달려 있다. 바울은 디모데에게 "자족하는 마음이 있으면 경건은 큰 이익이 되느니라"(딤전 6:6)라고는 말했어도, "재정적 안전은 큰 이익이 되느니라"라고 말한 적은 희한하게도 없다. 성경은 재정적 안전을 유혹으로 볼 때가 더 많다(참조. 전 5:10, 마 19:23, 눅 12:15, 딤전 6:10). 그런데 우리 대다수는 그 유혹을 원하지 않던가? 잠시 멈추어 솔직히 자문해 보라. 자족과 풍요 중 나는 무엇을 더 중시하는가? '풍족하면 자족할 텐데'라고 생각할지 모르지만, 에마가 부자 집안의 아이들을 가르치며 깨달은 사실은 정반대였다.

종종 현대인의 사고에 들어맞지 않을 뿐이지 성경에 제시된 가치관은 분명하다. 성품이 재물보다 중요하고(잠 22:1) 순종이 기독교 신앙의 본질이다. 그런 신뢰로 우리는 하나님의 선하심을 믿고 자상하신 섭리에 순응한다. 삶이 (그리하여 하나님이) 불공평해 보일 때조차도 말이다. 선하신 그분은 우리의 성품과 믿음을 안락과 풍요보다 더 중시하시기에 이 땅의 갈망을 이용해 우리를 하늘의 부요를 상속받을 자로 준비시키신다. 커피 한 잔을 받으려고 바리스타에게 4달러를 지불하면 손에 커피가 들려지기까지 한순간은 4달러만큼 더 가난해진다. 그러나 그 돈을 건네면 더 큰 득-카페인의 확실한 각성 효과-이 있을 줄을 믿기에 그렇게 맞바꾼다. 시간 간격은 너무 짧아서 아예 눈에 띄지도 않는다.

영원의 관점에서 보면 이 땅의 재물을 내려놓고 하늘의 영광을 받는 것도 결국 똑같이 느껴질 것이다. 지금으로부터 1만 년 후에 보면 재정을 긴축하던 수십 년조차도 마치 바리스타에게서 카푸치노나 아메리카노를 건네받는 데 걸리던 한순간처럼 느껴질 것이다. '결국 하나도 아깝지 않았구나'라는 생각이 들

것은 물론이다.

에마와 빌리의 경우 궁핍은 그들의 신앙을 깨워 공고히 다져 주었다. 절박할 때도 그랬다. 에마는 "어느 일요일에 돈도 없고 이유식도 없고 기저귀까지 다 떨어진 적이 있었어요"라고 말한다.

오후 4시에 누가 문을 두드렸다. "우리 주일학교 반에서 그날 오전에 현금 400달러를 모아 두었다가 우리에게 가져다 준 거예요. 당시 400달러면 지금은 2천 달러쯤 될 겁니다. 그것이 우리 삶을 바꾸어 놓았어요. 돈을 전달한 부부에게 감사한 후 봉투 안을 본 우리는 바닥에 주저앉아 울었답니다."

이 책을 읽는 오늘로부터 1년 전의 일요일에 자신이 무엇을 하고 있었는지 기억하는 사람은 별로 없다. 그런데 빌리와 에마는 수십 년 전의 그 일요일을 영영 잊지 못한다. 상황이 그토록 절박하지 않았던들 그날이 기억에 남지 않을 것이다.

후회

돌아보면 에마와 빌리는 궁핍했을 때보다 풍족했을 때에 대한 후회가 의외로 더 크다. 둘 다 박사학위를 받고 취업한 뒤로 그들은 수백만 달러를 벌어들였다. 화장품을 방문 판매하던 에마는 이제 가르치는 일에 집중할 수 있었다. 그들은 첫 집을 장만했고 휴가도 다니기 시작했다.

"그때 돈을 얼마나 많이 벌었던지 상상을 초월하다 못해 더 쓸데가 없을 정도였어요." 에마의 말이다. 그런데 그들은 생활 수준을 높이기보다 기부 비율을 높였다. 둘 다 베풀기를 좋아하다 보니 빌리가 "이 사람들과 저 사역과 그 하나님 일을 후원합시다"라고 말하면 에마가 바로 수표를 끊었다. 그들은 여러 선교사의 급여를 전액 지원했고, 상당수의 선교사 자녀를 대학에 보내기도 했다.

아무리 드려도 하나님께 받은 만큼에는 못 미친다는 게 평소 빌리의 소신인지라 그는 출납 잔액에 별로 신경 쓰지 않았고, 저축하고 투자한 돈이 바닥나는 줄도 몰랐다. 지금은 그게 후회된다. "에마가 회계와 장부를 맡고 나는 기부를 총괄했습니다. 우리가 도박이나 마약을 한 것도 아닌데 돌아보면 기부액이 도에 지나쳤어요. 내가 저축이나 투자를 걱정하지 않은 이유는 저축을 평생 할 수 있을 줄로만 알았기 때문입니다. 돈줄이 그렇게 막힐 줄은 상상도 못했으니까요."

잘 보면 커크와 도나 부부도 에마와 빌리 부부도 문제의 원인은 똑같다. 재정 잔고에 대한 소통이 없었다는 것이다. 부부가 자기네 순자산(또는 부채)을 둘 다 대략이라도 모르고 있다면 거기서부터 출발해야 한다. 나와 함께 책을 쓴 스티브 윌키[5]는 커플마다 결혼 전에 각자의 신용 보고서를 발급받아 서로 보여주어야 한다고 역설한다. 그의 설명처럼 "결혼이란 배우자와만

아니라 그 사람의 신용 보고서와도 하는 것이다." 이 또한 연합
의 일부다.

경제 불황

열의에 찬 지속적 기부는 빌리와 에마의 관계와 신앙 속에
자극과 활력을 불어넣었다. 하나님의 일에 보탬이 될 수 있다
는 데 그들은 감격했다.

그런데 2008년이 되면서 캘리포니아 주 남부의 부동산 시장
이 붕괴했다. 빌리가 투자했던 다수의 부동산도 하룻밤 사이에
시세가 급락했다. 2백만 달러쯤 되던 이 부부의 은행 잔고가 불
과 몇 달만에 적자로 돌아섰다.

설상가상으로 자금줄도 끊겼다. 빌리의 말이다. "2007년에
는 거래 계약으로 월수입 십만 달러가 보장되었는데 2008년 어
느 주에는 계약 건수가 0으로 떨어졌습니다. 다 무산된 겁니다.
법정 합의서가 버젓이 있는데도 거래처마다 '그냥 우리에게 소
송을 거십시오'라고 하더군요. 우리는 변호사를 고용할 만한
실질 소득조차 없는데 말입니다."

사기를 당하면서도 빌리는 남에게 사기 칠 마음이 없었다.
그래서 파산 신청을 하지 않았고, 부동산 가치가 융자 금액보
다 떨어졌는데도 상환을 포기하지 않았다. "우리가 신청한 대

출이니 끝까지 갚을 의무도 있다고 믿었습니다. 우리의 약속을 기어이 존중하기로 한 겁니다."

빌리의 회고는 이렇게 이어진다. "나는 그 상황을 신앙 훈련으로 받아들였습니다. 그래서 다음 6년 동안 죽어라고 일하면서 모든 지출을 줄였습니다. 지출의 초토화 정책이라 할까요. 십만 달러짜리 내 스포츠카를 팔고 중고 트럭을 샀습니다. 부동산도 시세가 반등하는 대로 매각해서 일단 빚을 갚았고요. 아직 두 아이가 사립대학에 다닐 때라서 필요한 학비만도 연 십만 달러가 넘었어요. 그 등록금을 대 주기로 할 때만 해도 십만 달러는 월수입에 해당했는데 이제 내 연수입보다 훨씬 많아 보이더군요."

미완의 간증

이번 단락을 읽으면 일부 독자는 화가 나거나 신앙에 대해 회의적이라고 생각할지도 모른다. 그래도 사실대로 말하려 한다. 앞서 보았듯이 도나와 커크의 이야기는 좋게 끝났다. 그들은 지출을 묶었고, 십일조를 내기 시작했고, 수입이 늘었다. 그래서 이제 빚 없이 살고 있다. 그러나 빌리와 에마의 경우는 그렇지 못하다.

빌리의 희생정신을 부채질한 요소 중 하나는 아무리 드려도 하나님께 받은 만큼에는 못 미친다는 그의 소신이었다. "우리는 흥청망청 써서 빚더미에 앉은 게 아니라 베풀다가 빚진 경우입니다. 저축하기보다 기부한 거지요. 어쨌든 우리는 하나님이 우리의 희생을 존중해 주시리라는 그런 약속을 주장했습니다. 멋진 간증을 기대한 겁니다. 지금도 그 간증을 고대하고 있습니다."

실망에도 불구하고 에마는 성경 공부와 독서를 통한 신앙 성장에 더욱 열심을 냈다. 그중 스토미 오마샨의 《아내의 기도로 남편을 돕는다》라는 책[6] 덕분에 그녀는 빌리를 위해 새롭게 기도하기 시작했다. 재정과 관련한 기도였다.

> 재정을 관리할 지혜와 수입을 늘릴 능력을 남편에게 주시도록 기도하라는 권면이 내게 새로운 깨달음을 주었어요. 그전에는 구체적으로 남편의 그 부분을 위해 기도할 생각을 못 했거든요. 더 두루뭉술하던 이전의 내 기도가 이제 구체적인 쪽으로 바뀌었습니다. 아울러 내게도 지혜를 주시도록 기도했어요. 그래야 남편이 조언을 구할 때 나도 거들 수 있을 테니까요. 이런 기도가 엄청난 도움이 되더군요. 위기에 둘이 함께 대처한다고 느껴졌거든요.

에마의 성경 공부에서 시편 23편은 그녀가 좋아하는 단골이었다. "여호와는 나의 목자시니 내게 부족함이 없으리로다." 자

랄 때는 흠정역(KJV)을 읽었지만 새생활역(NLT)이 그녀에게
새로운 격려가 되었다. "여호와께서 나의 목자시니 필요한 것
은 다 내게 있습니다."

에마는 "하나님이 내 목자시기에 필요한 것은 무엇이든 이미
주어져 있다는 개념이 인상적이었어요"라고 말한다.

부디 눈여겨보아야 할 게 있다. 에마가 자신에게 필요한 것
이 다 있다고 믿는 이유는 빌리가 남편이어서가 아니라 **하나님
이 자신의 목자시기 때문이다.** 재정적 스트레스가 쌓이면 서로
비난하는 부부들이 있다. "당신은 왜 더 벌지 못해요? 재정 관
리 좀 더 잘할 수 없어요? 부업으로 한 푼이라도 더 벌지 그래
요? 왜 이렇게 많이 썼어요?"

기도 생활과 성경 공부 덕분에 에마는 남편을 **타박하기보다**
계속 하나님을 의지할 수 있었다. 계속 쪼들리는 중에도 그것
이 그들의 결혼생활을 단단하게 해주었다.

반짝 경기와 그 이후

빌리가 힘들게 일한 보람이 있어 일단 돈이 다시 들어왔고,
그러자 이 부부는 저축과 투자를 희생한 채 무모한 기부를 재
개했다. 그런데 재정에 숨통이 좀 트였다 싶을 때 코로나19로
온 세상이 봉쇄되었다. 빌리의 사업에 미친 타격은 2008년의

부동산 시장 붕괴 때보다 더 혹독했다. 겁에 질린 거래처들이 제일 먼저 잘라 낸 게 그의 서비스 분야였다. "1년에 200일이나 잡혀 있던 내 강연 일수가 몇 주 만에 단 하루도 남지 않더군요." 여러 거래처의 권유로 그는 신개발 온라인 훈련에 수백만 달러를 투자한 상태였고, 그 일로 업계의 상도 여럿 받았다. 하지만 그의 업종에서는 출장이 없이는 매출도 없다. 그는 거액을 투자하고도 아직도 수익을 보지 못했다. "코로나19가 모든 사람을 공포에 몰아넣는 바람에 거래처마다 지출을 끊은 겁니다."

상황이 어찌나 열악했던지 빌리는 여태 자녀를 기르며 살아온 편안한 집까지 팔 수밖에 없었다. "나야 집을 팔아서 부담이 한결 줄었지만 에마에게는 가슴 아픈 일이었지요." 그 와중에도 빌리는 에마의 앞날을 생각했다. "아내를 부양하는 정도가 아니라 유산도 충분히 남기고 싶었거든요. 혹시 내가 어떻게 되더라도 아내가 자식이나 남에게 의존할 일이 없도록 말입니다."

이 글을 쓰는 현재 빌리와 에마는 여전히 코로나19가 사업에 미친 타격에서 헤어나려 애쓰고 있다. "우리의 이야기에는 '영원히 행복하게 살았답니다'라는 전형적 결말이 아직 없네요. 성경의 약속 일부가 아직 이루어지지 않았습니다."

에마는 빌립보서 4장 12~13절에 의지한다. "나는 비천에 처할 줄도 알고 풍부에 처할 줄도 알아 모든 일 곧 배부름과 배고픔과 풍부와 궁핍에도 처할 줄 아는 일체의 비결을 배웠노라. 내게 능력 주시는 자 안에서 내가 모든 것을 할 수 있느니라."

이 부부의 다른 점은 정말 서로를 사랑한다는 것과 부부관계의 기쁨을 수백만 달러보다 더 가치 있게 여긴다는 것이다.

긴 세월의 경험(빌리는 예순을 바라보는 지금보다 30대 때에 재산이 훨씬 많았다)은 빌리의 표현으로 그에게 가치관의 규명을 주문했다. 그의 말이다. "지난 30년 동안 내 소득 대비 기부의 비율은 그 어느 비유에 나오는 것보다도 훨씬 높았습니다. 누구든 도움을 청하면 우리는 무조건 응했어요. 한 번도 대차대조표를 본 적이 없고요. 우리 부부의 노후 대책이야 하나님이 다 알아서 해 주시려니 했지요. 지금은 죄책감이 듭니다. 에마가 나 없이 15~20년은 더 살 수 있을 텐데 아내의 기본 생활비를 책임져 줄 확실한 소득원을 마련해 두지 못했으니까요. 평생 부자로 살기를 바라지는 않았어도 남에게 의존하거나 자식의 집을 세낼 일만은 없기를 바랐는데 말입니다."

요즘은 성경의 약속을 주장하고 선포할 때도 자기 마음에 드는 것만 골라서 하는 교인들이 있다. 그러다 보니 예수님의 말씀 중에도 우리가 냉장고 문에 붙이지 않는 것들이 있다.

"세상에서는 너희가 환난을 당하나"(요 16:33).
"너희가 내 이름으로 말미암아 모든 사람에게 미움을 받을 것이나"(눅 21:17).

"[바울이] 내 이름을 위하여 얼마나 고난을 받아야 할 것을 내가 그에게 보이리라"(행 9:16).

"우리가 하나님의 나라에 들어가려면 많은 환난을 겪어야 할 것이라"(행 14:22).

예레미야는 의롭고 충실했는데도 자신의 상황을 "나의 고통이 계속하며 상처가 중하여 낫지 아니함"(렘 15:18)이라 표현했다. 하지만 우리는 그 부분을 강조하지 않는다. 그는 하나님의 종으로서 희생했지만 구타당하여 고랑에 채워졌고(참조. 렘 20:1~2), 그가 쓴 글은 출간되기는 고사하고 불살라졌다(참조. 렘 36:20~32). 또 그는 "여러 날"(렘 37:16) 동안 웅덩이에 갇히기도 했는데, 그곳의 상태가 어찌나 처참했던지 거기로 다시 돌아가면 죽음을 면치 못할 줄로 알았을 정도다(참조. 렘 37:20). 가족이 배반한 그를 종교 지도자들은 구슬렸고 정부는 반역자 취급했다. 의지박약한 시드기야 왕은 그를 박해자들의 손에 넘기기까지 했다(참조. 렘 38:5). 결국 그는 좋은 성과를 보지 못한 채 포로로 끌려갔다.

작가 프랭크 바이올라는 그리스도인들에게 이런 위안과 경고를 건넨다.

주님의 일로 부름 받은 사람의 삶에는 고난이 갖는 특별한 의미와 목적이 있다.

고린도후서는 우리의 고난 안내서라 할 수 있다. 바울이 거기에 설명했듯이 생명을 살리는 사역의 비결은 고난을 통해 깨어져 자아에 대해 죽는 것이다. …

하나님의 일에 몸담은 사람에게는 죽음이 기다리고 있다. …

아버지께서 우리를 그분의 나라에 기여할 만한 사람으로 빚으실 때, 목표는 자아의 삶을 깨뜨려 무너뜨리시는 것이다.

하나님이 주권적 손길로 사람을 깨뜨리기로 하시면 그 사람에게는 그것이 지옥처럼 느껴질 수 있다. 그 정도로 괴롭고 고통이 극에 달한다.

타격에 정신을 차리기 힘들 정도다. …

그리스도인의 삶이라는 장애물 코스에 대해 하나님이 우리에게 가르치시려는 가장 중요한 교훈 중 하나는 모든 것을 느슨하게 쥐라는 것이다. 무엇이든 자신이 소중히 여기는 것을 당장이라도 잃을 각오가 되어 있어야 한다. 여태 쌓아 올린 모든 것까지라도 말이다.

하나님 나라에 기여하려는 사람에게는 깨어져 부서지고 꺾이고 피 흘리는 시기가 있게 마련이다.[7]

그들이 배훈 교훈

우선 도나와 커크가 재정적 난관에 부딪히며 배운 몇 가지 교훈에 주목해 보자.

열악한 재정 상황(예컨대 연수입보다 많은 빚)을 마침내 파악한 부부들에게 커크는 이렇게 당부한다. "우선 심호흡을 하십시오. 땅이 꺼지거나 세상이 끝난 게 아니에요. 누구나 헤쳐 나갈 수 있습니다."

도나는 재정을 검토할 때도 부부관계에 신경 써야 함을 이렇게 역설한다. "화내며 서로 으르렁거리거나 이혼하는 것보다 부부관계가 더 중요해요." 재정의 위기가 관계의 위기로 비화하지 않게 하라. 이 문제 때문에 약해지고 서로 멀어질 게 아니라 오히려 더 강하게 뭉치기로 결심하라.

금전적 어려움을 자초한 자신과 배우자를 용서하라. 예수님은 용서를 강조하셨고(참조. 마 6:14~15, 막 11:25, 눅 11:4), 바울은 그것을 골로새서 3장 13절에 "누가 누구에게 불만이 있거든 서로 용납하여 피차 용서하되 주께서 너희를 용서하신 것같이 너희도 그리하고"라고 요약했다.

도나는 이것을 강조한다. "한쪽에서 상대를 비난하고 있다면 우선 그것부터 해결해야 돈 문제도 해결할 수 있습니다. 함께 해야 돼요. 힘을 합하지 않고는 이겨낼 수 없습니다."

커크는 이것을 강조한다. "우리는 십일조부터 냈어요. 빚이 있었지만, '믿음으로 종자돈을 바치면 하나님이 복을 부어 주신다'라는 식의 번영 신학과는 거리가 멀지만, 마땅히 하나님께 먼저 떼어 드려야 한다는 게 성경의 가르침이라고 생각했어요. 수입이 늘지 않을 수 있지만, 십일조는 대가를 바라고 내는 게 아니라 본래 하나님의 정당한 몫이기에 그분께 드리는 겁니다."

신약의 관점에서 말하자면 나는 10퍼센트 헌금이 율법 규정이니 꼭 지켜야 한다고 가르칠 수는 없다. 구약의 제사장 제도는 종식되었고, 바울도 교회들에게 편지를 쓸 때 십일조를 율법으로 되살린 적은 없다. 내가 믿기로 안식일과 비슷하게 십일조도 지혜로운 원리이되 더는 율법이 아니다(여전히 지혜로운 삶의 일부이긴 하다). 예수님이 마태복음 23장 23절에 십일조를 언급하며(참조. 눅 11:42) 지지하신 듯 보이지만, 그것은 그분의 죽음과 부활(및 새 언약의 도래) 이전이었고, 신앙의 더 중한 요소를 무시한 채 율법적 십일조에 집착하던 바리새인들을 호되게 질책하시는 정황에서 나온 말씀이다. 그래서 나는 십일조를 율법과 따로 떼어서 권장하는 목사들을 틀렸다고 보지 않는다. 안식일을 지키되 율법적 명령으로 보지는 말라고 권하는 강사들을 틀렸다고 보지 않는 것과 마찬가지다. 내 생각에 우리 대부분에게 십일조는 자신의 마음을 살피고, 행여 돈을 내 것으로 여기지 않을 수 있는 좋은 출발점이다.

도나는 부부들에게 도움을 받을 것을 권하면서 특히 파이낸

셜 피스 대학교(데이브 램지의 재테크 교육 과정-옮긴이)에 애착을
보였다. 그녀는 램지의 가르침을 적용한 부부들이 확연한 진전
을 보였다며, 이 프로그램이 그들에게 "출혈을 멈추거나 신용
카드를 그만 사용하거나 최소한 그달의 빚을 그달에 바로 갚을
수 있는" 도구를 갖추어 준다고 말한다. "예산을 짜서 쓸 수 있
는 돈과 써서는 안 될 돈을 구분하세요. 가외 수입을 올릴 길도
최대한 찾아보고요. 요즘은 그럴 기회가 훨씬 많아졌거든요."

　이 부부가 둘 다 강조하듯이 그들의 가장 큰 실패는 (버는 족
족 쓰다가 빚진 것을 빼고는) 재정 잔고를 함께 알고 있지 않았다는
것이다. 재정 건전성을 어느 한쪽에 일임하지 말라. 지출하고
저축하는 사람이 둘이니 잔액과 빚의 규모도 둘이 함께 알아야
한다.

　도나와 커크가 스스로 잘했다고 여기는 것 중 하나는 궁핍
할 때 하나님을 의지한 것이다. 돌아보면 최고의 반전은 그들
의 거덜 난 살림이 영적 샘물로 변했다는 것이다. 사실상 그 샘
물에 떠밀려서 그들은 하나님이 베푸시는 영적 자원에 더 깊이
의지하여 경제적 난관에 맞설 수 있었다.

함께 해냈다는 성취감

　한때 도나와 커크는 신용카드 빚이 연수입보다 많았고 카드

회사들에게 이자를 18퍼센트나 뜯겼다. 그런데 가장 큰 고통을 안겨 주던 그 문제가 오히려 부부로서 가장 크게 성장하는 발판이 되었다. 그들은 산더미 만한 도전에 함께 직면하여 뚫고 나왔다. 이런 성취감은 팀 경기에서 우승한 선수들의 동지애와 같이 남편과 아내를 결속시킨다.

도나의 말이다. "난공불락처럼 보이던 문제를 함께 극복했다는 성취감이 커요. 함께 노력해서 해낸 거지요. 요지는 **우리가** 했다면 누구나 다 할 수 있다는 겁니다. 처음부터 우리는 빚 때문에 부부관계를 파탄 내지는 않겠다고 결심했어요. 경제적으로 힘들어도 결혼생활에 형통할 수 있다고 굳게 믿은 겁니다."

이 큰 도전에 함께 맞서면 부부관계가 깊어질 수 있다. 당신도 그렇게 하라! 대화하고 계획하고 용서하라. 끝에 가서 웃으라.

빚에서 헤어난 뒤로 현재의 풍요가 도나와 커크에게 더욱더 즐거워졌다. "다 갚아서 우리 것이 되었으니 그만큼 의미가 더 커진 거지요. 하나님이 베풀어 주신 복이 때로 놀라울 따름입니다. 여행을 다닐 여유도 생겨서 좋아요. 추억이 재물보다 훨씬 더 귀하잖아요. 우리 아이들도 물건은 기억하지 못하지만 휴가 중에 쌓인 추억은 기억한답니다."

궁핍 속에서 배운 교훈

에마와 빌리가 배운 교훈은 약간 다르다. 간증할 만한 승리의 순간이 그들에게는 없다. 그러나 좋은 결말이 아직 없음에도 부부관계는 더욱 건재하다.

에마와 나는 결혼할 때 아주 큰 꿈이 있었어요. 그런 재정적 꿈은 실현되지 않은 부분이 많지만 영적인 면에서는 천 배의 복을 받았습니다. 하나님이 우리를 통해 다른 사람들에게 복을 베푸셨고 우리에게는 특히 자손을 복으로 주셨거든요. 재물도 복일 수 있지만 돈보다 훨씬 중요한 복도 있으니까요. 영적인 복이라면 우리는 억만장자 정도가 아니라 조(兆)대에 이르는 부자입니다. 경외함으로 하는 말이지만 하나님이 약속을 이루시는 때와 방식은 그분의 소관입니다. 이 나이 때쯤이면 적어도 융자금을 다 갚은 집 한 채는 있을 줄 알았는데 여태 우리는 세를 살고 있네요. 그래도 누구 하나 부럽지 않습니다. 언제고 60대 초반의 평균치 재정 수준에 이를 수 있다면 우리는 지상 최고로 복 받은 사람처럼 느껴질 겁니다.

둘째로 번영 신학의 가르침이 늘 약속대로 풀리지는 않는다는 걸 배웠습니다. 우리의 기부는 풍성한 정도가 아니라 희생적이었어요. 그래서 그런 가르침 때문에 기부에

의당 보상이 따를 줄로 알았지요. 믿음으로 살아온 만큼 새로운 출판 계약, 사업 거래처, 모종의 재정 혜택 등이 있으려니 한 겁니다. 그런데 하나님은 우리의 희생으로 다른 사람들을 돕게 하셨습니다. 이제 와서 하는 생각이지만 진작 좀더 저축하고 투자하지 못한 게 아쉽습니다.

현명한 저축과 투자에 대한 빌리의 결론에는 나도 이견이 없지만, 그래도 하늘의 보상에 대한 예수님의 약속으로 그를 격려해 주고 싶다. 빌리와 에마는 후히 베푼 데 대한 보상을 아직 받지 못했지만, 예수께서 단언하셨듯이 장차 그럴 날이 올 것이다. "오직 너희를 위하여 보물을 하늘에 쌓아 두라. 거기는 좀이나 동록이 해하지 못하며 도둑이 구멍을 뚫지도 못하고 도둑질도 못하느니라"(마 6:20).
빌리도 그렇게 생각했다. 그는 내게 이렇게 말했다.

하나님은 우리의 시간에 매이지 않으십니다. 그분께는 천년이 하루 같으니까요. 그분께 시간표를 들이댄다면 누가 들어도 웃을 일입니다. 하나님이 에마를 부양하시되 나를 통하지 않고 하셔도 나는 안심하고 기뻐할 수 있을까요? 나는 아직 이루어지지 않은 그분의 약속 안에서 기쁘게 살아가는 법을 배우는 중입니다. 그래도 그게 날마다 쉽지가 않네요. 한순간 괜찮다가도 어느새 다시 뒷걸음쳐

기를 쓰고 있거든요. 자기연민에 빠질 때도 있습니다. 그 많은 돈을 기부했는데 자녀와 친구들에게는 이런 모습밖에 보이지 못하니까요.

어쩌면 빌리와 에마에게 가장 힘든 부분은 궁핍을 견뎌야 하는 상황이 아니라 그 과정에서 치른 관계의 대가다. 늘 저녁을 사고 골프 비용을 내고 휴가에 초대하던 그들이 더는 그럴 수 없게 되자 안타깝게도 많은 친구가 떠났다. 다른 친구들은 그들의 고충을 듣는 데 싫증을 냈다. 그렇다고 이 부부가 투덜대거나 불평하는 것도 아니다. 그들 쪽에서 먼저 이런 얘기를 꺼내는 적은 거의 없고, 다만 친구들이 물어 보면 솔직히 달라진게 없다고 답할 뿐이다. 빌리는 "만성 질환의 경우와 비슷합니다. 그들은 병이 나았다는 말만 듣고 싶은 겁니다"라고 말한다.

이런 경험은 빌리를 겸허하게 한다. "내 앞가림도 못하는 것 같아 굴욕감이 들었어요. 그동안 부유한 부부들이 내 도움으로 이혼 법정에 가지 않아 총 수십억 달러를 아꼈고, 〈포춘〉지 선정 500대 기업에 드는 회사들의 수익이 내 도움으로 수백만 달러씩 늘었습니다. 그런데 정작 나는 무주택자 신세니까요."

도나와 커크는 자초한 빚더미에서 헤어나는 법을 배웠지만, 빌리와 에마는 가장 어려운 교훈인 인내를 배우는 중이다. 야고보는 인내가 성숙한 그리스도인의 필수 요건이라고 가르쳤다. "인내를 온전히 이루라. 이는 너희로 온전하고 구비하여 조금도 부족함이 없게 하려 함이라"(약 1:4).

인내를 배우려면 자꾸 아픈데도 계속 견디는 길밖에 없다. 삶이 순탄할 때는 인내를 배울 수 없다. 온전하고 구비하려면 인내가 필수인데, 하나님은 우리가 그렇게 성숙해지기를 원하신다. 그래서 그분은 늘 평탄하기만 한 삶을 허락하실 수 없다. 연습 때마다 선수들에게 도넛이나 가져다주면서 운동하지 말고 양지바른 데서 노닥거리라고 말하는 수석 코치는 없다.

빌리의 고생은 십자가를 우리가 골라서 지는 게 아니라는 (어느 고전 작가의) 말을 냉엄하게 일깨워 준다. 도나와 커크에게는 절제와 후히 드리는 삶을 가르치시는 게 하나님의 뜻이었다. 빌리와 에마는 그 두 기술을 이미 배웠으므로 그분은 보기 드문 방식으로 재정 결핍을 통해 인내를 가르치신다.

인터뷰 말미에 에마가 한 말이 내게 가장 깊은 감동을 주었다. 일부 친구와 심지어 자녀도 간혹 빌리를 문제 삼지만, 에마는 오히려 남편을 존중하는 마음이 더 깊어졌다. 그래서 어떻게든 남편의 평판을 지켜 주려 애쓴다. 현재 살고 있는 집을 "구매한" 경위를 친구가 물었을 때 – 사실은 아들에게 세든 집이다 – 에마는 굳이 거짓말까지 하지야 않았지만 그렇다고 임대차 계약을 곧이곧대로 밝히지도 않았다. 친구가 빌리를 하찮게 생각하지 못하도록 말이다.

아직도 구약의 사고방식으로 살아가는 그리스도인들이 있다. 첫 제자들도 그랬다. 재물은 하나님이 내 신분과 행위에 은

총을 베푸신 증표고 가난은 그분이 저주하신 증표라는 것이다. "부자는 천국에 들어가기가 어려우니라"라는 예수님의 말씀에 제자들이 몹시 놀란 것도 바로 그 잘못된 세계관 때문이었다(마 19:23,25). 이 간단한 한마디로 예수님은 그들이 여태 배우고 믿어 온 내용 ― 다시 말하지만 현대의 많은 그리스도인이 여전히 고수하는 세계관 ― 을 완전히 뒤엎으셨다. 그 세계관은 십일조를 내면 가난해지지 않고, 믿음으로 거룩하게 살면 평균 이상의 풍족한 삶이 보장된다는 식이다. 앞서 말했듯이 이것은 성경의 절대적 약속이 아니다. 에마는 빌리를 존중할 뿐 아니라 빌리가 다른 사람들에게도 존중받기를 원한다. 그래서 신중히 말을 가려서 한다. 이 인내의 시기가 그러잖아도 낙심해 있는 남편을 더 낙심시키는 게 아니라 오히려 세워 주기를 그녀는 원한다.

남편을 존중하고 격려하는 것 외에도 에마는 자녀의 어린 시절이 고스란히 배어 있는 집을 팔 때도 원망하지 않았다. "남편에게 우리의 빚은 감당 못할 짐이었어요. 집을 팔면 그 돈으로 밤낮없이 그를 짓누르는 고약한 문제를 떨쳐 낼 수 있는 거잖아요. 나도 그 집을 사랑했지만 빌리를 더 사랑해요. 집 때문에 남편이 그토록 괴로워하고 우리 부부관계마저 위태로워질 수 있는데 내가 어떻게 거기서 즐겁게 살 수 있겠어요?"

에마는 다른 아내들에게 이렇게 권면한다.

"이 세상은 재정 상태를 남성상의 일부로 봅니다. 나야 거기에 동의하지 않지만 그렇게 믿는 사람들은 빌리를 잘못 판단하거나 나쁘게 볼 수 있잖아요. 나는 그게 싫어요. 그러니 고민을 털어놓을 때 대상을 신중히 가리세요. 어떤 내용은 부부만 알고 있거나 그 문제로 기도해 줄 수 있는 소수의 믿을 만한 친구에게만 알리는 게 좋아요."

에마가 빌리를 지켜 주려 애쓰는 만큼이나 빌리는 남편들에게 아내를 안전하게 지켜 줄 것을 신신당부한다. 물론 여기에 성별이 따로 있을 필요는 없지만, 빌리의 경우에는 (이제 에마가 버는 돈이 없다 보니) 진작 자신이 재정 관리를 더 잘하지 못한 게 후회된다. 자신을 위해서가 아니라 에마를 위해서라도 기부를 줄이고 저축과 투자를 했어야 한다는 것이다. 그는 에마가 사랑하는 집을 잃은 게 슬프다. 자신이 갑자기 죽더라도 아내가 일자리를 구하거나 구호품을 신청해야 할 일만은 없었으면 좋겠다. 그래서 그는 젊은 남편들에게 아내의 행복과 안전감을 염두에 두고 기부와 저축의 균형을 맞추라고 말하곤 한다.

빌리와 에마의 재정 이야기는 이 땅에서 아직 해피엔딩을 맞지 못했고 끝내 그러지 못할지도 모른다. 하지만 그게 삶의 현실이다. 악한 사람은 만수무강하는 것 같은데 선한 사람은 젊어서 죽는 일이 날마다 비일비재하다.

돈이 있고 없고는 부부관계에 복이 될 수도 있고 화가 될 수도 있다. 당신이 하기 나름이다. 돈이 부부관계에 미치는 영향은 돈을 어떻게 보고 어떻게 함께 관리하느냐에 달려 있다. 돈이 너무 많은지 겉보기에 부족한지 여부는 그에 비하면 영향력이 훨씬 덜하다.

주는 … 빈궁한 자의 요새이시며
환난당한 가난한 자의 요새이시며
폭풍 중의 피난처시며
폭양을 피하는 그늘이 되셨사오니(사 25:4).

07 심각한 재정 문제가 생길 때

1. 둘이 함께 맞선다면 풍요도 궁핍도 부부관계를 보강해 줄 수 있다. 재정이 결혼생활에 영향을 미치긴 하지만, 풍족하든 궁핍하든 결혼생활이 그것으로 규정될 필요는 없다.

2. 친밀한 부부관계를 유지하려면 반드시 양쪽 다 기본 재정 상태 ─ 저축과 부채와 기부의 규모 ─ 를 알아야 한다.

3. 분노가 죄는 아니지만 죄로 이어질 수 있다. 너무 피곤해서 대화를 지속할 수 없다면 일단 화난 상태로 자도 성경에 불순종하는 게 아니다. 어떤 때는 잘 쉬고 나서 갈등을 해결하는 게 더 현명한 선택이다.

4. 빚에서 헤어나려 할 때, 함께 계획하고 희생하면 빚을 줄여 나가는 동안에도 부부관계가 깊어질 수 있다.

5. 빌리와 에마는 결혼 후 첫 10년 동안 재정적으로 쪼들렸지만 관계에 부정적 영향을 입지 않았다. 기대가 현실적이었기 때문이다. 순탄한 삶을 기대하지 않았기에 그들은 역경이 닥쳤을 때 원망하지 않았다.

6. 힘든 시기를 지날 때 삶이 달거나 쓴 것은 환경보다 당신의 태도에 달려 있다.

7. 성품이 재물보다 하나님께 중요하므로(우리에게도 그래야 한다) 우리는 삶이 힘들어질 때를 충분히 예상할 수 있다. 그런 도전의 시기를 허락하심은 그분이 무심하거나 악해서가 아

니라 우리를 사랑하시기 때문이다.

8. 돈을 기부한다 해서 재정적 안전이 늘 보장되지는 않는다. 미래를 위해 저축하는 것은 현명한 일이다.

9. 배우자에게 돈을 버는 능력과 잘 관리하는 능력을 주시도록 구체적으로 기도하면 정서적, 영적 소통이 깊어질 수 있다.

10. 시편 23편의 진리에서 안식과 위안을 얻으라. 당신에게 필요한 것이 이미 다 있는 이유는 배우자의 부양 능력 때문이 아니라 하나님이 당신의 목자시기 때문이다.

11. 많은 부부가 빚에 허덕이는 아찔한 상황에서도 함께 노력하고 비용을 줄이고 소득을 늘리고 하나님께 드림으로써 잘 뚫고 나왔다.

12. 재정의 위기가 관계의 위기로 비화하지 않게 하라. 부부관계가 은행 통장보다 중요하다. 서로 용서하고 격려하며 문제에 함께 맞서라.

13. 굵직한 재정 문제를 함께 극복하고 나면 그 성취감 덕분에 부부 사이가 한결 더 친밀해질 수 있다.

14. "헌금하면 복 받는다"라는 식의 가르침이 늘 맞는 것은 아니다. 하나님은 우리의 희생에 대한 보상을 내세에 주실 때도 있다.

15. 인내가 없이는 영적으로 성숙할 수 없고, 고통이 없이는 인내심을 기를 수 없다.

유년기 상처 입은
두 사람의 만남

Chapter 08

주의 사항: 이번 장에는 한 남편이 성 중독에서 벗어나는 여정이 소개된다. 당신이나 배우자가 현재 이 문제를 겪고 있다면, 이 사연의 세부 사항이 아픈 데를 건드릴 수 있으므로 이번 장을 건너뛰어도 된다.

분명히 말하지만 이 글을 쓴 시점은 그 남편이 여러 해 동안 상담과 능동적 회복 과정을 거친 이후였다. 이 가르침을 현재 이 문제로 힘들어하고 있는 부부들에게 주는 조언으로 생각해서는 안 된다. 배우자가 한창 중독된 상태라면 당신에게 이렇게 권하고 싶다. 성 중독과 배신의 트라우마를 잘 아는 전문가에게 당신이 개인 상담을 받아 자신을 잘 돌보라. 배우자의 중독은 양쪽의 공동 책임이 아니며, 그런 의미에서 부부의 문제가 아니다.

이번 장은 중독을 겪어 보지 않은 부부들과도 관계가 있다. 결혼생활에 진전을 이루려면 과거의 깊은 상처를 해결해야 함을 유익하게 보여 준다는 점에서 그렇다.

투르 드 프랑스 사이클 대회는 대개 3,500킬로미터를 주파하는 3주간의 격렬한 경주다. 21일 내내 경주하며, 마지막 주는 거의 항상 알프스나 피레네 산맥의 난코스에서 이루어진다. 많은 산지와 끝없이 뻗은 길에서 2주간 경주하느라 **이미** 녹초가 된 몸으로 다시 산악 지대를 올라간다고 생각해 보라.

이런 경주에 완전히 대비하기란 불가능하다. 다른 때라면 자전거로 알프 듀에즈도 넘을 수 있겠지만, 두 주 간의 각축전으로 몸이 철저히 망가지고 사고까지 두어 번 겪고 난 후라면 어떻게 그것을 흉내 낼 수 있겠는가? 모든 주요 대회를 통틀어 사이클 선수들이 경주 중에 당하는 사고 횟수는 1인당 평균 2.5회다. 고통스러운 낙상과 때로는 골절까지 입은 상태로 계속 경주하는 선수도 많다는 뜻이다.

결혼도 투르 드 프랑스 대회의 3주차와 같을 수 있다. 많은 사람이 결혼생활에 들어설 때 이미 과거의 상처로 인해 절뚝이고 있다는 것이다. 출발선에 서기도 전부터 우리는 망가져 있다. 성장기의 흉터가 없는 사람은 별로 없다(아무도 없을지도 모른다). 흉터라면 성폭행, 부모의 방치, 따돌림, 실연 등 얼마든지 많이 있다. 결혼하면 그때부터 새로운 영적, 관계적, 정서적 도전에 직면해야 하는데 그전에 우리는 대개 깊은 상처를 입었고 아예 무력할 때도 있다.

물론 우리가 부부관계 속으로 가지고 들어가는 선물도 많이 있다. 우리 중 일부는 출신 집안에서 신앙과 든든한 사랑과 인정과 격려를 유산으로 받았다. 이 모두가 마땅히 경축해야 할 일이다. 하지만 그 못지않게 성장기의 상처를 일일이 지목하고 평가하여 우리 영혼의 의사이신 예수님의 임재와 은혜 안에서 치유 받아야 한다. 결혼생활을 단단하게 하려면 과거의 상처를 해결해야 한다. 그렇지 않으면 그 상처의 피가 현재의 관계 속으로 흘러들 위험이 있다.

상처 입은 두 사람

록샌이 평생 가장 큰 상처를 입은 때 중 하나는 어린 시절 아빠가 집을 떠났을 때였다. 아빠 없는 '상처와 설움' 속에서 자란 그녀는 남편 키이스에게 "당신은 나한테 절대로 그러지 말아요"라고 말했다. 성장 배경이 그렇다 보니 록샌에게 이혼이란 아예 있을 수 없는 일이었다. 깨어진 가정의 쓰라린 고통을 자녀에게까지 맛보게 하고 싶지 않았던 것이다. 그런데 록샌이 이혼보다 더 질색한 것이 외도였다. 아빠와 엄마를 갈라놓은 것도 외도였기 때문이다. 그녀는 키이스에게 "바람피우는 사람과는 절대로 같이 살 수 없어요"라고 경고했다.

키이스도 결혼할 때 상처 입은 영혼이었다. 둘째 아이로 자란 그는 대개 외톨이였다. 부모 중 어느 쪽과도 둘만의 시간을 보낸 적이 거의 없었고, 어디서도 진정한 친밀함을 경험하기 힘들었다. 그의 친밀감 장애는 열한 살 때 다른 남자아이에게 성폭행을 당하면서 극도로 악화되었다.

"그때 나는 나이에 비해 정말 왜소했고 정서적으로 미숙했습니다. 어떻게 대처해야 할지 몰라 그 사건을 머릿속에서 완전히 몰아냈어요. 그런 일이 있었다는 것조차 잊어버리려 한 겁니다."

이 분야에 경험이 많은 한 노련한 전문 상담자가 내게 하는 말이, 자기는 아동기에 성추행을 당한 남자의 말을 들을 때면 그냥 '도미노가 다 쓰러지기를' 기다리며 나머지 사연을 듣는다고 한다. 내담자가 자초지종을 털어놓기도 전부터 이미 중독으로 귀결될 게 그림처럼 그려진다는 것이다.

성인의 행동이 유년기의 트라우마를 이유로 정당화되지는 않는다. 그것은 키이스만 아니라 누구라도 마찬가지다. 그러나 그런 트라우마를 알면 키이스의 행동을 더 잘 이해할 수 있다. 인간은 복합적 존재다. 어린 시절의 상처가 반드시 성인의 중독으로 이어지지는 않지만 펌프에 마중물을 붓는 것만은 분명하다.

그 일을 키이스는 아무에게도 말하지 않았다. 성추행 피해 아동들이 흔히 그렇듯이 그 역시 자기 쪽에도 잘못이 있는 줄 알았다. 성인이 된 지금은 전혀 그렇지 않음을 안다. 이 성폭행에 더하여 키이스는 불과 여덟 살 때부터 일찍 포르노를 접했다. 그에게는 정욕보다 관계가 더 강한 동기였다. 그의 말이다. "어린 나이에도 나를 인정해 줄 관계를 원했던 것 같습니다. 집에서는 인정받은 적이 없기 때문에 아무에게서나 내가 특별하거나 괜찮은 존재라는 말을 듣고 싶었던 거지요. 여자를 즐겁게 해 줄 수 있다는 데서 비로소 내 가치를 인정받은 셈입니다."

관계 욕구는 키이스의 성인 생활에까지 쭉 따라왔다. 그는 결혼할 때까지 포르노를 보다가 한동안 끊었으나 인터넷이 지금처럼 대중화되면서 옛 습관이 무섭게 고개를 쳐들었다. 그런데 눈으로 보는 데서 끝나지 않았다. 동기가 정욕보다 친밀함이다 보니 온라인으로 여자들과 대화를 나누기 시작한 것이다. 결국 그는 록샌이 절대로 하지 말라고 애원했고 절대로 용서할 수 없다고 말했던 외도에 빠졌다. 한 번도 아니고 여러 번이었다.

키이스의 설명이다. "정욕보다 인정 욕구가 더 강했습니다. 어떻게든 자존감을 높이고 싶었어요." 그가 시각적 포르노보다 더 탐했던 것은 '내가 얼마나 똑똑하거나 멋진 사람인지를 내게 말해 줄 사람'이었다.

결국 휴스턴의 어느 회복 그룹에 나갔을 때 키이스는 자신을 성 중독자가 아니라 관계 중독자로 칭했다. 그의 사연은 건강한 성생활로 성 중독 행위를 예방하거나 고칠 수 없음을 잘 보여 준다. 텍사스 주 휴스턴의 공인 전문 상담가로서 성 중독'을 전문으로 하는 제이크 포터 박사는 이렇게 설명한다.

성 중독은 이상 애착이라 할 수 있습니다. 본래 하나님이 창조하신 섹스는 사람과의 소통 수단이지요. 혼인 언약 안에서 상대에게 자신을 내주는 행위입니다. 그분이 설계하신 아름다운 섹스는 언약 상대를 향한 애착을 강화하고 굳혀 줍니다. 그런데 섹스에 중독되면 애착 체계가 (대개 트라우마 때문에) 목표와 수단을 뒤바꿔 놓습니다. 목표는 **섹스**고 **사람**은 수단이 되는 거지요. 즉 성경험에 애착해서 성경험을 얻고자 (대면으로든 온라인으로든) 사람을 이용합니다. 로마서 1장에 보면 피조물을 창조주의 자리에 놓는 창조 질서의 전복이 나오는데, 그것과 비슷합니다.[2]

나도 결혼 세미나를 진행할 때 섹스를 이용해 배우자를 소중히 여기는 것과 배우자를 이용해 섹스를 소중히 여기는 것의 차이를 말하는데, 포터 박사의 말은 그 역동의 배후를 상담의 정황에서 전문적으로 설명한 것이다.

키이스와 록샌의 성생활은 대체로 양쪽 모두에게 만족을 주었다. 그런데 기만이 키이스를 현혹했다. 기만에는 엔도르핀을 동반하는 특유의 정서적 효과가 있어서 건강한 결혼생활은 거기에 상대가 못 된다. 다시 말하지만 중독은 대개 **역기능적** 섹스를 탐하며, 이는 배우자가 건강한 관계 속에서는 채워 줄 수 없는 것이다. 키이스는 치료부터 받아야 했다. 그의 상처나 행동은 아무리 아내 쪽에서 노력하고 채워 준다 해도 그냥 사라질 성질의 것이 아니었다.

물론 개인의 역기능이 늘 섹스로 연결되는 것은 아니다. 이 특정한 문제가 없는 사람에게도 적용될 만하게 범위를 좀더 넓혀 보자. 역기능 행동에 집중하기보다 그 배후를 탐색해 보라. 이렇게 자문해 보라.

> 나는 왜 이렇게 정서가 불안할까?
> 왜 이렇게 질투가 많을까?
> 왜 이렇게 인정받지 못해 안달일까?
> 존중받지 못하면 왜 이렇게 분할까?
> 배우자가 알아주지 않을 때면 나는 왜 이렇게 먹거나 돈을 써서 위로받아야 할까?

기도하는 마음으로 이런 질문의 답을 알아내는 데 유능한 전문 상담자가 도움이 될 수 있다. 해결되지 않은 이런 문제는 당신만 공격하는 게 아니라 부부관계까지 공격한다. 이렇게 자신에게 심층 질문을 던지면서 끈기 있게 답을 찾아 나가는 연습이 배우자에게 다음과 같이 따지는 것보다 거의 언제나 훨씬 더 건설적이다. "왜 나를 불안하게 만들어요? 왜 그런 행동으로 내 질투심을 유발해요? 왜 나를 알아주지 못하나요? 왜 나를 이렇게 화나게 만드나요?"

해결되지 않은 과거에서 연유한 역기능을 현재 배우자가 하거나 하고 있지 않은 행동 탓으로 돌릴 수는 없다. 걸핏하면 곁길로 새거나 화내거나 불안해지는 우리의 성향은 오히려 결혼은커녕 배우자를 만나기도 전인 오래 전의 인생 경험에서 연유했을 수 있다. 배우자와 무관하게 이렇게 자신을 영적으로 성찰하면 – 동기를 검토하고, 필요시 공인 상담자를 만나고, 용서와 치유를 받으면 – 내가 누구며 왜 이렇게 행동하고 느끼는지를 새롭게 이해할 수 있다. 이는 자신을 행복하게 할 뿐 아니라 배우자에게 주는 선물이기도 하다. 새롭게 안정되고 건강해진 내 상태가 배우자에게도 복이 되기 때문이다. 삶의 해결되지 않은 부분을 계속 방치하면 결혼생활이 단단해지는 게 아니라 오히려 침식될 수 있다. 록샌은 키이스를 사랑할 수 있었을 뿐이지 고쳐 줄 수는 없었다.

과거에서 해방되려면 과거가 자신에게 어떻게 각인되어 지금까지도 영향을 미치는지를 아는 게 중요하다. 진실이 우리를 자유롭게 한다. 요한복음 8장 32절의 문맥상 예수께서 정확히 이런 의미로 하신 말씀은 아니지만, 그래도 사실이 그렇다.

진실이 보배다

성격상의 결함은 둑 위로 흘러넘치는 홍수와도 같아서 흐르는 물길(또는 행동)을 우리가 막을 수 없다. 분노가 많은 사람은 부모와 친구와 형제와 배우자와 직원으로서 분노할 것이고, 하나를 속이는 사람은 다른 문제로도 속이기 쉽다. 록샌의 회고다. "가난하던 그때 키이스의 말로는 자기가 청구서를 지불했다는데, 알고 보면 그렇지 않을 때가 종종 있었어요. 내 남편이 거짓말할 수 있다는 걸 그때 알았지요. 돈 문제로 속일 수 있다면 외도 문제로도 속일 수 있는 거니까요."

진실이 부부관계의 기초임은 아무리 강조해도 지나치지 않다. **진실에 헌신하지 않고는 배우자에게도 계속 헌신할 수 없다.** 사랑은 진실을 먹고산다. 실제로 거짓은 배우자를 대적하게 만드는 일종의 미움이다. 거짓은 존중심을 허물고 마음속에 (발각될 것에 대한) 두려움을 불러들인다. 속이다 보면 배우자가 비루해 보이고(자기가 속이는 사람을 존중할 수는 없다) 평안이 달아난다(언제 발각될지 모르는데 어찌 평안할 수 있겠는가?). 결국 배우자가 내 삶에서 사라져 버렸으면 하는 적개심마저 든다. 여태 속인 데 대한 뒷감당을 그렇게라도 모면하려는 것이다.

식품 포장지를 감추거나 비용을 숨기거나 술병을 배우자의 눈에 띄지 않게 버리거나 자신의 알리바이를 꾸며내고 있다면, 영적 의미에서 이미 이혼 절차에 들어간 것이다. **결혼을 단단히 하여 삶의 폭풍에 맞서려면 진실에 의지해야 한다.** 바울이 우리에게 생각하라고 권한 내용 중 첫 번째가 **참된** 것이다(빌 4:8). 부부관계에 기만을 불러들이는 순간 우리의 요새는 안에서부터 취약해진다.

기독교적 사고의 특징이 하나 있다면 바로 **진실**이다. 예수님은 "내가 곧 길이요 **진리**요 생명이니"(요 14:6, 강조 추가)라고 말씀하셨다. 마귀적 사고의 특징이 하나 있다면 바로 거짓이다.

"너희는 너희 아비 마귀에게서 났으니 너희 아비의 욕심대로 너희도 행하고자 하느니라. 그는 처음부터 살인한 자요 진리가 그 속에 없으므로 진리에 서지 못하고 거짓을 말할 때마다 제 것으로 말하나니 이는 그가 거짓말쟁이요 거짓의 아비가 되었음이라"(요 8:44). 보다시피 거짓과 살인은 서로 짝을 이룬다. 살인이 몸을 죽인다면 거짓은 관계를 죽인다.

"내 기만은 오랜 악순환으로 이어졌습니다." 키이스의 고백이다.

"다른 여자들과의 대화에 대해 변명으로 일관했고, 심지어 공부도 하지 않으면서 대학을 곧 마칠 거라고 속였어요."

키이스가 이직하여 해외 출장을 다니면서부터 기만이 더 쉬워졌다. 거리와 시차 때문에 감시망에서 벗어난 자유 시간이 많아진 것이다. 직장 동료와의 불륜도 출장 중에 시작되었다. 다시 말하지만 일단 둑이 허물어지면 성격상의 결함이 마구 범람할 수 있다. 집에 와서도 그는 하필 어렸을 때 록샌의 친구였던 이웃 여자와 바람을 피웠다. 악화일로로 치닫는 행동은 중독의 전형이다.

부부 사이가 걷잡을 수 없이 멀어지고 있음을 록샌이 깨달은 것은 25주년 결혼기념일인데 키이스가 선물조차 주지 않았을 때였다. 중독 상태에서 배우자를 소중히 여기기란 불가능하다. 중독에 매몰되어 모든 에너지가 거기로 빨려들기 때문이다. 지금의 키이스는 그런 중요한 기념일에 아내에게 선물을 주지 않는 남자를 상상할 수조차 없다.

　계속되던 악순환에 어느 날 제동이 걸렸다. 전화로 열띤 공방을 벌이던 중에 키이스가 버럭하며 전화를 끊어 버린 것이다.

　록샌이 바로 보내온 성난 문자 메시지에 그는 "그만 끝내지"라고 답했다.

　"뭐라고?"

　"다 끝났다고."

　키이스는 결혼생활이 끝났다고 생각했다. 기만에 놀아나는 사이에 아내를 향한 애정이 눈곱만큼도 남아 있지 않았던 것이다.

　록샌은 이렇게 회고했다. "얼마나 울었는지 몰라요. 그러다 문득 의문이 들더군요. '누굴까? 딴 여자가 있는 게 분명해.'"

　그러자 그로부터 6개월 전에 있었던 일이 떠올랐다. 그때 록샌이 위층 게임 방으로 가고 있는데 휴대전화로 통화하는 그의 말소리가 들렸다. "소곤소곤 친절한 말투였어요. 전에는 나한테도 그렇게 말했지만 이제는 아니었지요. 발끝걸음으로 다가가니까 그가 전화를 끊더군요. 누구냐고 물었더니 친구 이름을 대요. 그래서 바로 문자를 보내 '방금 전에 키이스와 통화하셨나요?'라고 물어 봤어요."

　아니라는 친구의 외마디 답에 모든 것이 거의 폭발해 버렸다.

　"좋아, 그럼 **누구랑** 통화한 거지?" 록샌은 즉시 따졌다.

키이스는 빠져나갈 수 없었다. 만일 그가 실토하고 그때부터라도 진실하게 살았다면 부부관계의 봉합도 몇 달 일찍 시작될 수 있었을 것이다. 그러나 키이스는 기만을 고집하며 "회사 사람하고 그냥 업무 얘기를 한 거야"라고 속였다.

록샌은 너무 속상해 집을 나가서 차를 몰고 동네를 빙빙 돌며 울었다. 그러면서도 자기 아빠가 엄마에게 했던 일을 남편이 자기에게 하리라고는 믿어지지 않았다. 그럴 리가 없었다. 그래서 그녀는 남편이 거짓말하긴 했지만 정말 외도까지 할 사람은 아니라고 자신을 다그쳤다.

보다시피 유년기의 상처는 훗날 키이스가 자신의 부부관계를 해치는 원인이 되었고, 록샌은 록샌대로 남편의 배신을 알고 나서 어릴 적 상처가 더 악화되었다. 부부관계를 더 견고하게 다지려면 결혼하기 오래 전에 있었던 일로 되돌아가야 할 수 있다. 먼저 과거에서 해방되어야 미래를 개척할 수 있다. 적어도 자신을 몰아가다 못해 때로 집요하게 괴롭히는 과거의 영향력을 알아야 한다.

강조하거니와 이런 상담의 목적이 늘 부부관계나 배우자를 고치는 것은 아니다. 록샌이 키이스의 외도를 예방할 수 있는 길은 없었다. 어쨌거나 그는 바람을 피웠을 것이다.

불붙은 도화선

바람을 피우던 내내 키이스는 록샌을 잃고 싶지 않았다. 이 말이 선뜻 이해되지 않을 수 있지만 대다수 상담자는 안다. 키이스는 정서적, 영적으로 망가진 상태였다. 그래서 주체하기 힘든 수치심과 외로움과 무절제에 맞설 때도 하필 악하고 미련한 일탈을 택했다. 하지만 말로만 "그만 끝내지"라고 했을 뿐 속으로는 정말 록샌을 잃을 마음이 없었다. 다만 자신의 소행 때문에 아내를 꼭 **잃을** 것만 같았고, 그래서 차라리 비열한 행동으로 아내를 도발해 그냥 끝장내는 게 낫겠다고 생각했다.

키이스의 외도 상대 중에 록샌이 고등학교 때 알고 지내던 여자가 있었다. 그녀와 록샌은 낮에 자녀들이 함께 수영하는 곳에서 우연히 다시 만났다. 저녁 시간에 키이스는 그 지역의 여러 연극 프로젝트에서 그 여자와 함께 일하다가 눈이 맞았다.

록샌의 회고다. "점차 그녀가 나를 함부로 대하는 바람에 함께 있기에 정말 불편해졌어요. 그래도 나는 그녀가 내 남편과 동침하고 있기 때문이리라고는 상상도 못했어요."

거짓은 부부관계만 죽이는 게 아니라 모든 관계를 죽인다. 누군가를 속이면서 그 사람과 계속 친밀하게 지낼 수는 없다. 거짓에는 미움과 적의와 멸시라는 영적 세력이 단짝처럼 따라다닌다. 대개 **거짓** 자체가 일종의 미움과 적의와 멸시기 때문이다.

포터 박사는 이렇게 설명한다.

내 쪽에서 아내에게 진실을 숨기면 아내의 반응은 정확한 사실에 기초한 선택일 수 없습니다. 거짓을 사실로 믿고 거기에 맞추어 선택할 수밖에 없지요. 그 결과 아내는 심히 무력해지고 나는 유리한 입장에 놓입니다. 나는 정보를 다 아는데 아내는 모르니까요. 배신이 정말 쓰라린 이유는 정보를 숨기기 때문입니다. 상대도 다 안다면 선택이 달라질 수 있잖아요. 모르니까 속수무책이 되는 겁니다. 그런 의미에서 만일 배우자에게 내막이 다 알려진다면 어떻게 될까요? 그래도 아내는 나를 선택하고 우리의 관계를 선택할까요? 그걸 잘 모르는 데서 싹트는 두려움과 수치심 때문에 사람들이 미리 중독 행위를 멀리하는 겁니다.

"다 끝났다고"라는 문자를 받은 지 이틀 후에야 록샌은 답글을 보냈다. 이제 남편의 외도 사실을 확실히 알았기에(상대가 록샌 자신의 친구라는 것은 몰랐지만) 그에게 이렇게 썼다.

당신이 이러는 것, 절대로 하나님께 복 받을 일이 아니에요. 세 번 결혼한 내 아빠가 결국 심장 발작을 일으키는 걸 나는 똑똑히 봤거든요. 계속 그 방향으로 가면 당신도 결코 행복할 수 없어요. 하지만 깨끗이 끊고 다시는 그러지 않기로 약속하겠다면 집으로 와도 좋아요.

키이스는 집으로 돌아왔으나 여전히 "도화선이 불붙어 있어 도저히 돌이킬 수 없을 것 같았습니다. 시간문제일 뿐이지 내 모든 행각을 아내가 알게 될 게 뻔했으니까요. 그때 나는 아내가 떠날 때에 대비해 거리를 두려 했던 것 같아요. 이런 일이 있으면 나를 떠나겠다고 아내가 처음부터 경고했는데 이미 내가 바람을 피웠잖아요. 아내가 아직 모르고 있었을 뿐이지요."

함께 상담을 받기 시작한 뒤로도 키이스의 거짓말은 계속되었다. 이번 장의 주제를 재차 말하거니와 **부부관계에 필요한 안식처는 곧 진실이다.** 지금의 키이스는 진작 몇 달이나 몇 년 더 일찍 실토할 기회가 많았는데도 그러지 않았던 게 후회막급일 뿐이다. 그때는 거짓말이 좋은 전략처럼 보였으나 지금은 안다. 거짓은 상황을 극도로 악화시키고 아내의 상처를 가중했을 뿐이다. 자신이 그토록 마음을 다하여 사랑하는 아내에게 엄청난 상처만 입힌 것이다.

결혼생활을 단단하게 하려면 당장 거짓말을 그만두라.[3] 단, 솔직함도 하나의 여정임을 명심하라. 배우자에게 상처가 될 만한 내용을 무턱대고 털어놓는 것도 그 자체가 학대일 수 있다. 털어놓을 사실이 트라우마를 조장할 수 있다면 먼저 상담자와 대화하여 전략을 세운 뒤 적절한 때에 적절한 방식으로 진실을 알리라.

거짓말하는 한 키이스는 건강해질 수 없었다. 그래서 외도 상대인 직장 동료에게 그가 다시 접근한 것은 당연한 일이다. 포터 박사는 내게 이렇게 말했다. "행동을 끊고 싶고 실제로 끊으려 하는데 끊을 수 없거든요. 그래서 중독입니다. 회복 중인 중독자이자 중독 전문가로서 나도 그 비참한 과정의 산 증인입니다. 중독의 중요한 특징은 행동의 심화 내지 악화입니다. 성 중독자는 계속 스스로 선을 넘어요. 그것이 수치심의 주원인이며, 실제로 그 수치심이 결국 중독을 부채질하지요."

나 같은 목사들은 대개 유혹에 '빠지는' 사람을 거론하는데, 키이스가 경험한 것은 통제를 벗어난 강박이었다. 둘은 전혀 다른 역동이다.

키이스의 연락을 받은 그 여자는 록샌에게 문자를 보내 그가 아직도 접근하고 있다며 아예 그간의 내막까지 다 털어놓았다. 키이스는 상담자에게 두 사람이 본격적으로 만난 게 두 달밖에 되지 않았다고 말했지만, 그 직장 동료가 록샌에게 말한 바로는 벌써 만 1년이 지난 상태였다.

당신이 외도하고 있다면 외도 상대가 당신의 배우자에게 연락할 가능성이 있다. 이유는 그 사람이 관계를 정리하려는 당신에게 화가 나서 앙심을 품었기 때문일 수도 있고, 자신의 잘못을 깨닫고 양심에 찔려 실토하고 싶어서일 수도 있고, 당신을 놓아 주지 않는 괘씸한 배우자에게 내심 압력을 가하려는 것일 수도 있다. 그런 일을 나도 꽤 자주 보았다. 불륜 상대가 불륜을 공개할 때 외도 당사자가 놀라는 것은 솔직히 나로서는 뜻밖이다. 대개 공개가 불가피하기 때문이다.

외도의 심리 상태

키이스의 잇단 외도를 이 부부가 어떻게 이겨냈는지를 살펴 보기에 앞서 일이 어떻게 잘못됐는지부터 검토해 보자. 여기서 강조할 요점은 모든 부부에게 적용된다. 성 중독이나 외도 문 제가 없는 부부에게도 말이다.

앞서 보았듯이 키이스는 가족들에게 느낀 소외감, 어렸을 때 당한 성폭행, 관계에 대한 불안감 등으로 인해 친밀함에 갈급 해졌다. 자신이 보기에 그는 신앙 좋은 그리스도인의 남편이 될 자격이 없었다. 그가 악한 행동으로 곤두박질치기 쉬웠던 것은 유년기의 트라우마와 스스로 원해서 믿은 거짓이 합해진 결과였다. 과거의 트라우마가 남긴 여파와 자꾸 믿고 싶어지는 거짓을 잘 살피는 것은 우리 모두에게 현명한 일이다.

"나는 록샌이 남다르고 특별하다는 걸 알았어요. 내가 아는 누구와도 달랐거든요. 당연히 나는 그런 사람의 남편이 될 자 격이 없었고요. 아내가 내 실상을 알면 나를 떠날 것만 같았습 니다. 그런 열패감이 나를 괴롭히며 관계의 악순환에 빠뜨렸습니다. 한 잔이 두 잔으로 늘어 자꾸 더 마셔야 하는 알코올 중독 자와 다르지 않았지요. 아무리 갈 데까지 갔어도 그만큼 심해 지는 고통을 달래려면 강도를 더 높여야 했습니다."

남편의 외도를 겪은 로셀이라는 아내는 내게 이렇게 말했다. "상담 받으러 갈 때마다 들은 말이 '당신 잘못이 아닙니다'였어 요. 더그도 누누이 내게 그렇게 일깨워 줍니다. 본능적으로 아 내들은 자기가 부족해서 남편을 만족시켜 주지 못했다고 생각 해요. 하지만 '네가 이러이러하기만 했으면 그런 일은 없었을 거야'라는 사탄의 말은 새빨간 거짓입니다.

그러잖아도 남편의 외도로 엄청난 트라우마를 겪은 아내가 자신을 탓하는 일만은 없어야 합니다. 더그의 중독은 내가 등 장하기 오래 전부터 무르익어 있었어요. 무슨 수로도 내가 예 방할 수 없는 거였지요. 그의 외도를 막기 위해 내가 할 수 있는 일은 없었어요. **내 잘못이 아니니까요.**"

남편 더그도 인정한다. "남편의 외도에 대한 가장 큰 오해는 남자가 더 나은 무엇을 찾으려 한다는 오해입니다. 내가 찾으 려 한 것은 내 힘으로 어찌할 수 없는 자아의 무엇이었어요. 아 내나 가정을 갈아치우고 싶었던 적은 한 번도 없습니다. 다 발 각되었을 때 내게 든 의문은 이것입니다. '무엇이 진짜인가? 나 는 누구인가? 정말 어떻게 살고 싶은가?' 답은 너무도 분명하 더군요. 무엇보다도 나는 로셀의 남편이자 아이들의 아빠로 살 고 싶었습니다."

그건 키이스도 마찬가지였다. 그런데 기만이 점점 더 심해졌다. "내 외도는 결혼생활 초부터 시작되어 계속 악화되었습니다."

천박한 하룻밤의 정사가 여러 번 되풀이되면서 직장 동료를 상대로 한 1년간의 본격적 외도에 불을 지폈고, 그것은 다시 아내의 친한 친구와의 불륜으로 이어졌다. 그야말로 악화일로였다.

이것이 기만의 속성이다. 일단 작은 일탈로 시작해서 '무사하면' 다음에는 더 못된 행동으로 넘어간다. 이번에도 무사하면 아예 빛이 별로 들지 않을 때까지 더 깊이 들어간다. 키이스도 "다시는 같은 잘못을 저지르지 않기로 맹세하고 나서 오히려 늘 강도를 좀더 높였습니다"라고 솔직히 시인한다.

포터 박사에 따르면 진정한 중독의 한 특징은 표출되는 행동이 날로 더 악화된다는 것이다. 그래서 이것은 진정한 중독 행위와 전형적 외도를 가르는 기준 중 하나다. 여기서 중요한 것은 키이스가 그냥 포르노를 보거나 바람을 피운 사람이 아니라 중독자였다는 사실이다. 물론 포르노를 보거나 바람을 피우면 **이유 여하를 막론하고** 배우자에게 참혹한 배신의 트라우마를 안긴다. 그것을 축소하려는 게 전혀 아니다. 다만 중독자가 적절한 치료를 받으려면 반드시 중독의 속성을 알아야 한다.

남을 것인가 떠날 것인가?

이 글을 읽고 있는 목사들과 친구들이 잊지 말아야 할 게 있다. 이런 상황의 최대 피해자는 배신당한 배우자라는 점이다. 그들의 치유와 안전이 우리의 일차 관심사가 되어야 한다. 심지어 결혼생활의 지속 여부보다도 그게 먼저여야 한다. 남편의 행동으로 인해 트라우마를 입은 여자에게 말하기를 그 일을 적당히 넘기고 남편 곁에 꼭 붙어살라고 한다면 이는 잔인한 일이다. 남편의 그런 행동을 알게 된 여자의 상당 비율은 외상 후 스트레스 장애를 겪는다. 이 장애는 배신의 트라우마에 수반될 때가 많다.

이것은 부부의 문제라기보다 더 개인의 일이다. 트라우마를 입은 두 개인 – 중독된 배우자와 배신당한 배우자 – 을 먼저 치유해야 그나마 결혼생활이 지속될 수 있을지 여부의 문제로 넘어갈 수 있다. 과거에는 나 같은 교사들이 (남편을 길 잃은 사람으로 보고) 남편 쪽에 과도히 집중함으로써 큰 해를 끼쳤다(이 책의 다른 사례에서 보았듯이 중독자가 아내인 경우에는 남편 대신 아내를 대입하면 된다). 가해가 반복되지 않도록 남편의 드러난 필요에만 지원을 베풀었을 뿐 정작 자신의 트라우마를 치유하고 해결해야 할 아내의 필요는 사실상 무시한 것이다. 결혼생활의 지속 가능성 여부에 대한 아내의 합리적 결정까지는 가지도 못한 채로 말이다.

록샌도 선택의 기로에 섰다. 이미 전말이 드러나 키이스가 상담 치료와 지속적 감시에 응한 후였다. 포터 박사는 이렇게 덧붙인다. "분명히 신신당부하거니와 부부가 전말을 밝혀낼 때 자기네 힘으로 하려고 해서는 **안 됩니다.** 그러면 기만과 축소와 트라우마가 더 심해지기 쉽거든요. 남자가 중독의 진상을 털어놓을 때 아무리 의도가 좋다 해도 자기 힘으로는 완전히 정직하게 밝히지 못합니다. 아직 자신에게조차 솔직하지 않을 소지가 높아요. 이 과정에 전문가의 도움이 꼭 필요합니다."

가슴이 찢어질 듯 힘들던 그 과정 이후를 록샌은 이렇게 회고한다. "결국 내가 결정해야 했어요. 어차피 끝난 것 같으니 남편을 떠날 수도 있었고, 아니면 문제의 실상을 알았으니 이제 하나님이 인도하신다면 부부관계를 회복하는 쪽으로 갈 수도 있었지요."

록샌도 키이스도 어느새 시편 저자처럼 부르짖고 있었다. "주 여호와여, 내 눈이 주께 향하며 내가 주께 피하오니 내 영혼을[또는 우리 부부관계를] 빈궁한 대로 버려두지 마옵소서"(시 141:8).

당신이나 배우자의 행동 때문에 부부관계가 무너져 내릴 때는 먼저 하나님께 피하라. 배우자는 당신 편이 아니어도 그분은 당신을 위하신다. 배우자는 당신의 필요를 채워 주기는커녕 아예 인식하지도 못할 수 있고, 오히려 당신에게 가장 깊은 상처와 좌절을 안겨 줄 수 있다. 배우자와 새삼 멀어진 것을 계기로 하나님을 더욱 의지하고 가까이하라. 배우자는 무심해도 그분은 당신을 이해하신다. 배우자는 당신을 미워해도 그분은 사랑하신다. 배우자가 끝났다고 말해도 그분은 아직 끝나지 않으셨다. 배우자는 당신에게 트라우마를 입히고도 냉정할지 모르지만 그분은 당신의 상처를 보신다. 우선 지금은 배우자와 대화로 풀려고 하기보다 이 모두를 기도로 하나님께 아뢰는 게 훨씬 더 중요하다.

포터 박사는 자신이 상담하는 부부들에게 권하여 이 사실을 인식하게 한다. "옛 결혼생활은 사실 죽었으나 우리가 섬기는 하나님은 죽은 자를 다시 살리시는 분입니다. 예수님이 똑같은 몸으로 부활하여 영화롭게 되셨고 우리도 장차 똑같은 몸으로 부활하여 영화롭게 되겠듯이 결혼생활도 죽었다 다시 살아나 영화롭게 될 수 있습니다."

키이스도 이렇게 고백한다. "하나님이 제일 중요합니다. 누구든 지금 그분과 함께 살고 있지 않다면 부부관계가 살아남을 확률은 0입니다. 전혀 가망이 없어요. 나도 그분을 의지하는 데까지 가야 했습니다. 부득이 내 모든 잘못을 록샌에게 밝히고 나니까 이제 우리가 부부로 남을 확률은 1퍼센트나 될까 싶더군요. 하지만 밝히지 않았다면 결혼생활이 지속될 확률은 분명히 0이었을 겁니다."

여태 거짓말로 모면해 보려던 그였으나 그래 봐야 상황이 악화될 뿐임을 마침내 깨달은 것이다.

키이스는 록샌이 결코 용납할 수 없다고 말한 잘못을 저질렀고, 특히 록샌이 이 사람과만은 절대로 안 된다고 말한 상대와 바람을 피웠다. 그래서 나는 록샌에게 그런 남자를 왜 다시 받아 주고 싶었느냐고 물었다.

"내 속을 퍽도 썩였지만 심성은 고운 사람이거든요. 또 하나는 가정을 온전하게 지키고 싶어서였어요. 내가 겪은 고통을 아이들에게까지 겪게 하기는 싫거든요. 그래서 '내가 고생하는 한이 있더라도 어떻게든 아들들에게는 상처를 주지 말자'라고 자신을 다독였지요." 현재 그녀는 남편과 아주 친밀하게 지내며 하나님께 영광을 돌린다. 남편이 온전히 회개한 데다 늘 정직으로 일관하며 감시에 응하게 되었기에 가능한 일이다. 자신이 느끼기에 그녀는 복 받은 아내다.

이 성공담을 소개하는 취지는 남편 쪽에서 회개와 실토를 거부해서 결혼의 파경을 맞은 아내들에게 죄책감을 주기 위해서가 아니다.[4] 바람피운 배우자와는 헤어지는 게 자녀에게 더 좋은 모본을 보이는 거라고 믿는 여자(와 남자)들도 있다. 특히 배우자 쪽에서 말로만 미안하다고 할 뿐 행실을 고치려는 조치를 전혀 취하지 않는 경우에 말이다. 바람을 피워놓고 미안하다는 말로 넘어가려 한다면 이는 모자라도 한참 모자란 대응이다. 물론 진정한 회개에 행동이 수반된다면 외도 때문에 꼭 결혼이 파경에 이를 필요는 없다. 그러나 외도가 이혼으로 끝난다 해도 결코 피해자에게 죄책감을 주어서는 안 된다. 예수께서 친히 간음을 이혼의 정당한 사유로 제시하신 만큼(참조. 마 5:32, 19:9) 그분이 허하신 것을 교회가 금할 권리는 없다.

키이스의 행동을 그의 상처라는 렌즈로 보는 법을 배운 것도 록샌이 남는 데 도움이 되었다. 내 생각에 이것은 남기로 결정하는 모든 배우자에게 필수 요소다. 외도가 마음에 상처가 되었지만 결국 그녀는 그게 자기 잘못이 아님을 깨달았다. 키이스의 행동은 아내가 부족하다는 생각에서 비롯한 게 아니었다. 그가 보기에 그녀는 부족하기는커녕 **이상적** 아내였다! 거꾸로 **자신이** 그녀에게 부족하다는 생각이 그의 행동을 부추겼다. 그는 속았고 그것이 그의 기만과 가증한 행동으로 이어졌다. 록샌은 그 문제만 극복하면 더 나은 결혼생활이 가능하다고 믿었고, 실제로 지금 그렇게 되었다.

키이스와 록샌이 부부관계를 살리는 데 성공했지만 여기서 꼭 지적해야 할 게 있다. 키이스는 회개했고, (여러 해 동안) 상담을 받았고, 12단계 중독 퇴치 프로그램에 시종 충실했고, (거짓말 탐지기의 지속적 사용을 포함한) 총체적 감시에 기꺼이 응했다. 배우자가 자신의 해결되지 않은 상처 때문에 당신에게 계속 상처를 입힌다면, 당신의 반응은 아주 다를 것이며 달라야만 한다.

고립

　지금도 키이스는 자신이 영적으로 몰락했던 진짜 원인이 고립이었다고 믿는다. 잠언 18장 1절에 보면 "무리에게서 스스로 갈라지는 자는 자기 소욕을 따르는 자라. 온갖 참 지혜를 배척하느니라"라는 가르침이 나온다. 키이스의 설명에 따르면 그가 바로 그런 경우였다.

> 고립은 곧 죽음입니다. 나는 록샌에게만 아니라 나 자신과 하나님을 비롯한 누구에게도 정직하지 않았어요. 당시 동성 친구가 하나도 없었던 터라 아무에게도 솔직할 수 없었지요. 누구든 내 실상을 알면 나와 상종하지 않을 거라고 속으로 확신했거든요. 그래서 모든 사람에게 거짓말한 겁니다.

　교회마다 진정한 관계가 넘쳐날 수 있다면 얼마나 좋을까. 그러면 사람들이 안심하고 각자의 두려움을 털어놓으면서도 강건하고 지혜롭게 서로를 두려움에서 벗어나도록 이끌어 줄 것이다.

　관계 전반이 건강해지면 부부관계도 그만큼 건강해진다.

> 한 사람이면 패하겠거니와

두 사람이면 맞설 수 있나니

세 겹 줄은 쉽게 끊어지지 아니하느니라(전 4:12).

친구는 사랑이 끊어지지 아니하고

형제는 위급한 때를 위하여 났느니라(잠 17:17).

앞서 이번 장에 언급했던 더그는 이렇게 지적한다. "중독은 워낙 창피한 일이라 당연히 남에게 숨기고 싶어지지만, 약점까지 솔직히 내보이는 게 회복과 치유의 열쇠입니다. 나는 12단계 모임의 우리 조에 속한 모든 남자를 잘 압니다. 각자의 문제, 성격의 장단점, 과거 이력, 가족 관계까지 압니다. 그러나 그들의 직업이나 좋아하는 스포츠 팀이나 심지어 성(姓)은 아예 모를 수도 있어요. 그런데 교회에서는 정반대거든요. 피상적 정보는 다 아는데 진짜 중요한 영적 고민은 하나도 모른단 말입니다."

관계 기술 전반을 가꾸지 않고 부부관계에만 집중하면 한계가 많다. 특히 남자들이 그런 오류에 빠지기 쉽다. 모든 부부관계가 살아남고 형통하기를 원한다면 지역 교회에서 공동체의 수준을 심화할 필요가 있다. 성경은 우리를 불러 서로의 삶에 깊이 동참하게 한다. "형제들아, 사람이 만일 무슨 범죄한 일이 드러나거든 신령한 너희는 온유한 심령으로 그러한 자를 바로잡고 … 너희가 짐을 서로 지라. 그리하여 그리스도의 법을 성

취하라"(갈 6:1-2).

젊은 날의 자신에게 뭐라고 말해 주고 싶으냐는 내 물음에 키이스는 이렇게 답했다.

"고립되지 말라고 하겠습니다. 현재 완전히 정직할 뿐 아니라 그 상태를 유지할 제어 장치가 삶 속에 충분히 마련되어 있어야 합니다. 그렇지 않으면 자신의 고통에 떠밀려 처참한 지경에 이를 테니까요. 내가 회복 그룹에서 만난 많은 남자는 과거에 성폭행을 당했거나 적어도 노골적 포르노를 강도 높게 접했습니다. 거기까지는 누구도 자의가 아니었지만, 우리가 고통에 대처하는 방법을 지독히도 잘못 선택하는 바람에 고뇌가 해결되기는커녕 더 악화되었습니다."

그가 덧붙인 중요한 요소가 하나 더 있다. "나 같은 경험을 한 사람은 꼭 도움을 받아야 합니다. 이것은 혼자 해결할 수 있는 문제도 아니고, 아내의 이해를 바랄 수도 없는 일이에요. 전문 상담을 통해 끔찍한 사건과 트라우마와 잘못된 죄책감과 공허감을 잘 처리해야 됩니다. 또 나처럼 몹쓸 짓을 저지른 사람은 아내에게 무엇을 어떻게 밝힐 것인지에 대해서도 전문가의 도움과 지혜가 필요합니다. 아내의 신뢰를 되찾으려면 감시를 받아야 함은 물론이고요."

차 타이어가 펑크 나면 스스로 갈아 끼울 수 있지만 엔진이 폭발하면 정비사를 불러야 한다. 고등학교 때 좋아하던 아이와 좀 심하다 싶게 친했다면 그 일을 소화하는 데 전문 상담까지는 필요 없을 것이다. 그러나 부모의 무관심 속에서 어려서부터 포르노를 접한 데다 성폭행까지 당했다면 이것은 자신의 감당 능력을 훌쩍 벗어난다. 그렇다고 배우자를 걸고넘어질 수도 없다. 록샌은 "키이스가 도움을 받지 않았다면 나도 이 문제를 감당하지 못했을 거예요"라고 시인한다. 키이스는 부부관계에만 아니라 먼저 **자신에게** 도움이 필요함을 깨달았다. 부부 상담이 권고되기 전에 개인적 성찰이 얼마나 선행되어야 하는지를 현명한 상담자의 도움으로 분별할 수 있다.

고립에서 벗어나 도움을 받는 것 외에도 키이스는 보호벽을 쌓을 것을 권한다. "모든 배우자는 유혹에 부딪힙니다. 유혹은 죄가 아니지만 그것을 **행동**으로 옮기면 죄가 되지요. 그러니 미리 보호벽을 세워 자신을 지켜야 합니다." 결혼생활을 단단한 요새로 만드는 데 필요한 경계선은 사람마다 다르다. 키이스의 경우는 이랬다.

> 근무 시간 이후에는 이성과 단둘이 만나지 않는다.
> 내 결혼생활에 대해 이성과 직접 대화하지 않는다.
> 내가 어디서 무엇을 하고 있는지를 배우자에게 수시로 알린다.

작가이자 강사인 조 댈러스가 아주 귀한 조언을 내놓았다. 이미 실족하여 벽이 허물어진 사람이 자신을 참으로 보호하려면 다음번 실족을 최대한 불가능하게 만들어야 한다는 것이다. 집안의 기기마다 일일이 감시 소프트웨어를 설치한다 해도 당신이 첨단 기술에 뛰어나다면 효과가 제한적일 수밖에 없다. 그러니 거기서 멈추지 말라. 기술이 더 좋은 사람에게 부탁하거나 전문가를 고용해서 당신이 뚫을 수 없는 감시 체계를 구축해 두라.[5]

비용이 많이 들고 창피할 수도 있다. 그러나 내 아내는 해충방제 회사로부터 다락에 **이미** 쥐가 있다는 말을 듣고 나서는 쥐를 집안에 들어오지 못하게 막는 데 드는 돈의 액수는 귀에 들어오지도 않았다. 그래서 "게리, 수표를 써요"라고 말했다.

갉아먹는 쥐보다 외도하는 마음이 훨씬 더 위험하다. 돈보다 부부관계를 더 중시하라. 당신의 부부관계를 보호하는 데 재정을 투자할 가치가 없다면 당신에게는 그 관계가 별로 중요하지 않은 것이다.

'실족을 불가능하게 만드는' 또 다른 방법은 시작조차 해서는 안 될 대화를 완전히 차단하는 것이다. 바쁘고 야심찬 남자가 다른 여자에게 결혼생활의 불행을 토로한다면 이미 그는 위험한 빙산에서 미끄러지는 중이다. 포터 박사는 발달 신경과학의 흥미로운 요소를 지적한다. "비밀을 공유하면 생물학적으로 설계되어 있는 애착 체계가 활성화됩니다. 흔히 외도 상대가 이미 가까워진 직장 동료인 이유도 거기에 있지요. 배우자에게 말하지 않는 내용을 다른 사람에게 털어놓기 시작하면 하나님의 설계를 교란하여 애착 체계의 오작동을 자초합니다. 그 애착 체계에 성이 밀접하게 얽혀 있고요."

또 하나 기억할 것은 진실하려면 숨길 게 없어야 한다는 것이다. 비밀번호와 전자 기기의 공유는 많은 부부에게 그냥 결혼생활의 일부다. 내 경우도 휴대전화나 아이패드를 아내에게 빌려 주기를 주저해야 할 좋은 이유는 하나도 생각나지 않는 데 반해, 빌려 주지 못할 나쁜 이유는 금세 줄줄이 떠오른다.*(4장에서 말했듯이 학대와 지배가 개입된 상황에서는 비밀번호를 공유하지 않는 게 현명하고 바람직할 수 있다. 동기가 중요하다.)

예상 외의 결과를 예상하라

고대의 요새는 대개 어느 한 가지 공격을 막아 내기 위해 지어졌다. 그런데 건축에 수백 년씩 걸리다 보니 완공되었을 때는 사용되는 무기가 완전히 달라져 있었다. 우리도 결혼생활에서 매일 벽돌을 쌓고 기초를 강화해 요새를 한 단씩 높여 나간다. 적이 어느 방향에서 쳐들어와 어떤 무기를 휘두를지 우리는 모른다. 요새가 얼마나 높아야 하는지도 모른다. 다만 매일 조금씩 더 보강할 수는 있다. 하나님이 우리 편이시기에 우리가 짓는 요새로 정면 공격이든 유인 작전이든 다 확실히 막아 낼 수 있다.

그러려면 각자 영혼을 충분히 성찰하여 자신의 동기와 두려움과 갈망과 약점을 이해해야 한다. 아울러 온 힘을 다해 하나님께로 달려가야 한다. 배우자가 도저히 줄 수 없는 것을 그분은 능히 주신다.

잠언 18장 10절은 우리에게 이렇게 일깨워 준다. "여호와의 이름은 견고한 망대라. 의인은 그리로 달려가서 안전함을 얻느니라." 매일 기도하라는 키이스와 록샌의 권면과 더불어 이 구절은 여호와라는 이름의 망대로 달려갈 것을 그림처럼 환기시킨다.

부부관계에서 벽돌은 신앙이고 모르타르는 진실이다. 유년기의 상처를 이해하고 은혜와 공감으로 반응하면 과거를 답습하기보다 결혼생활을 통해 과거를 극복하려는 의욕이 싹튼다. 이것은 지금까지 수많은 사람에게 그랬듯이 당신에게도 통할 수 있다.

> 여호와를 경외하는 자에게는 견고한 의뢰가 있나니
> 그 자녀들에게 피난처가 있으리라(잠 14:26).

08 유년기 상처 입은 두 사람의 만남

1. 성장기의 심리적 흉터가 웬만큼 없는 사람은 별로 없다. 결혼생활을 단단하게 하려면 과거의 상처를 해결해야 한다. 그렇지 않으면 그 상처의 피가 현재의 관계 속으로 흘러들 위험이 있다.

2. 활발한 성생활로 성 중독 행위를 예방하거나 고칠 수는 없다. 현재의 성적 즐거움은 과거의 비뚤어진 성 취향을 퇴치하기에는 대개 역부족이다.

3. 해결되지 않은 과거에서 연유한 역기능을 현재 배우자가 하거나 하고 있지 않은 행동 탓으로 돌릴 수는 없다. 걸핏하면 곁길로 새거나 화내거나 불안해지는 우리의 성향은 오히려 결혼은커녕 배우자를 만나기도 전인 오래 전의 인생 경험에서 연유했을 수 있다.

4. 과거를 지울 수는 없지만, 과거에서 해방되려면 과거가 자신에게 어떻게 각인되어 지금까지도 영향을 미치는지를 아는 게 중요하다.

5. 부부 사이에 친밀함을 가꾸고 유지하려면 정직이 필수다. 자기가 속이는 사람과 참으로 친밀해질 수는 없다. 살인이 몸을 죽인다면 거짓은 관계를 죽인다.

6. 배우자가 중독 행위에 빠져 있다면 상담이 먼저 필요한 부분은 둘의 관계가 아니라 부부 각자다. 적절히 대응하는 법과

자신의 트라우마를 해결하는 법을 배우려면 우선 자신을 잘 돌보아 충분히 강해져야 한다.

7. 배우자의 중독은 당신 잘못이 아니다. 자신이 무엇을 더 했거나 덜 했으면 중독 행위를 막을 수 있었을까를 고민하는 것은 정당하거나 건설적이지 못하다.

8. 회개하고 해결하지 않는 한 성격상의 모든 결함은 악화되는 경향이 있다. 다시는 같은 잘못을 저지르지 않기로 약속하고 나서 오히려 더 심각한 상태에 빠지는 것이다.

9. 부부 중 피해자 쪽의 치유와 안전이 결혼생활의 지속보다도 우선되어야 한다.

10. 하나님은 망가진 부부관계를 치유하실 수 있고 실제로 치유해 오셨다. 그러나 외도가 이혼으로 끝난다 해도 결코 피해자에게 죄책감을 주어서는 안 된다. 예수께서 친히 간음을 이혼의 정당한 사유로 제시하신 만큼(참조. 마 5:32, 19:9) 그분이 허하신 것을 교회가 금할 권리는 없다.

11. 배우자의 행동을 과거의 상처라는 렌즈로 보려고 힘쓰라. 그런다고 그 행동이 합리화되지는 않지만 왜 그 유혹에 빠졌는지를 이해하는 데는 도움이 된다. 덕분에 당신은 남기로 선택할 수도 있다.

12. 영적 몰락의 진짜 발단은 고립일 수 있다. 교회는 참된 교제와 나눔의 진정한 공동체를 가꿈으로써 모든 부부관계를 지원할 수 있다.

13. 관계 기술 전반을 가꾸지 않고 부부관계에만 집중하면 한계가 많다. 두루 진정한 관계를 가꾸라.
14. 개인적 트라우마가 있는 경우 부부 상담 이전에 개인 상담이 먼저 권고된다. 우선 개인 차원에서 어느 정도 치유와 승리를 이루어야 그와 관련된 관계 문제의 해결로 넘어갈 수 있다.
15. 과거의 행동이 얼마나 심각했는지를 제대로 알면 다음 번 실족을 불가능하게 만들려고 애쓰게 된다.

외동아들의 죽음이라는 인생의 상실에 직면하여

단단한 요새가 되는 관계 성장의 위력

Chapter 09

상실은 상심을 부른다. 상실이 처참하면 상심도 처참해진다.

십 대 때 나는 엄마가 친정아버지의 죽음을 애도하는 것을 보았고, 내 중년기에는 자신의 쌍둥이 자매를 먼저 보내고 슬퍼하시는 것도 보았다. 그때마다 내 아버지는 말 그대로 반석처럼 굳건했고, 덕분에 부부 사이가 더욱 돈독해졌다. 올해 93세인 아버지는 보행기가 있어야 거동하실 수 있다. 더는 두 분이 손잡고 걸으실 수 없어 어머니도 아버지의 보행기 손잡이를 잡는데, 그렇게 천천히 백화점 주변을 걸으시는 부모님을 보기만 해도 내 눈시울이 붉어진다.

안타깝게도 어떤 부부들은 슬픔의 눈사태에 산 채로 파묻혀 끝내 소생하지 못한다. 조와 저넬은 최악의 상실 앞에서도 용케 밀고 나갔다. 끈기와 용기를 잃지 않은 그들의 간증은 각종 상실에 직면하는 부부들에게 감화와 교훈을 줄 수 있다.

단단한 결혼의 기초

화상으로 대화할 때 보니 조는 숫자 17이 적힌 큼직한 야구 유니폼을 머리에 두르고 있었다. 고등학교 팀의 이름난 포수였던 아들 개럿의 등번호였다. 조와 저넬의 외동아들인 개럿은 재능이 뛰어나고 장래가 촉망되던 아들이었다.

그런데 2012년 11월 4일에 모든 것이 달라졌다. 그날 그들의 집 대문에서 상상 가능한 최악의 노크 소리가 났다.

하나뿐인 자식 개럿이 죽었다는 것이었다.

부부에게 닥칠 수 있는 가장 고통스러운 경험에 조와 저넬은 어떻게 용케 대비되어 있었을까? 어느 부부를 막론하고 자녀의 죽음을 그것도 외동아들의 죽음을 어떻게 이겨낼 수 있단 말인가?

저넬과 조는 단단한 결혼이 하나님으로 시작되고 끝난다고 믿는다. 저넬의 설명이다. "우리는 정말 말씀에 갈급했어요. 그래서 둘 다 성경 공부를 수박 겉핥기식이 아니라 **제대로 했습니다.**"

조는 이렇게 설명한다. "둘 다 영적 행보에 주인 의식을 가진 겁니다. 내 친구 하나가 무서운 엔진 고장을 일으켜 추락한 비행기에서 목숨을 건진 일이 있습니다. 어떻게 살아남았느냐고 물었더니 친구가 그러더군요. '양쪽 엔진이 다 멎을 경우 어떻게 해야 하는지를 미리 배워서 대비해 두었거든. 그래서 실제로 고장이 발생했을 때 이미 알고 있던 그대로 했던 거야.'"

비슷하게 조와 저넬도 말씀을 사모하는 열정 덕분에 외동아들의 죽음에 마음이 대비되어 있었다. 물론 그런 일이 아닌 밤중에 홍두깨처럼 그토록 무참하게 닥쳐올 줄은 미처 몰랐지만 말이다.

베드로후서 1장 5~8절에서 베드로는 그리스도인들에게 초보적 믿음에 안주하지 말 것을 당부한다.

> 그러므로 너희가 더욱 힘써 너희 믿음에 덕을, 덕에 지식을, 지식에 절제를, 절제에 인내를, 인내에 경건을, 경건에 형제 우애를, 형제 우애에 사랑을 더하라. 이런 것이 너희에게 있어 흡족한즉 너희로 우리 주 예수 그리스도를 알기에 게으르지 않고 열매 없는 자가 되지 않게 하려니와.

여기서 강조하려는 요소는 두 가지다. 하나는 구원받았다고 안심하며 가만히 물러나 있을 게 아니라 '더욱 힘써' 성장하는 것이고, 또 하나는 이런 자질을 '흡족'하게 갖추는 것이다. 조와 저넬은 더 깊은 지식과 절제와 경건과 성숙과 사랑을 원했다. 그것이 언제 어떻게 필요할지는 몰랐지만, 베드로의 가르침대로 영적 성숙에 충실히 힘쓴 결과 요긴할 때 그것이 갖추어져 있었다. 덕분에 그들은 예수님이 가장 필요했을 때 그분을 알기에 "게으르지 않고 열매 없는 자가 되지 않"을 수 있었다.

　결혼생활을 단단히 하여 어떤 공격이든 막아 내고 싶다면 바로 여기가 그 출발점이다.

> 여호와는 나의 반석이시요 나의 요새시요 나를 위하여 나를 건지시는 자시요
> 내가 피할 나의 반석의 하나님이시요
> 나의 방패시요 나의 구원의 뿔이시요
> 나의 높은 망대시요 그에게 피할 나의 피난처시요 나의 구원자시라(삼하 22:2~3).

　배우자와 가까워져 그 상태로 유지하려면 먼저 하나님과 가까워져 그 상태로 유지하는 데 주력하라.

　행복하고 건강할 때는 예배와 기도와 성경 공부에 뿌리를 내리지 않고도 느긋하게 걷기가 아주 쉽다. 그런 게 필요 없어 보이기 때문이다. 가벼운 시험은 가벼운 믿음으로도 당해 낼 수 있다. 하지만 언제 비상한 시험이 닥쳐올지 모른다는 위험이 있다. 그래서 사도 바울은 우리에게 "그런즉 선 줄로 생각하는 자는 넘어질까 조심하라"(고전 10:12)라고 경고했을 것이다.

　이 책 서두에서 지적했듯이 시험의 때는 누구에게나 찾아온다. **당신도** 예외는 아니다. 당신의 신앙과 지혜는 성숙하게 자라 가고 있는가? 시험이 닥쳐올 때 필요한 영적 자원이 갖추어

져 있겠는가? 성경을 깊이 파고, 믿는 사람들과의 관계를 가꾸고, 신앙을 굳건히 다지라. 이는 허리케인 시즌이 닥치기 전에 발전기와 식료품과 충분한 식수를 장만해 두는 것과 같다. 지극히 현명하고 실제적인 조치다.

긴밀한 연합

조와 저넬이 이 타격을 이겨내기 위해서는 굳건한 **신앙**만큼이나 또한 굳건한 **연합**이 필요했다. 저넬의 어머니는 예수님을 향한 사랑 다음으로 남편에게 우선순위를 두는 아내의 좋은 본보기였다. 그런데 조는 그런 모본을 보지 못했다. 사실 저넬은 처음 연애할 때부터 조의 가정에서 작은 위험 신호를 보았다. 조가 집안의 막내인데 그의 형과 누나는 모두 이혼했고 이혼 횟수가 여러 번인 사람도 몇 있었다. 저넬은 그들이 배우자의 말보다 어머니의 말에 더 따르는 것도 보았다. 저넬의 말이다. "조와 나의 관계는 그것 때문에 깨졌어요. 그의 어머니는 훌륭했고 주님을 사랑했지만, 그의 집안에는 자녀가 부모를 떠나 부부로 연합한다는 개념이 없었습니다. 제 생각에 그게 없이는 부부관계가 살아남을 수 없거든요."

저넬이 믿기로 조가 결혼하면 최우선으로 헌신해야 할 대상은 어머니가 아니라 당연히 아내였다. 조의 어머니도 저넬의 그런 생각을 눈치 챘는지 아들에게 저넬과의 결혼을 말렸다. 결국 둘은 사귄 지 18개월 만에 다분히 그 어머니의 압력 때문에 헤어졌다.

이별이 몹시 슬펐지만 저넬은 자신의 결정이 옳았음을 알았다. 조가 착실한 신앙인이긴 했지만, 저넬은 남편의 삶에서 서열 2위의 여자가 될 마음은 없었다.

이별에 대한 저넬의 단호하고 당당한 반응을 보면서 조는 헤어진 여자친구에 대한 애정이 더욱 깊어졌다. "저넬은 아주 강인하고 똑똑하고 추진력 있고 유능한 여자인데, 어머니가 상상한 며느릿감은 착하고 얌전하고 말 잘 듣고 고분고분한 주부였어요. 알고 보니 어머니와 나는 내 결혼에 대한 목표가 서로 달랐던 겁니다. 하지만 저넬과 결혼해서 살 사람은 어머니가 아니라 나잖아요!"

이후 6개월 동안 조는 영혼을 깊이 성찰한 뒤 마침내 부모에게 가서 말했다. "저넬과 헤어진 건 나의 큰 실수였어요. 저넬이 나를 받아 주기만 한다면 어떤 대가를 치르고라도 다시 만날 겁니다."

"내가 용납을 못한다는데 어떻게 다시 만난다는 거냐." 어머니가 냉담하게 말했다.

조는 소리 내어 웃었다. 반항적이거나 야비한 웃음이 아니라 저절로 터져 나온 웃음이었다. 그는 아버지와도 어머니와도 아주 사이좋게 지냈다.

"엄마, 지금 내 나이가 서른한 살입니다. 내 배경과 신앙과 가치관은 엄마도 잘 알잖아요. 내가 주님과 동행하는 것도 아시고요. 결혼을 가볍게 생각하고 이러는 게 아닙니다. 법대에 다닐 때 진로 준비에 집중하려고 일부러 연애도 하지 않았던 이 아들이잖아요. 지금도 충동적 결정이 아니라 충분히 심사숙고한 겁니다. 저널에 대한 엄마의 평가는 순전히 잘못된 거예요. 나도 성인이니 내가 알아서 결정합니다."

조는 저널에게 연락했고, 다시 만나기로 동의한 그녀에게 이렇게 밝혔다.

"집을 나와서라도 꼭 너와 결혼하겠다고 부모님에게 말했어. 부모님이 허락하지 않아도 나는 너를 선택할 거야."

그때가 7월이었고 둘은 8월에 약혼했다. 조가 '연합하기' 위해 정말 '떠날' 것을 저널이 확신한 후였다. 조는 그들이 다니던 교회의 조용하고 아늑한 예배실에서 청혼했는데, 이는 저널에게 이 결혼의 기초가 예수님을 믿는 그들의 신앙에 있음을 보여 주는 하나의 증표였다. 비디오나 거창한 쇼는 없었다. 그저 마음에서 우러난 진실한 청원뿐이었다.

"나와 결혼해 줄래요?"

떠남의 중요성은 아무리 강조해도 지나치지 않다. 연합하기 전에 그 단계부터 거쳐야 한다. 부부가 친밀한 연합을 이루려면 반드시 출신 집안을 떠나야 한다. 그래서 나는 혼전 상담을 할 때 창세기 2장 24절을 강조한다. "이러므로 남자가 부모를 떠나 그의 아내와 합하여 둘이 한 몸을 이룰지로다." 예수님도 마태복음 19장 5절에서 이 구절을 거의 한 글자도 다르지 않게 되풀이하셨다. 먼저 떠나지 않고는 서로 한 몸이 될 수 없다. 양가 부모 중 누구 하나라도 둘 사이에 끼어들어 이래라 저래라 할 수 있다면 그 결혼생활은 단단한 요새와는 거리가 멀다.

"결혼생활에 힘든 일이 많았지만 우리가 한 팀이라는 데는 한 번도 의문의 여지가 없었어요. 언제나 우리 둘이었으니까요." 저넬의 말이다.

이 부분이 당신 부부의 약점이라면, 고통스럽더라도 지금 대화를 나누며 서로 이렇게 물어 보라. "그동안 우리는 정서적, 정신적으로 출신 가정을 떠나 서로에게 우선순위를 두었는가? 내 부모형제보다 당신이 더 존중받고 소중히 여겨진다고 느껴지는가? 아니면 그들과 경쟁해야 하거나 그들의 필요와 바람에 굴종해야 한다고 느껴지는가?"

개럿이 태어난 뒤에도 조가 개입하여 어머니에게 조금 뒤로 물러날 것을 상기시켜야 했다. "엄마인 저넬을 무시할 정도로 할머니로서 개럿을 애지중지하며 지나친 소유욕을 보였거든요." 명절 때면 잔소리가 난무했고, (모든 형제가 명절마다 방문하는) 부모님 댁에 조가 매번 가지는 않기로 결정한 뒤로는 특히 더했다. 여기서 남편들은 조가 아내의 방패막이가 되어 준 데 주목해야 한다. 그는 아내 혼자 싸우게 두지 않았다. "떠남과 연합"은 대개 한 번의 결단으로 끝나지 않으며, 쭉 원칙으로 지속되어야 한다.

　이렇듯 조와 저넬은 참척의 충격에 휩싸이기 전부터 이미 두 가지 견고한 기초 위에 결혼생활이 요새화되어 있었다. 하나는 하나님을 향한 열정이었고, 또 하나는 부모를 떠나 온전히 서로 연합한 헌신이었다. 훗날 그들에게 이 두 가지 모두가 – 다른 수많은 기초와 더불어 – 요긴해진다.

초기의 어려움

　어렸을 때 개럿은 '세상에서 제일 순하고 착한 아기'였다. 저넬은 곧 다시 임신하고 싶어 피임을 재개하지 않았다. 자식을 셋이나 넷까지도 두고 싶었으나 이 부부는 끝내 아이를 더 낳지 못했다.

　불임과의 싸움은 부부관계에 큰 타격을 입혔다. "의사는 불임의 원인이 양쪽에 똑같이 있다고 했지만 조는 무력감에 빠졌어요." 불임은 즐거워야 할 성적 친밀함도 힘든 일로 둔갑시킨다.

　"임신하려고 애쓰느라 성생활의 즐거움이 확 줄어들 수 있어요." 저넬의 말에 조는 "아예 다 달아나지요!"라고 덧붙인다. 성생활만 타격을 받은 게 아니라 결혼생활 전반도 큰 영향을 입었다. 저넬의 설명이다. "정서적 악영향은 정말 지독했어요. 둘

다 자괴감이 들었거든요. 결국 서로 비난하며 우울과 싸운 적도 많아요. 조는 수술까지 받았고요. 문제가 문제를 낳아 우리 각자와 부부관계에 큰 타격을 입혔습니다."

힘들게 해를 거듭하다가 결국 저넬은 40대에 들어섰다. 한 달 단위로 실망이 쌓여 갔다. 그녀는 "이미 우리에게 예쁜 아기가 하나 있는데도, 더 낳을 수 없다는 게 우리 집의 치부 같았어요"라고 말한다.

갈등이 생기면 조는 '거북이'고 저넬은 '호랑이'다. 법정 변호사인 조는 날마다 직장에서 시끄럽게 싸우기 때문에 집에 오면 그냥 쉬고 싶고, 연차가 쌓이면서 부부싸움도 싫어졌다. 그런데 저넬은 당면한 문제를 매번 대화로 풀고 싶었다. 이렇게 갈등 대처법이 상반되다 보니 둘 사이가 더 멀어졌다. 육체적 친밀함도 뜸해져서 몇 달씩 섹스 없이 지내기도 했다.

보다시피 한 가지 문제 – 이 경우 아이를 더 낳지 못하는 것 – 가 정서적 좌절이라는 다른 문제를 촉발했고, 그것은 다시 세 번째 문제의 단초가 되었다. 복이어야 할 섹스가 더 부담으로 느껴진 것이다. 당신도 자칫 부부 사이가 서서히 멀어지지 **않도록** 조심하라. 육체적 문제는 정서적 문제로 발전할 수 있고, 그것은 다시 영적 문제나 관계적 문제를 유발할 수 있다.

개럿이 외동이라서 그랬는지 그들은 모든 상담자가 금하는 오류에도 빠졌다. "부부관계에 피해를 줄 정도로 우리의 모든 것을 개럿에게 쏟아 부은 겁니다."

저넬은 "아이를 우상으로 떠받든 정도는 아니지만 관심이 아이에게 **집중된** 것만은 사실이에요"라고 설명했다.

그 유혹이 더욱 강했던 이유는 개럿이 '대단하고 훌륭하고 다재다능한 아이'였기 때문이다. "보는 이마다 입에서 '아이가 팔방미인일세'라는 말이 절로 나오는 그런 아이였습니다"라고 조는 말한다.

아들만 애지중지하는 가운데 조의 일과는 스트레스 많은 격무로 꽉 차 있고 저넬도 사업을 하다 보니, 둘은 동거인이나 다를 바 없게 되었다. 교회 생활에 열심이어서 겉으로는 무난하다 못해 견고해 보였지만 사실은 부부관계가 위태로웠다.

외도

아내와의 사이가 멀어질수록 조는 직장 동료와 더 가까워졌고, 그것이 결국 정서적 외도로 이어졌다. 육체관계로 발전하지는 않았지만 로맨틱한 애정이었다.

자꾸 싸움이 나니까 저넬과는 대화를 그만두고 대신 직장 동료와 대화했습니다. 아내와 달리 그녀는 나를 인정해 주었어요. 많은 남자처럼 나도 인정과 칭찬이 필요한데 저넬에게서는 그걸 받는다는 느낌이 없었거든요. 돌아보면 아내에게서도 생각보다 많이 받았겠지만 기분상 그렇지 않았습니다.

평소에 남을 잘 칭찬해 주는 나인지라 직장 동료에게도 자연스럽게 그런 식으로 말했는데, 그걸 알아주더군요. "당신은 늘 꼭 해야 말을 해 줘요. 꼭 해야 할 행동도 늘 알고 있고요." 그녀가 내게 종종 하던 말입니다.

로맨틱한 호감은 2년간 지속되었다. 결국 조는 개럿이 죽기 약 열 달 전인 2012년 1월에 저넬이 모르는 상태에서 정서적 외도를 끝냈다. 그의 설명이다. "관계를 정리한 이유는 무엇보다도 내 신앙 때문이었습니다. 엄연히 잘못된 일이니까요. 그래서 그녀에게 순전히 업무상의 연락만 주고받고 문자와 달콤한 대화는 중단해야 한다고 말했더니 그녀도 수긍하더군요."

정서적 외도를 끝내는 게 부부관계를 봉합하는 데 꼭 필요한 첫걸음이긴 하지만, 그것만으로 결혼생활이 정상화되지는 않는다. 부부관계에 실질적 변화가 없는 채로 장기간 많은 송사의 아찔한 반전이 거듭되자(법정 변호사의 삶이 늘 그렇지만) 조는 그 직원에게 다시 사적인 문자를 보내 감정을 털어놓았다.

그런데 이번에는 깜빡 잊고 전화기에서 문자를 삭제하지 않았고, 그것이 저넬의 눈에 띄었다.

저넬도 자신의 결혼생활이 정상이 아닌 줄이야 알았지만 조가 신앙인이니 이런 일까지는 없으려니 했었다. 고통스럽게 서로 대면한 뒤에 그들은 개인 상담과 부부 상담을 받았다.

"상담을 통해 둘 사이가 더 가까워졌고 부부관계의 문제점에 대한 서로의 관점을 들을 수 있었습니다." 저넬의 말이다. 당장 관계를 손보지 않으면 그대로 끝나리라는 것을 그들은 알았다.

발각의 섭리

여기 이야기의 놀라운 반전이 있다. 조의 말이다. "확신컨대 2012년 5월에 저넬이 그 문자를 보지 않았다면 우리 부부는 결코 아들의 죽음을 이겨내지 못했을 겁니다. 우리 관계가 지난 여러 해보다 5월부터 11월 4일까지의 기간에 더 많이 새로워지고 견고해졌거든요. 덕분에 막상 일이 터졌을 때 우리는 요새처럼 단단해졌습니다. 직장 동료와의 사이에서 내가 계속 오락가락했다면 어림도 없는 일이지요."

그들을 더 견고하게 다져 준 변화는 주로 다음과 같다.

1. 이때부터 혼자서는 물론 함께 더 자주 기도했다.

조의 말이다. "꾸준히 함께 기도해야 하는데 그게 부족했었어요. 매일 주님과 동행하는 삶도 둘이 함께하기보다는 대체로 각자였고요. 그런데 부부관계를 재건하는 과정에서 그게 바뀌었습니다."

"모든 기도와 간구를 하되 항상 성령 안에서 기도하고"(엡
6:18).

2. 서로에게 더 마음을 열었다.

이때부터 조는 더 말했고 저넬은 더 들었다. 서로의 상처와
유혹과 갈망을 더 인식했다. 그러자 둘 사이의 벽이 차차 허물
어졌다.

"너희 죄를 서로 고백하며 병이 낫기를 위하여 서로 기도
하라"(약 5:16).

3. 성적 소통과 정서적 소통을 보강했다.

"우리의 소통이 이런 식으로 깊어진 것은 부부관계의 다른
분야들을 가꾼 결과였어요. 내 생각에 둘 다 관계가 더 안전하
게 느껴졌고 서로 더 편해졌거든요." 저넬의 말이다.

4. 더 좋은 친구 사이가 되었다.

이 우정은 2012년 11월 4일에 시험대에 올라 합격 판정을
받게 된다.

운명의 그날 11월 4일

현관에서 노크 소리가 난 때는 아침 6시 반이었다. 저넬은 이미 일어나 사랑하는 개들 곁에 앉아 커피를 마시던 참이었다. 그 전날 그녀는 칼리지 스테이션 시에서 개럿과 함께 지냈다. 텍사스 A&M 대학교에서 주말에 엄마들 모임이 있어서 갔는데, 저넬은 일요일 아침에 교회에서 독창을 하기로 되어 있었으므로 칼리지 스테이션에 머물지 않고 그 밤에 휴스턴으로 돌아왔다. 아들과 헤어진 때는 밤 10시쯤이었다.

아침에 누군가 현관문을 살살 두드렸다. 저넬은 남편의 셔츠 바람으로 잔 터라서 평소의 잠옷이나 가운을 걸치지 않은 상태였다. 그래서 발끝걸음으로 문간에 다가가 덧문으로 내다보니 집 진입로에 경찰차가 옆으로 세워져 있었다.

"개럿에게 큰 사고가 났다는 걸 직감적으로 알았어요." 그녀의 말이다.

"루스 여사이십니까?" 유리창 저쪽에서 경찰이 물었다.

"예."

"남편도 안에 계십니까?"

"예."

"가서 불러 오시겠습니까?"

저넬은 위층으로 달려가 조를 깨워서 가운을 입혔다.

조의 회고다. "아주 젊은 경찰이었어요. 안쓰러워 보이더군요. 말을 전하러 왔으면서 입을 떼지 못하는 겁니다."

경찰관은 전화번호가 적힌 종이쪽지를 손에 들고 말했다. "이 번호로 전화해 보십시오."

저넬이 조끼를 잡아 그를 자기 쪽으로 돌려 세운 뒤 눈을 보며 물었다. "그냥 말해 주세요. 우리 아들이 죽었나요?"

그는 잠시 머뭇거리다 답했다. "예, 그렇습니다."

"당신도 자녀가 있나요."

"예, 그렇습니다."

"집에 가서 아이들을 안고 사랑한다고 꼭 말해 주세요."

경찰관이 머문 시간은 5분에 불과했다. 조는 칼리지 스테이션 시의 경찰서에 전화하여 내막을 들었다. 친구들과 함께 술을 마신 개럿은 11월 4일 새벽에 자신의 트럭을 주차장에 두고 걸어서 집으로 향했다. 그가 기찻길로 올라서다 넘어져 선로 위에서 의식을 잃었거나 잠든 사이에 새벽 기차가 칼리지 스테이션을 통과해 지나갔다.

죽기 불과 몇 시간 전까지만 해도 개럿은 엄마와 함께 맛있는 저녁을 먹었다. 스무 살이 되려면 아직 좀 남았지만 그는 가끔 폭음을 했고, 조와 저넬은 말리곤 했다. 그 식사 자리에서 일부 엄마는 각자의 아들에게 술을 사 주어 저넬의 눈살을 찌푸리게 했다.

개럿도 저넬에게 맥주를 사 달라고 했다.

"절대로 안 돼! 나이도 안 찬 너에게 엄마가 술을 사 줄 리 없지. 잘 알잖아."

개럿은 웃으며 "잘 알지요"라고 말했다.

일부 엄마가 저넬에게 밤늦도록 계속 즐기자고 청했으나 "나가서 아들들을 끼고 파티나 벌이자"라는 심산인 것 같아 거슬렸다. 그녀로서는 용납할 수 없었던 것이다. 게다가 휴스턴에서 노래를 부르려면 아침에 일찍 일어나야 했다.

물론 자신이 함께 있었더라면 어떻게 되었을까 하는 의문도 들지만, 이제 그녀는 욥기 14장 5절의 진리를 믿는다. "그의 날을 정하셨고 그의 달수도 주께 있으므로 그의 규례를 정하여 넘어가지 못하게 하셨사온즉."

"아들을 내 차에서 내려 줄 때 아들이 그러더군요. '엄마, 와 주셔서 정말 고마워요.'" 그는 차 안에서 엄마를 옆으로 포옹하더니 내리기 전에 다시 몸을 돌려 엄마의 뺨에 키스했다. 평소에 하지 않던 행동이었다.

휴스턴으로 돌아온 후에 저넬은 아들의 문자를 받았다. "엄마, 와 주셔서 고맙습니다. 사랑해요!"

개럿이 이 땅에서 부모에게 몸으로 한 마지막 행동은 엄마의 뺨에 키스한 것이었고, 마지막으로 한 말은 "사랑해요"였다.

저넬의 말이다. "개럿의 죽음과 관련하여 가장 힘든 것 중 하나는 사람들이 그를 그 죽음의 방식으로 규정하려 할 수 있다는 겁니다. 하지만 개럿은 파티광이 아니었어요. 그 아이는 잘생긴 데다 굉장히 똑똑했고 시험을 잘 봐 최고 학점을 받았으며 사교성도 뛰어났습니다. 하버드나 스탠포드에 가서 MBA(경영학 석사학위)를 받을 그런 아이였지요. 그 죽음을 생각하면 그래서 더 안타까워요. 그렇게 고주망태가 되도록 술을 마시다니 미련하기 짝이 없잖아요."

조는 얼른 화제를 돌려 하나님께 초점을 맞추었다. "우리에게 개럿은 그 어이없는 죽음의 방식으로 규정되는 게 아니라 하나님이 그 아이를 놀랍게 쓰신 유산으로 규정됩니다. 아들은 누구한테나 친절했으며 친한 친구도 수없이 많았습니다."

그날 이후

조가 칼리지 스테이션의 경찰과 통화한 뒤에 저넬은 찬양 음악을 틀었다. 조는 친구와 교인 다섯에게 더 전화를 걸었다. 그러고 나서 둘이 옷을 입고 간단히 기도했다. "하나님, 어떻게 감당해야 할지 막막하오니 우리를 도와 주소서." 사랑하는 이들이 속속 모여들면서 그 집 주변에 차가 쭉 늘어섰다.

저넬은 절친 하나를 한쪽으로 불러 이렇게 털어놓았다. "이 상황이 우리 부부 사이를 갈라놓으려 할 거야. 통계적으로 그렇게 될 확률이 아주 높거든. 그러니까 네가 기도하면서 조와 내가 서로 멀어지지 않도록 도와 줘야 돼."

저넬에 따르면 처음에는 남편 쪽이 강했다. "평소에 성격이 강하고 정서적으로 의연해 보이는 내가 그때는 그렇지 못했어요. 모든 게 완전히 정지되었다고 할까요. 반면에 조는 힘과 집중력의 화신이었습니다. 울면서도 존재감이 돋보였지요."

조의 힘은 어디서 났을까? 그의 말이다. "이미 기초가 다져져 있지 않고는 누구도 그런 일을 헤쳐 나가지 못합니다. 평소에 나는 하나님이 하나님이라는 사실에 기초하여 살아왔습니다. 작은 모임에서나 5천 명 앞에서나 늘 그렇게 선포하곤 했지요. 그래서 속으로 되뇌었습니다. '어려서부터 그렇게 배웠고 지금도 사람들에게 그렇게 말하는 네가 이 기초 위에 굳게 서지 못한다면 다 말짱 헛소리가 되고 만다.'"

> 여호와여, 주는 나의 등불이시니
> 여호와께서 나의 어둠을 밝히시리이다.
> 내가 주를 의뢰하고 적진으로 달리며
> 내 하나님을 의지하고 성벽을 뛰어넘나이다
>
> (삼하 22:29~30).

조의 영혼에 가장 든든한 닻이 되어 준 것은 어쩌면 로마서 8장 31~39절에 나오는 바울의 위대한 선언이었고 지금도 그렇다. 조는 그것을 이렇게 적용한다. "내 한계에 도달했을 때 천지의 그 무엇도 나를 전능하신 하나님의 사랑과 평안과 힘과 긍휼과 임재에서 끊을 수 없음을 안다면, 그거야말로 여정으로 복귀하기에 아주 좋은 출발점입니다."

이후 12개월 동안 이 부부는 저넬의 표현으로 "어느 때보다도 더 강하게 일치단결해" 있었다. "우리는 함께 울고 함께 기도했습니다."

그런데 개럿의 죽음 1주기가 지나자 조의 지원 그룹은 점차 증발해 버렸다. 조의 설명이다. "20~30쌍의 부부가 이웃처럼 지내며 교통사고, 수술, 재정적 참사 등 삶의 많은 고비를 함께 지나왔습니다. 개럿이 죽었을 때도 이 모든 친구가 일제히 나서 주었고요." 그런데 1년쯤 후부터 그런 응원이 대폭 끊기면서 대다수 친구가 더는 그의 근황을 묻지 않았다.

저넬은 이렇게 부연했다. "내 경우도 친구들이 나를 지켜봐주었고 또 성경 공부가 중심을 잡아 주었어요. 격려의 문자 메시지를 최소한 다섯 개씩 받지 않은 날이 단 하루도 없었지요. 문제는 1년이 되면서 그런 도움이 나한테는 중단되지 않았는데 조한테는 중단되었다는 겁니다."

이어지는 그녀의 말이다. "알고 보니 원래 첫해보다 이듬해가 더 힘들다고 하더군요. 첫해에는 뭐든지 처음인 데다 몽롱한 트라우마 속에서 살아남기에 급급하잖아요. 그런데 1년쯤 지나면 그동안 멍했던 정신이 깨어나면서 모든 고통이 새록새록 되살아나거든요."

"현실로 돌아오는 거지요." 조가 덧붙였다.

처참한 상실은 자녀의 죽음 외에도 많이 있다. 일례로 미리

엄과 케일럽은 아들의 정신과 의사로부터 아들에게 "정신 질환"이 있다는 말을 듣고는 등골이 오싹해졌다. 까다로운 아들이긴 했지만 정신 질환이라니? 첫해에 그들은 다양한 대책을 강구하여 그중 한 치료법(아들이 그만두었다)과 투약(걸핏하면 걸렀다)에 착수하는 등 아들이 건강해지는 데 도움이 될 만한 일이면 뭐든지 다 했다. 그러나 때로 하루에 50번도 더 전화해서 (그들이 전화기를 끌 때까지) 악다구니를 부리는 아들을 2년째 상대하다 보니 그들도 서서히 지치고 진이 빠졌다. 진단을 듣고 받아들이는 것과 장기적으로 병시중하는 삶을 익혀 나가는 것은 전혀 다른 문제다.

조와 저넬의 삶에 시련이 모자라기라도 하다는 듯 직장에서도 조의 스트레스가 가중되었다. 위험 부담이 큰 사건이 그에게 배당된 것이다. 개럿이 죽은 후에 조의 스트레스 대응법은 커피를 마시고 직장 복도를 왔다 갔다 하면서 '개럿 이야기'를 하는 것이었다. 그런데 그 송사의 선임 변호인으로 뽑혀 비윤리적인 적수를 상대하느라 이제 슬퍼할 시간이 별로 없었다. 동료들은 그가 나서서 다른 모든 사람을 지지해야 한다고 은근히(또는 대놓고) 종용하기까지 했다.

"전문가답지 못한 변호인단에 둘러싸여 있다 보니 모든 사람이 나한테만 입을 여는 겁니다. 생각해 보면 어처구니없는 일이지요. 그때 나는 아들을 먼저 보내고 정서적으로 휘청거리고 있었으니까요."

이어지는 조의 고백이다. "그 사건은 내게 정서적, 정신적, 직업적으로 이루 말할 수 없는 재앙이었고 몸까지 축냈습니다. 큰돈을 벌긴 했지만 그 과정에서 워낙 잃은 게 많아 과연 그만한 가치가 있었는지 잘 모르겠네요."

저넬도 동의했다. "사건에 개입된 온갖 탐욕과 악과 거짓과 협잡이 무슨 암흑의 소용돌이처럼 그를 빨아들이려 했고, 우리의 관계에까지 마수를 뻗쳤거든요."

중요하게 주목할 점은 결혼생활을 단단한 요새로 만들려면, 동시에 여러 공격에 맞서야 할 수도 있다는 것이다. 한 문제에만 집중해도 되는 호사를 누리는 부부는 드물다. 그러나 우리 하나님은 능히 우리를 도와 여러 전선에서 싸우게 하신다. "너희 하나님 여호와는 너희와 함께 행하시며 너희를 위하여 너희 적군과 싸우시고 구원하실 것이라"(신 20:4). 여기 "적군"이 원문에는 복수형 "적들"로 되어 있다.

그 스트레스의 여파가 2014년 부활절 직후의 월요일에 확 터져 버렸다. 개럿이 죽은 지 18개월 후인 그때 조와 저넬이 '악을 쓰고 소리치며 싸운' 것이다. 조는 '거북이' 기질답게 집을 나가 버렸다.

저넬은 덜컥 겁이 났다. "남편이 차를 몰고 다리에서 떨어질 수도 있잖아요. 집에 돌아오지 않을지도 모르고요." 그래서 그의 친구 몇에게 전화하여 말했다. "다들 남편을 찾아 주세요. 조는 도움이 필요한 상태예요. 아직 다 치유되지 않은 데다 이번 사건을 맡으면서 완전히 나가떨어졌거든요."

그때부터 조는 강도 높은 상담을 받았고, 그 과정에서 외상 후 스트레스 장애도 다루어졌다.

저넬 쪽이 강해진 것도 그 무렵이었다. 그럴 수밖에 없었던 게 큰 이유였다.

"조는 남은 게 하나도 없이 빈껍데기뿐이었어요."

부부관계가 최대한 견고해지려면 견고한 두 개인이 합쳐져야 한다. "두 사람이 한 사람보다 나음은 그들이 수고함으로 좋은 상을 얻을 것임이라. 혹시 그들이 넘어지면 하나가 그 동무를 붙들어 일으키려니와"(전 4:9~10). 결혼생활을 단단한 요새로 만들려면 자신부터 단단해지고자 힘써야 한다. 이유는 간단하다. 부부로 살다 보면 남편이든 아내든 상대에게 기대야 할 때가 종종 있기 때문이다. 조의 설명이다. "나는 저넬이 더 현명하고 똑똑하다는 것을 기꺼이 인정해야 했습니다. 지혜와 통찰이 늘 남편 쪽을 통해서 오지는 않는다는 것을 배워야 했습니다."

시련이 닥쳐올 때 부부가 서로 기대면서 배우자야말로 자신에게 필요한 피난처임을 알게 된다면, 아내를 향한 남편의 사랑과 남편을 향한 아내의 사랑이 더욱 깊어질 수 있다. 그래서 저넬도 강인한 여자가 되어야 했는데, 다행히도 그렇게 되고자 힘써 하나님의 말씀을 공부하고 기도하며 자라 온 지 이미 수십 년이었다.

조의 상담자는 그의 정서적 저수지가 바닥났기 때문에 그 상태로는 부부 상담이 별로 도움이 되지 않을 거라고 말했다. "외상 후 스트레스 장애부터 치료해야 그다음에 부부 상담도 가능하다는 거지요."

조의 트라우마를 먼저 다루어야 부부관계로 넘어갈 수 있다는 말이었다. 다행히 저넬은 충분히 강인했으므로 기다릴 수 있었다.

저넬의 설명이다. "결혼생활이 항상 50 대 50은 아니고 95 대 5일 때도 있어요. 아들 개럿이 죽은 직후에는 우리 부부관계가 조에게 95퍼센트, 나에게 5퍼센트 의존했는데 18개월 후에는 내 쪽이 75퍼센트로 높아지고 조는 25퍼센트로 낮아졌지요. 부부관계를 어느 한 시기만 보고 규정해서는 안 돼요. 때에 따라 둘 중 하나가 나서서 희생하거나 적어도 강해져야 합니다."

조는 자신이 소송을 정신적 도피처로 삼았음을 깨닫고 저넬에게 이렇게 말했다. 퇴근해서 "당신을 보면 꼭 내 고통을 마주보는 것 같아요. 개럿이 당신을 빼닮았기 때문에 어떤 때는 그 닮은 모습을 보기만 해도 내 가슴이 찢어지는 것 같아요."

이듬해에 조와 저넬은 혼신을 다해 늘 솔직한 자세로 슬픔을 소화해 나갔고, 그렇게 부부로 남는 법을 배웠다.

그들이 배운 교훈

조와 저넬은 당신 부부도 삶의 가장 혹독한 공격을 이겨낼 수 있다는 증거다. 그 과정에서 그들이 터득하여 건네는 몇 가지 조언은 이렇다.

◆ 슬퍼하는 방식이 서로 다름을 인식하라

처참한 상실이 당신을 변화시키는 방식은 배우자를 변화시키는 방식과는 다르다. 배우자가 겪는 변화는 비슷하면서도 어떤 의미에서 판이하다. 어머니의 애도와 아버지의 애도는 양쪽 다 깊지만 다르게 나타난다.

조는 멈추어 생각할 엄두가 나지 않아 굉장히 힘든 업무로 도피했다. 반면 저넬은 예배 음악과 친구들의 도움으로 슬픔을 소화했다. 물론 후자가 장기적으로 더 건강한 방식이지만, 남편에게 퇴근이 꺼려진 이유를 마침내 깨달은 게 저넬에게는 큰 도움이 되었다. 퇴근하면 아내를 봐야 하는데, 조의 말대로 저넬의 얼굴은 그에게 잃어버린 아들을 연상시켰던 것이다. 과거의 상실과 현재의 애정을 조화시키기가 그로서는 힘들었다. 이런 설명을 듣고부터 저넬의 공감과 이해는 한 차원 더 깊어졌다.

◆ 시간으로 치유되지 않는 상처도 있음을 받아들이라

처참한 상실에 부딪힌 사람은 비애만 아니라 트라우마를 경험한다. 의학적으로 말해서 트라우마를 치유하려면 오랜 시간이 걸리며 대개 전문 상담이 수반되어야 한다. 정신과 의사로부터 아들에게 정신 질환이 있다는 진단을 받았던 미리엄과 케일럽이 기억나는가? 그때 우리가 그들의 얼굴을 볼 수 있었다면 슬픔만 아니라 트라우마가 보였을 것이다.

맹장 수술을 직접 하지 않고 의사에게 맡기는 게 수치가 아니듯이 트라우마를 잘 처리하려고 전문 상담자에게 도움을 청하는 것도 수치가 아니다. 시편 23편을 암송해서 콜레스테롤 수치를 낮출 수 없듯이 조의 외상 후 스트레스 증후군도 기도와 성경 공부로는 고칠 수 없는 것이었다. 상처 입고 아파하는 이들에게 내가 목사로서 베풀 수 있는 최고의 사랑 중 하나는 (정신과를 포함한) 의술의 도움을 받도록 권하는 것이다. 간혹 삶과 부부관계의 여러 문제를 가지고 나를 찾아와 전문 결혼 상담자를 소개해 달라는 부부들이 있다. 그러나 이제는 나도 안다. 어떤 문제는 부부 상담을 시작하기 전에 개인 차원에서 다루는 게 최선이다. 부부 중 한쪽이 심히 약한 상태에서는 부부관계도 견고해질 수 없다. 정신적 트라우마도 탈장이나 내출혈이나 다른 유사한 증상만큼이나 중한 상처다. 없어지기만 바랄 수도 없고 스스로 고칠 수도 없다. 트라우마의 원인은 성폭행, 부모의 비참한 죽음, 집단 따돌림 등 다양할 수 있다. 기도만으로는 그것을 해결하기에 부족하다고 말해도 하나님을 욕되게 하는 게 아니다.

저넬은 부부들에게 이렇게 주의를 준다. "자식을 잃은 고통은 사라지지 않아요. 시간이 가도 치유되지 않아요. 다만 자신이 더 강해지고, 그 빈자리와 고통을 안고 살아가는 법을 배우는 거지요. 남을 도울 정서적 힘까지 기르면 더 좋고요. 어쨌든 세월이 흘러도 슬픔을 주체할 수 없어 그냥 울어야 할 때가 있습니다."

7장의 빌리와 에마가 기억나는가? 예전에 살던 동네를 지나갈 때면 그들은 부득이 팔아야 했던 정든 집이 떠올라 지금도 마음이 아프다.

공인된 전문 상담에 힘입어 우리는 적절한 도구로 상처를 처리하고 내면의 힘을 기를 수 있다. 아울러 불안이나 우울증이나 조증이나 공황 장애가 닥쳐올 때 어떤 전략으로 맞설지도 미리 배울 수 있다.

저넬의 말은 이렇게 이어진다. "고통은 늘 그대로예요. 지금도 8년 전과 똑같이 사무칩니다. **개럿이 여전히 우리 곁에 없잖아요!** 다만 지금의 나는 그때보다 훨씬 강해졌습니다. 그래서 아들을 다시 보리라는 희망 가운데 안식하며 상실을 헤쳐 나갈 수 있지요."

멍했던 정신이 깨어나면 정서적 충격과 더불어 새삼 슬픔이 맹습해 온다. 미리 그렇게 예상하는 게 현명한 처사다. 조와 저넬의 트라우마는 개럿의 죽음 1주기 이후부터 되살아났고, 조는 아들을 잃은 지 18개월이 지나서야 거기에 압도되었다. 걸리는 시간이야 사람마다 다르겠지만 허를 찔릴 필요는 없다. 이것은 비애의 정상적 전개 과정이다.

개럿의 친구들이 결혼하거나 취직하거나 아빠가 될 때마다 루스 부부는 과거의 상실만 아니라 현재 진행 중인 상실에 맞닥뜨린다. 피할 도리가 없다. 그러나 이 현실은 여태 내가 부부들에게서 들은 가장 놀라운 신앙 고백 중 하나로 이어졌다. 그 내용은 잠시 후에 소개할 것이다.

◆ 감사로 원망을 물리치라

초기의 교회 교부인 암브로시우스는 이 땅에서 가장 가까운 동반자였던 사랑하는 형을 잃었다. 형의 죽음을 돌아보면서 그가 아주 인상적인 말을 남겼다. "여기에 덧붙여야 할 말이 있다. 내가 하나님께 배은망덕해서는 안 된다는 것이다. 형을 잃었다고 슬퍼하기보다 그런 형이 있었던 것에 감사해야 한다. 전자는 갚아야 할 빚이지만 후자는 선물이다."[1]

어린 자녀를 잃은 크레이그와 셰리 부부는 생사를 주관하시는 하나님께 의지적으로 감사함으로써 치유와 위안을 얻었다.

소중한 그 사람이 곁에 없다고 원망하거나 노할 게 아니라 여태 함께했던 시간을 인해 감사하라.
한 생애란 무엇인가? 사람에 따라 70년이나 80년이나 90년이지만 우리 벨리사에게는 약 2년 10개월이었다. 그게

그 아이의 생애였다. … 한 생애가 몇 년이어야 한다는 말
은 어디에도 없다. 주님께는 천 년이 하루 같고 하루가 천
년 같다. 시간은 그분께 문제되지 않는다.[2]

조와 저넬은 개럿과 함께했던 복된 20년을 경축한다. 그는
많은 젊은이에게 좋은 영향을 미친 자랑스러운 아들이다. 그들
은 많은 행복한 시간을 함께 즐겼고, 아들이 야구를 하고 후배
들을 영적으로 격려하는 모습을 지켜보았다. 아들을 잃어서 슬
픈 것만큼이나 그들은 그런 아들이 있었던 것에 감사한다.

◆ 신앙을 잘 지키라

조와 저넬은 문제를 이미 극복한 척하지 않는다. 부부관계를
계속 가꿀 필요가 없는 척하지 않는다. 개럿이 죽고 나서 첫 4
년 중 3년 동안 그들은 성경을 통독했다.

조는 "항상 새로운 내용이 눈에 띕니다"라고 말한다. 그들은
슬픔을 없앨 수는 없었지만 하나님의 말씀을 심중에 들여놓아
그분의 메시지를 들을 수는 있었다. 시편 저자는 "주의 말씀은
내 발에 등이요 내 길에 빛이니이다"(시 119:105)라고 단언했다.
조는 이렇게 설명한다.

우리는 신앙대로 살려고 애썼고, 그런 삶의 전반적 의미
를 충분히 표현하려 했습니다. 노래하며 춤추고, 반을 맡

아 가르치고, 집사가 되고, 집을 떠나와 있는 아이들에게 엄마 역할을 해 주고, 구제 행사에서 햄버거를 요리하는 등 교회에 필요한 일이라면 무엇이든 했지요.

결국 우리의 힘이 어디서 오는지에 대해서는 의문의 여지가 없었습니다. 내가 일곱 살 때 그리스도인 되고 저넬이 열세 살 때 예수님께 마음을 드린 이후로 오랜 세월 하나님이 우리 안에 부어 주신 모든 것이 결실하여 우리를 강건하게 했으니까요. 앞으로 우리 앞에 어떤 도전이 새로 닥쳐올지 모르지만, 우리는 계속 주님 안에서 성장하고 부부관계를 가꾸어 거기에 맞서고 싶습니다.

◆ 천국의 소망을 붙들라

조와 저넬의 이야기는 이 부분에서 내게 아주 깊은 감화를 끼쳤다. 그들은 천국의 소망을 신학적으로 깊이 이해하고 자신들의 상실에 적용했다. 저넬이 확신에 차서 내게 한 말은 이렇다. "하나님은 개럿을 **우리에게서** 데려가신 것만이 아니라 그**분께로** 부르신 겁니다. 오늘 개럿이 천국에 있는 게 그분의 뜻이지요. 나는 개럿 루스가 천국에서 자신의 소명을 영광스럽게 수행하고 있다고 믿습니다."

신앙을 이렇게 적용하다니 생각만으로도 내 눈이 젖어 왔다. 확실하게 약속된 천국 - "몸을 떠나 주와 함께 있는 그것"(고후 5:8) - 이 조와 저넬을 워낙 든든히 떠받치고 있어, 어떤 의미에서 그들에게는 개럿이 죽어서 **이로운** 점까지 보일 정도다. 이거야말로 여태 내가 들은 가장 놀라운 신앙 고백 중 하나다. 저널의 말이다.

> 나는 까다로운 며느리를 상대할 필요도 없고, 성인 자녀의 부모에게 생길 만한 어떤 문제에도 부딪힐 일이 없어요. 내 친구들을 보면 성인 자녀의 잘못된 선택, 힘든 결혼생활, 손주의 심각한 건강 문제 등 각종 문제로 힘들어하더군요. 성인 자녀의 알코올 중독이나 이혼을 지켜봐야 하는 경우도 있고요.
> 내게는 그런 고통이 닥칠 일이 아예 없잖아요. 대신 나는 개럿이 **지금** 천국에서 하고 있는 영광스러운 일을 상상합니다. 천상에서 아들은 자신을 향한 하나님의 목적을 놀랍게 완수하고 있을 테니까요. 그뿐 아니라 나는 아들이 나를 보며 많은 성도에게 이렇게 말한다고 믿어요.
> "저 분이 내가 말했던 내 강인한 엄마랍니다." 여전히 나는 아들에게 자랑스러운 엄마가 되고 싶어요.
> 선하신 주님이 다 주관하십니다. 그분께 계획이 있고 개럿은 그 계획을 충실히 수행하는 중입니다.

이 신앙 고백 앞에서 나는 입이 떡 벌어졌다. 조가 내 놀란 표정을 보더니 자신의 생각을 덧붙였다.

우리는 "아, 믿음이 정말 좋으시네요. 대단한 신앙입니다"라는 말을 수없이 들었는데 사실은 그렇지 않습니다. 우리 믿음은 절박할 뿐이에요. 그 절박한 믿음이 자라서 무르익은 거지요.

결국은 선택의 문제입니다. 캄캄한 벽장 속으로 기어들 수도 있고 분연히 일어설 수도 있잖아요. 결혼생활도 마찬가지입니다. 선택해야 합니다. 부부관계를 되살리고 힘써 가꾸기로 결단해야 해요. 우리는 바울이 말한 신비의 한 사례입니다. 모든 것이 합력하여 선을 이루는 그 신비 말입니다.

포기할 것인지 버틸 것인지 아직 고민 중인 부부들에게 저녤은 이렇게 조언한다.

"슬픔이 안개 속으로 이어지겠지만 그 안개 속에 성령께서 계십니다. 생각과 귀를 열어 두세요. 나도 그랬더니 꼭 들어야 할 노래와 성경 구절이 들려오더군요. 어떤 날에는 나를 도와줄 거룩한 메시지가 마구 쏟아져 들어오는 것 같았어요. 귀와 눈을 열어 두기만 하면 하나님이 꼭 필요한 것을 가져다주실 겁니다. 그냥 안개 속으로 발을 들여놓는 부부는 그 속에 성령이 임재하심을 알게 됩니다."

바울이 언급한 이 실재를 마음에 품으라.

"찬송하리로다. 그는 우리 주 예수 그리스도의 하나님이시요 자비의 아버지시요 모든 위로의 하나님이시며 우리의 모든 환난 중에서 우리를 위로하사 우리로 하여금 하나님께 받는 위로로써 모든 환난 중에 있는 자들을 능히 위로하게 하시는 이시로다"(고후 1:3-4).

준비의 섭리

끝으로 조와 저넬은 자신들을 사전에 준비시켜 주신 자상하신 하나님께 주목한다. 만사를 주관하시는 하나님(참조. 신 3:24, 삼하 7:22)이 이 부부를 미리 준비시켜 주셨다. 예컨대 그들이 새 집으로 이사한 때는 개럿이 여름 캠프에서 일하다가 가을에 학교로 떠나기 직전이었다. 그래서 개럿은 사실상 그 집에 함께 산 적이 없다. 덕분에 그들에게는 사랑하는 이를 잃은 수많은 사람에게 깊은 고통을 불러일으킬 수 있는 '추억의 공간'이 없었다. 이를테면 그 집의 구석자리에 즐겨 앉거나 그 집의 소파에서 스포츠 중계를 보거나 그 집의 부엌에서 친구들과 대화하던 아들은 그들의 기억 속에 없다.*(물론 그런 추억의 공간에서 위로를 얻는 부부도 많이 있다. 애도하고 치유 받는 방식은 부부마다 다르고 개인마다 다르다.)

조와 저넬의 새 집에는 거실이 딸린 큰 안방도 있었는데, 그들에게 이 방은 많은 사람이 찾아와 위로하고 함께 슬퍼해 준 피난처가 되었다. 저넬의 말이다. "개럿이 죽기 전에는 그 방이 새롭고 색다른 일종의 소통 공간 역할도 했어요. 아들이 죽기 전에 거기서 우리의 영적, 육체적, 정서적 소통을 되살렸기 때문에 아들이 죽은 후에도 그곳은 우리에게 소생의 자리로 남았지요."

또 그들은 그전에 조의 정서적 외도를 헤쳐 나가는 과정에서 함께 책을 읽고 힘써 화해하고 새로운 결단으로 서로 더 가까워졌다. "우리는 정서적 외도 때문에 부부관계를 건진 줄로만 알았지 정서적 외도보다 더 큰 일이 닥쳐올 줄은 몰랐어요."

외도가 저넬에게 발각된 것은 하나님의 섭리였다. 2년 가까이 조가 그것을 숨겨 왔음을 감안하면 특히 더하다. 그래서 나온 결론은 조와 저넬이 미리 치유 받고 단단한 요새가 되어 임박한 공격에 맞서야 함을 하나님이 아셨다는 것이다. 늑대가 습격해 오기 전에 그분은 목자처럼 그들을 안전한 곳으로 인도하셨다. 내가 대화해 본 다른 부부들은 큰일을 당하기 몇 달 전에 새로운 교회나 새로운 성경 공부로 연결된 것을 인해 하나님께 감사드렸다(새 직장의 직원들이 건전해서 특히 감사하다는 사람도 있었다). 하나님은 창의적인 분이라서 많은 수단과 방법으로 우리를 앞일에 대비시켜 주신다.

당신이 이 책에서 건졌으면 하는 교훈 중 하나로 내가 기도하는 게 있다. 당신만 결혼생활을 단단한 요새로 만들려는 게 아니라 하나님이 당신을 이끄시고 지도하시고 준비시켜 주신다. 잘 아는 시편 23편 말씀을 그런 관점에서 생각해 보라.*(자신을 지칭하는 저자 다윗의 표현을 내가 임의로 복수로 바꾸었다.)

여호와는 우리의 목자시니
우리에게 부족함이 없으리로다.
그가 우리를 푸른 풀밭에 누이시며
쉴 만한 물가로 인도하시는도다.
우리 영혼을 소생시키시고
자기 이름을 위하여
의의 길로 인도하시는도다.
우리가 사망의 음침한 골짜기로 다닐지라도
해를 두려워하지 않을 것은
주께서 우리와 함께 하심이라.
주의 지팡이와 막대기가
우리를 안위하시나이다.

선한 목자께서 조와 저넬을 쉼과 안위와 양식의 자리로 인도해 놓으셨기에 그들은 사망의 음침한 골짜기를 지나가야 할 때 그 시련을 이겨내는 데 필요한 것이 갖추어져 있었다.

"개럿이 죽기 전의 몇 달은 조와 내가 가장 행복하게 함께했던 기간 중 하나예요. 여름이 끝나 개럿이 집에 왔을 때 우리는 그가 집을 떠나던 때와는 다른 부부가 되어 있었지요. 아들도 우리한테 그러더군요. '캠프에 다녀오기 전에는 엄마 아빠하고 함께 있는 게 별로 재미없었는데 이제 전혀 다른 의미에서 민망하네요.'"

개럿이 마지막으로 본 그들의 모습은 서로 사랑하고 응원하는 부부, 재미있고 야하기까지 한 부부였다. 그 기억이 둘 다에게 소중하게 남아 있다. 1년 전만 해도 기초가 흔들리고 담이 허물어져 금방이라도 지붕이 내려앉을 것 같던 그들이었다. 그런데 인생 최악의 공격이 닥쳐왔을 때는 목자이신 하나님이 돌보신 덕분에 부부관계가 단단한 요새처럼 끄떡없었다. 조와 저넬은 손을 맞잡고 마음을 합해 슬픔에 맞섰다.

> 나는 주의 힘을 노래하며
> 아침에 주의 인자하심을 높이 부르오리니
> 주는 나의 요새이시며
> 나의 환난 날에 피난처심이니이다.
>
> 나의 힘이시여, 내가 주께 찬송하오리니
> 하나님은 나의 요새이시며
> 나를 긍휼히 여기시는 하나님이심이니이다
> (시 59:16~17).

단단한 결혼을 위한 Key Point

09 외동아들의 죽음이라는 인생의 상실에 직면하여

1. 꾸준한 예배와 기도와 성경 공부를 통해 그리스도와 더 깊이 동행하면 상심을 입기도 전부터 처참한 상실에 대비할 수 있다. 배우자와 가까워져 그 상태로 유지하려면 먼저 하나님과 가까워져 그 상태로 유지하는 데 주력하라.

2. 위기를 이겨내려면 부부가 한 팀으로 똘똘 뭉쳐야 한다. 출신 가정을 떠나 서로 연합해야 한다는 뜻이다. 떠남은 대개 한 번의 결단으로 끝나지 않으며, 쭉 원칙으로 지속되어야 한다.

3. 부부 사이가 소원해진 것 같다면 힘써 더 마음을 열고 더 소통하고 더 좋은 친구가 되라. 이렇게 투자해 두면 그 덕분에 충분히 강건한 상태로 처참한 상실에 맞설 수 있다.

4. 부부가 비참한 상실을 겪을 때는 대개 첫해보다 이듬해가 더 힘든 법이다.

5. 결혼생활을 단단하게 하려면 동시에 여러 공격에 맞서야 할 때도 있다. 한 문제에만 집중해도 되는 호사를 누리는 부부는 드물다.

6. 슬퍼하는 방식이 사람마다 다르기 때문에 부부 중 한쪽이 약할 때 다른 쪽은 강할 수도 있다. 그 반대도 가능하다.

7. 부부 상담에서 결실을 보려면 개인의 트라우마를 먼저 해결해야 할 수도 있다.

8. 트라우마를 치유하려면 대개 전문가의 도움이 필요하다. 시간이 간다고 저절로 없어지는 게 아니다.

9. 무엇을 잃었다는 데만 집중하기보다는 그것과 함께했던 시간을 인해 감사하는 게 영적으로 유익하다.

10. 천국의 소망을 꼭 붙들라.

11. 성령께서 시련이 닥치기 전에 당신을 준비시키시고, 시련을 헤쳐 나가는 동안 도우시며, 시련의 여파 속에서 위로해 주신다는 사실을 잊지 말라. 시련에 부딪힐 때 우리는 혼자가 아니다.

푯대를 향해 나아가는 결혼의 해법

더 깊은 영적 소통으로 관계를 보강하라

Chapter 10

결혼에 대한 많은 서적으로 베스트셀러 작가가 된 레스와 레슬리 부부는 인기 있는 강사이자 관계 전문가다. 사는 곳은 시애틀인데 전 세계를 누비며 강연해 왔다. 오클라호마주는 그 주의 이혼율을 낮추기 위해 한 해 동안 그들을 고용하여 효과를 보기도 했다. 그들의 가르침과 저작은 여태 무수히 많은 사람에게 복을 끼쳤다.

그런데 기독교 배경에서 자라고 심리학을 전공한 그들의 부부관계에도 오랜 세월 한 가지 결여된 게 있었으니 바로 영적 친밀함을 서로 나누는 부분이었다. 각자의 신앙은 깊었지만 굳이 신앙을 함께 가꿀 생각은 해 보지 못했던 것이다. 그들의 표현으로 '영적 성장에 함께 헌신해야만 누릴 수 있는 연합'에 힘쓰면서부터 그들의 부부관계는 새로운 차원으로 발돋움했다.[1]

이 책의 다른 장들과 달리 이번 장의 초점은 부부의 문제가 아니라 부부의 해법이다. 이유는 영적 친밀함이 모든 상황에 두루 통하는 개선책이기 때문이다(반드시 해결책은 아니어도 분명히 큰 도움이 된다). 하나님과 더 가까워지면 삶에 어떤 문제가 닥쳐와도 준비된 상태에서 맞설 수 있다.

영적 친밀함을 가꾸지 못하게 막는 큰 걸림돌 중 하나는 우리의 교만이다. 자신의 방법이 하나님을 사랑하는 최고의(때로는 아예 유일한) 방법이라고 생각하는 것이다. 대학생 시절에 나는 예수님을 본받고자 일찍 일어나 기도했다(참조. 막 1:35). 리자는 늦지 않을 정도로 일어나 머리를 빗고는 첫 수업에 들어갔다. 경건의 시간은 미루어 두었다가 점심시간이 지나서야 성경책을 들고 기숙사 옥상에 올라가 일광욕 의자에 앉아 주님과 함께 시간을 보냈다.

사귀고 싶은 이성에게 대학생들이 으레 그러듯이 나도 괜히 리자를 놀렸다. "어이, 점심 먹고 지붕에 올라가는 걸 '경건의 시간'이라 부르는 사람이 누가 있을까?" 몇 주 후에 누가 내 기숙사 방문을 두드리기에 문을 열었더니 리자가 씩 웃으며 들어와 내 책상 위의 성경책을 들어 사도행전 10장 9절을 펴 보였다. "이튿날 … 베드로가 기도하려고 지붕에 올라가니 그 시각은 제 육시[정오]더라."

웃기면서도 교훈적이었다. 이것을 필두로 하나님은 여러 인생 경험을 통해 나를 경직된 사고에서 점차 벗어나게 하셨다. 하나님과 소통하는 방법이 사람마다 다를 수 있음을 알게 하신 것이다.

그 최종 결과물이 바로 《영성에도 색깔이 있다》다. 성경과 교회사에서 볼 수 있는 아홉 가지 영적 기질을 그 책에 개괄했다. 친밀함을 가꾸기 위해 배우자에 대해 가장 중요하게 알아야 할 것 중 하나는 배우자가 어떻게 하나님을 사랑하는지, 그리고 어떻게 그분과 함께 시간을 보내고 싶어 하는지를 아는 것이다. 그래서 지금부터 각 기질을 짤막하게 요약하려 한다. 당신과 배우자가 각기 해당되는 데가 있는지 보라.

1. 자연주의 영성

자연주의자는 밖에 나가 하나님이 지으신 만물에 둘러싸여 있을 때 마음이 그분께 가장 잘 깨어나는 그리스도인이다. 그분의 창조세계 속에 어우러져 있으면 예배와 찬양이 절로 나오지만, 방 안에서 고개 숙이고 눈 감고 기도하려 하면 도무지 기도하는 맛이 나지 않는다.

2. 감각주의 영성

미각과 촉각과 청각과 시각과 후각 등 오감이 하나님과 교제하는 최고의 통로인 그리스도인도 있다. 자연주의자가 숲속을 걸을 때 영적으로 깨어나듯이 감각주의자는 오감이 개입될 때 영적 주파수가 맞추어진다. 웅장한 음악, 상징적 건축물, 수려한 미술품, 성찬식의 감각 경험 등은 소중한 친구이자 생생한 영적 보조물이다.

3. 전통주의 영성

전통주의자에게 종교는 변질된 금기어가 아니라 하나님과의 관계에서 파생되는 자연스러운 결과다. 검증된 행동의 효력에 기초한 의식(儀式)의 역할을 중시한다. 일정한 형식 – 자체적인 것이든 역사의 유산이든 – 을 따라 하나님을 예배할 때 깊이를 느낀다. 정해진 기도 시간을 중심으로 생활하거나 일부러 유서 깊은 신앙에 맞추어 교회력을 엄수할 수도 있다. 의식의 확립 외에 대개 기독교의 상징물도 잘 활용한다. 틀에 박힌 절차와 익숙한 예배 형식이 다른 사람에게는 영적 수면제처럼 따분할 수 있지만, 전통주의자에게는 하나님의 임재라는 실재를 밝혀주는 고성능 배터리 역할을 할 수 있다.

4. 금욕주의 영성

수사나 수녀를 떠올리면 된다. 금욕주의자는 하나님을 내면에서 만난다. 박물관이나 그룹 모임은 산만해서 싫고, 세상을 차단한 채 그분을 고독 속에서 꾸밈없이 만나기를 좋아한다. 소음이나 화려한 자극물이 전혀 없는 침묵이 홀로 예배하기에 가장 좋은 환경이며, 따라서 대개 혼자 있는 시간이 꾸준히 필요하다. 혼자만의 피정이나 최소한 조용한 곳의 웬만큼 정돈된 환경을 선호할 수 있다. 대개 철야 기도를 좋게 보며 금식과 묵상 등 많은 고전적 훈련도 지지한다. 배우자가 금욕주의자라서 혼자 있어야 하나님과 가장 잘 소통할 수 있다면, 그것을 자신과 연결시켜 받아들이지 말라. 방해하거나 못마땅해 하지 않고 오히려 배우자에게 그분과의 소통을 격려해 주면 당신에게도 부부관계에도 큰 복이 된다.

5. 행동주의 영성

행동주의자는 대결의 현장에서 하나님을 만나기를 좋아한다. 그분의 싸움을 싸우고 싶어서다. 교회는 주로 복음의 '진정한 사역'을 위해 단체 서명을 받고 자원봉사자를 모집하는 장이며, 사역은 교회 건물 밖에서 벌어진다.

6. 박애주의 영성

박애주의자는 타인을 사랑함으로써 하나님을 사랑한다. 예수님의 이름으로 남을 돌보고 필요를 채워 줄 때 영적으로 기운이 샘솟고 주님과 더욱 가까워진다. 박애 행위는 의무라기보다 하나님과 친밀해지는 통로며, 병자를 간호하는 것만 아니라 과부의 차를 고쳐 주거나 소방대원으로 자원봉사하거나 질병 치료제를 연구하는 것도 다 이에 해당할 수 있다.

7. 열정주의 영성

열정주의자는 신앙의 감격과 경축을 좋아한다. 관계를 중시하는 편이며 따라서 단체 예배를 선호할 수 있다. 하나님을 찬양하는 다른 그리스도인의 감격에 동참하려는 것이다. 또 하나님의 신비와 초자연적 능력을 즐거워한다. 영적 모험을 좋아하며, 아침에 눈뜰 때 그분이 새롭고 색다른 일을 하실 것을 기대한다. 성경적 개념을 아는 데서 만족하지 않고 체험을 통해 변화되려 한다. 흥이 많아서 춤과 음악, 그림 그리기, 노래하기 등 창의적 예배 형태를 잘 받아들인다.

8. 묵상주의 영성

묵상주의자의 특징은 하나님을 향한 애정이 깊어 아예 자신을 온전히 내어 드린다는 것이다. 그분을 사랑하는 그분의 연인인 셈이다. 그래서 경청하는 자세로 그분의 임재 안에서 시간을 보내며 그냥 그분을 즐거워하고 흠모하기를 원한다. 부부들이 서로에게 즐겨 하는 일을 묵상주의자는 하나님께 즐겨 한다. 이를테면 은밀한 헌신의 행위를 통해 그분께 사랑을 표현하거나 시를 써서 그분께 선물로 드리거나 익명으로 자선을 베푼다. 대개 일기 쓰는 훈련을 좋아해서 심중의 애정을 그 속에 담아낸다.

9. 지성주의 영성

여기서 지성주의자란 꼭 '똑똑한' 사람이 아니라 하나님에 대한 새로운 개념을 깨달을 때 으레 마음이 깨어나는 사람이다. 사고 활동이 매우 활발하며, 지식을 새로 터득할 때 싹트는 희열이 창조주를 향한 경의와 예배를 낳는다. 자연주의자가 밖에 나가지 못해 좀이 쑤시고, 감각주의자가 어서 대성당을 방문하고 싶고, 금욕주의자가 서둘러 내면세계로 들어가듯이 지성주의자는 책, 흥미로운 강의나 설교, 자신의 방대한 사유 속에서 하나님을 찾는다.

혼합형이 대부분이다

당신에게 해당하는 유형이 있는가? 딱 하나로 정해야 하는 것은 아니다. 우리 대부분은 혼합형이며, 나이가 들면서 기질이 바뀌는 사람도 많다. 중요한 것은 정답을 찾는 게 아니라 당신과 배우자가 각각 어떻게 하나님과 가장 잘 소통하는지를 아는 것이다. 그러면 신중한 의식적 노력을 통해 창조주를 향한 애정을 더 깊이 가꿀 수 있다.*(《영성에도 색깔이 있다》(CUP)에서는 각 기질을 아주 상세히 다루었고 기질별 검사 문항 및 유혹에 취약한 점도 곁들였다.) 지금까지 이 책에서 쭉 보았듯이 다양한 역경 속에서도 성장하는 부부들의 가장 큰 공통점은 영적 뿌리가 점점 깊어진다는 것이다.

레스와 레슬리 부부

레스와 레슬리는 이렇게 경고한다. "부부관계에서 영적 친밀함을 막는 가장 큰 걸림돌은 단연 서로의 영적 언어를 알지 못하고 존중하지 않는 것이다. 다시 말해서 배우자와 하나님의 정당한 소통 수단을 인정하지 않는 사람은 곧 그것을 무시하는 것이다. 알게 모르게 배우자에게 **당신은 하나님을 나만큼도 모른다**는 메시지를 보내는 것이다."[2]

레슬리는 전형적 묵상주의자다.

"날마다 두어 시간씩 하나님과 단둘이 있을 수 있다면 나로서는 더 바랄 게 없다. 아이가 나만 졸래졸래 따라다니고부터는 그게 좀 힘들어졌지만 그래도 나는 여전히 주로 이 방법으로 하나님을 만난다. 내 기도서는 몇 년째 똑같고 낡은 성경책도 그대로다. 이 둘을 친구 삼아 최대한 순수하고 깊은 사랑으로 하나님을 사랑하려 힘쓴다."[3]

레스는 전형적 지성주의자다.

"나는 새로운 진리를 배울 때 하나님이 가장 가깝게 느껴진다. 기독교적 삶의 일면을 새롭거나 참신하게 개념화할 수 있으면 하나님과의 관계가 살아난다. 진리를 깨달을 때도 마찬가지다. 내가 으레 하나님과 함께 보내는 시간은 영적 추구에 도움이 될 참고서를 늘어놓고 서재에서 연구하거나 신간 서적을 읽을 때다."[4]

이 부부가 《영성에도 색깔이 있다》를 읽기 전에는 레스의 접근법이 레슬리에게 '너무 학구적이고 감정이 배제된' 것으로 보였고, 양쪽 다 '상대 쪽에서 내 취향에 더 맞추어 주기를' 바랐다.[5] 그런데 지금은 영적 기질로 서로 경쟁하기보다 오히려 상대의 방식에 힘써 동참한다.

나 레슬리는 남편이 일찍 일어나 나와 함께 경건의 시간을 즐길 수 있기를 바라지 않는다. 반대로 주석을 펴 놓고 남편과 함께 하는 주제별 공부가 얼마나 새 힘을 더해 주는지를 배우는 중이다. 나 레스는 깊은 감성에 눈뜨는 중이다. 아무것도 하지 않고 하나님과 함께 있는 묵상의 순간에 찾아오는 감성이다. 그렇다고 우리가 서로를 뜯어고쳐 부자연스러운 유형에 꿰어 맞추는 것은 아니고, 다만 하나님과 소통하는 서로의 방식을 격려하는 것이다. 과거에는 그런 적이 없었다.[6]

삶의 많은 공격에 잘 대비하고 통과하고 회복되려면 하나님과의 친밀함이라는 토양 속에 더 깊이 뿌리를 내리라. 영적 기질에 대해 충분히 대화하여 배우자를 새롭게 이해하고 존중하라(《영성에도 색깔이 있다》를 천천히 함께 읽어 나가면서 서로의 기질을 찾아보는 것도 좋다). 이를 바탕으로 어떻게 서로 격려하여 하나님과 더 가까워지게 해 줄 수 있을지를 모색해 보라.

내 사역의 일관된 주제는 "그리스도께로 더 가까이, 서로에게로 더 가까이"였다. 서로 더 가까워지고 싶어서 하나님과 더 가까이 동행할 때 부부관계는 정점에 달한다. 그분과 가까워질수록 서로를 더 사랑하게 되고 서로 사랑할수록 하나님을 더 의지하게 되니 그야말로 사랑과 믿음의 아름다운 선순환이다. 내가 믿기로 이것이 우리 모두의 본연의 삶이다.

결혼생활을 단단하게 하려면 자신의 영혼부터 하나님께 순종하는 헌신의 요새가 되어야 한다. 둘의 헌신이 합해지면 부부관계도 그만큼 더 견고해진다.

모든 경건한 자는 주를 만날 기회를 얻어서
주께 기도할지라.
진실로 홍수가 범람할지라도
그에게 미치지 못하리이다(시 32:6).

10 푯대를 향해 나아가는 결혼의 해법

1. 영적 성장에 함께 헌신하면 부부관계가 견고해질 수 있다.
2. 하나님과 더 가까워지면 개인도 강해지고 부부도 강해져 삶에 어떤 문제가 닥쳐와도 준비된 상태에서 맞설 수 있다.
3. 자신이 하나님을 대하는 방식이 배우자의 방식보다 낫다고 단정하는 교만은 영적 친밀함에 방해가 된다.
4. 친밀함을 가꾸기 위해 배우자에 대해 가장 중요하게 알아야 할 것 중 하나는 배우자가 어떻게 하나님을 사랑하는지, 그리고 어떻게 그분과 함께 시간을 보내고 싶어 하는지를 아는 것이다.
5. 아홉 가지 영적 기질은 자연주의, 감각주의, 전통주의, 금욕주의, 행동주의, 박애주의, 열정주의, 묵상주의, 지성주의다.
6. 영적 기질에 관한 한 우리 대부분은 혼합형이며, 나이가 들면서 기질이 바뀌는 사람도 많다.
7. 레스와 레슬리 박사 부부에 따르면 "부부관계에서 영적 친밀함을 막는 가장 큰 걸림돌은 단연 서로의 영적 언어를 알지 못하고 존중하지 않는 것이다. … 배우자와 하나님의 정당한 소통 수단을 인정하지 않는 사람은 곧 그것을 무시하는 것이다."
8. 배우자를 뜯어고쳐 자신이 하나님을 대하는 방식에 맞추려 하거나 배우자의 방식을 비판할 게 아니라 배우자의 방식을

힘써 이해하고 배우라.

9. 서로 더 가까워지고 싶어서 하나님과 더 가까이 동행할 때 부부관계는 정점에 달한다. 그분과 가까워질수록 서로를 더 사랑하게 되고 서로 사랑할수록 하나님을 더 의지하게 되니 그야말로 사랑과 믿음의 아름다운 선순환이다.

감
사
의
말

편집자 앤디 로저스에게 감사하고 싶다. 그의 독려에 힘입어 이 책의 메시지를 더 많은 부부에게 더 잘 적용되도록 다듬을 수 있었다. 더크 버스마는 이번에도 원고를 탁월하게 교정해 주었다. 출간에 협력해 준 존더반(Zondervan) 출판사의 웹스터 연스와 폴 피셔에게 감사한다.

리자 토마스, 레베카 테일러, 보니 번즈, 제이크 포터 박사, 팀 매버조지, 스티브 윌키 박사, 메리 케이 스미스는 모두 초고를 읽고 유익한 피드백을 들려 주었다.

예이츠앤예이츠 사의 내 저작권 대리인 커티스 예이츠와 마이크 솔즈베리가 없이는 책을 쓴다는 것을 상상할 수 없다. 앨리 세풀베다가 풀타임으로 팀에 합류해 주어 정말 고맙고, 마크 세풀베다의 우정과 응원도 큰 도움이 되었다.

끝으로, 이 과정을 즐길 수 있도록 도와 주는 특별한 '친구들'은 내게 아주 귀한 선물이다. 결혼 사역의 동역자이기도 한 테드 커닝햄, 션티 펠드한, 레스 패럿의 단체 대화방과 전화 통화를 인해 감사한다.

주

01. 뜻하지 않은 위기가 닥칠 때

1. John Owen, *The Works of John Owen* (Edinburgh: Johnstone and Hunter, 1851), 6:132. (《존 오웬 전집》부흥과개혁사)

2. Teresa of Ávila, *The Interior Castle*, 출전: *The Collected Works of Teresa of Ávila*, Kieran Kavanaugh & Otilio Rodriguez 번역 (Washington, DC: Institute of Carmelite Studies Publications, 1980), 291~292. (《내면의 성》요단출판사)

3. D. A. Carson, *How Long, O Lord? Reflections on Suffering and Evil*, 2판 (Grand Rapids: Baker Academic, 2006), 67. (《위로의 하나님》기독교문서선교회)

4. 다음 책을 참조하라. Esther Fleece, *No More Faking Fine: Ending the Pretending* (Grand Rapids: Zondervan, 2017), 38. 슬퍼함에 대한 유익한 통찰이 담겨 있는 이 책을 적극 추천한다.

5. Les & Leslie Parrott, *I Love You More: How Everyday Problems Can Strengthen Your Marriage* (Grand Rapids: Zondervan, 2005), 63.

02. 의지적으로 함께 성장하라

1. Archibald Hart & Sharon May, *Safe Haven Marriage: Building a Relationship You Want to Come Home To* (Nashville: W Publishing, 2003), 8.

2. Parrotts, *I Love You More*, 78.

3. Hart & May, *Safe Haven Marriage*, 9.

4. 철회와 관련된 내용은 대부분 이 책에 기초한 것이다. Hart & May, Safe Haven Marriage, 101~102. 다음 자료도 참조하라. Ellie Lisitsa, "The Four Horsemen: Stonewalling," Gottman Institute, www.gottman.com/blog/the-four-horsemen-stonewalling.

5. 다음 책에 인용되어 있다. Hart & May, *Safe Haven Marriage*, 102.

6. 다음 책에 인용되어 있다. Hart & May, *Safe Haven Marriage*, 104.

7. Hart & May, *Safe Haven Marriage*, 15~16, 강조 원문.

03. 의도치 않게 떨어져 지내게 될 때

1. Gordon D. Fee, *The First Epistle to the Corinthians*, New International Commentary on the New Testament (Grand Rapids: Eerdmans, 1987), 205. (《NICNT 고린도전서》부흥과개혁사)

2. Gordon Fee, *God's Empowering Presence: The Holy Spirit in the*

Letters of Paul (1994; 재판, Grand Rapids: Baker Academic, 2011), 124. (《성령: 하나님의 능력 주시는 임재》새물결플러스)

3. Rob & Joanna Teigen, "Podcast Episode 7: How to Stay Connected as a Couple When You Have to Be Apart," *Grow—ing Home Together* 팟캐스트, 2020년 9월 29일, https://growinghometogether.com/podcast-episode-7-how-to-stay-connected-as-a-couple-when-you-have-to-be-apart.

4. 다음 논문을 참조하라. Joy P. Skarka, "Sexual Shame in Women and How to Experience Freedom," 교육목회학 박사학위 논문 (Dallas Theological Seminary, 2021).

5. Gary L. Thomas, *Devotions for a Sacred Marriage: A Year of Weekly Devotions for Couples* (Grand Rapids: Zondervan, 2005).

6. Teigens, "Podcast Episode 7: How to Stay Connected," *Growing Home Together* 팟캐스트.

04. 결혼의 요새화에 필요한 3대 기본 요소

1. Hart & May, *Safe Haven Marriage*, 29.

2. 하트와 메이의 더 자세한 전문적 설명은 다음 책 3장을 참조하라 (본문은 내가 그들의 사상을 요약한 것이다). *Safe Haven Marriage*, 27~46.

3. Hart & May, *Safe Haven Marriage*, 7.

4. Hart & May, *Safe Haven Marriage*, 19.

5. 모험에 기초한 부부 수련회에 대한 자세한 내용은 데이비드와 테리의 웹사이트 www.marriagelifeministries.com을 참조하라.

6. 1970년대가 대중음악 사상 최고의 10년이라 열렬히 믿기에 나도 데이비드의 조언에 진심으로 동감한다. Debby Boone의 "You Light Up My Life," Firefall의 "You Are the Woman," Orleans 의 "Still the One," Bee Gees의 "More Than a Woman," Art Garfunkel의 "All I Know," Heatwave의 "Always and Forever," Gordon Lightfoot의 "Beautiful," Paul Davis의 "I Go Crazy," Pretenders의 "I'll Stand by You," Chris de Burgh의 "The Lady in Red," Minnie Riperton의 "Lovin' You," Billy Joel의 "She's Always a Woman," Dan Hill의 "Sometimes When We Touch," Eric Clapton의 "Wonderful Tonight," Joe Cocker의 "You Are So Beautiful," Stevie Wonder의 "You Are the Sunshine of My Life," Rod Stewart의 "You're in My Heart," Al Green의 "Let's Stay Together" 같은 노래를 들으면서 어떻게 배우자와 다시 사랑에 빠지지 않을 수 있겠는가? 행여 당신을 직접 만난다면 내가 소개할 곡이 훨씬 많이 있다! 로맨틱해지고 싶다면 Marvin Gaye의 "Let's Get It On"과 Jennifer Warnes의 "Right Time of the Night"가 있고 Barry White의 노래는 아무거나 다 좋다.

05. 너무 바쁜 삶은 불시의 공격이 될 수 있다

1. Parrotts, *I Love You More*, 44.

2. Parrotts, *I Love You More*, 46, 강조 원문.

3. 경청 기술을 길러 주는 탁월한 책으로 다음을 참조하라. Klaus Bockmuehl, *Listening to the God Who Speaks: Reflections on God's Guidance from Scripture and the Lives of God's People* (Colorado Springs: Helmers & Howard, 1990).

4. 마태복음 7:3~5를 참조하라.

5. 패럿 부부가 공감에 대한 아주 좋은 책을 썼다. Les & Leslie Parrott, *Trading Places: The Best Move You'll Ever Make in Your Marriage* (Grand Rapids: Zondervan, 2008).

6. 산만한 것과 해치는 것은 크게 다르다. 바빠서 무심해질 수는 있다. 물론 그것도 해결해야 할 문제지만, 바쁜 삶이 학대 행위로 이어진다면 이는 관계 문제를 넘어 보호가 필요한 상황이다. 다음 내 책에 이 주제를 다루었다. Gary Thomas, *When to Walk Away: Finding Freedom from Toxic People* (Grand Rapids: Zondervan, 2019). (《고통스런 관계 떠나기》 생명의말씀사)

7. Parrotts, *I Love You More*, 123.

8. Hart & May, *Safe Haven Marriage*, 16, 강조 원문.

9. 여기서 말하는 상호 복종은 군림이나 학대 행위가 아니라 친밀함의 표현임을 잊지 말라. 페이스북으로 옛 연인과 연결되어 있는 남편을 아내가 불편해하는 거야 당연하다. 그러나 지배하고

추궁하고 위협하고 억압하는 태도로 한쪽에서 상대의 모든 관계망을 검열하는 것은 다른 문제다. 이 주제에 대한 더 자세한 논의는 나의 책 《고통스런 관계 떠나기》를 참조하라.

10. 열왕기하 5:1~14를 참조하라.

11. 다음 책을 참조하라. Gary Thomas & Debra Fileta, *Married Sex: A Christian Couple's Guide to Reimagining Your Love Life* (Grand Rapids: Zondervan, 2021).

06. 부부의 리비도에도 차이가 있다

1. Thomas & Fileta, *Married Sex*.

2. 다음 기사에 인용되어 있다. HealthyWomen Editors, "What's the Key to Female Orgasm during Sex?" HealthyWomen, 2016년 4월 22일, www.healthywomen.org/content/article/whats-key-female-orgasm-during-sex. 다음 기사도 참조하라. Kim Wallen & Elisabeth Lloyd, "Female Sexual Arousal: Genital Anatomy and Orgasm in Intercourse," Hormones and Behavior 59, no.5 (2011년 5월): 780~792, www.sciencedirect.com/science/article/abs/pii/S0018506X10002990?via%3Dihub.

3. 이 문단의 인용문의 출처는 다음과 같다.

"20: Dealing with Desire Level Differences with Jessa Zimmerman," *Get Your Marriage On! with Dan Purcell* 팟캐스트, https://getyourmarriageon.com/20-dealing-with-desire-leveldifferences-with-jessa-zimmerman.

4. EMDR.com(www.emdr.com/what-is-emdr)에 따르면, "안구 운동 민감소실 및 재처리(Eye Movement Desensitization and Reprocessing)란 본래 트라우마 기억과 연관된 고통을 경감하기 위해 고안된 심리 요법이다."

07. 심각한 재정 문제가 생길 때

1. Jessica Dickler, "Being Rich May Increase Your Odds of Divorce," CNBC, 2018년 10월 10일, www.cnbc.com/2018/10/10/being-rich-may-increase-your-odds-of-divorce.html.

2. Markus Barth, Ephesians 4~6, Anchor Bible (Garden City, NY: Doubleday, 1974), 514.

3. 출애굽기 32:19, 민수기 20:11~12를 참조하라.

4. Tom Wright, *Paul for Everyone: The Prison Letters* (Louisville, KY: Westminster John Knox, 2004), 55. (《모든 사람을 위한 옥중서신》 IVP)

5. Gary Thomas & Drs. Steve & Rebecca Wilke, *Nine Essential Conversations Before You Say I Do* (Colorado Springs: Cook, 2021).

6. Stormie Omartian, *The Power of a Praying Wife* (Eugene, OR: Harvest House, 1997). (《아내의 기도로 남편을 돕는다》 생명의말씀사)

7. Frank Viola, *Hang On, Let Go: What to Do When Your Dreams Are Shattered and Life Is Falling Apart* (Carol Stream, IL: Tyndale

Momentum, 2021), 318~321. 《내려놓으려면, 붙잡아야 하는 것들》
대장간)

08. 유년기 상처 입은 두 사람의 만남

1. 미국의 *Diagnostic and Statistical Manual of Mental Disorders*(DSM-5, 정신장애 진단 및 통계 편람)에 "성 중독"은 정신 장애로 등재되어 있지 않다. 그것을 포함해야 할지 여부를 두고 논의가 계속되고 있다. 어느 한 쪽을 주장하는 것은 내 전문 분야를 벗어난다. 다만 로버트 와이스가 성 중독도 정신 장애에 포함되어야 한다고 생각하는 자신의 이유를 설명한 글이 있다. 다음 기사를 참조하라. Robert Weiss, "New Research Supports Sexual Addiction as a Legitimate Diagnosis," American Addiction Centers, 2019년 11월 4일, https://rehabs.com/pro-talk/new-research-supports-sexual-addiction-as-a-legitimate-diagnosis.

2. 포터 박사의 말은 모두 사적인 대화에서 인용했고, 대화는 그가 이번 장 초고를 읽은 후에 구두나 서면으로 이루어졌다.

3. 거짓말하는 게 당신의 문제라면 거짓말의 이유를 이해하면 도움이 될 수 있다. 마이클 존슨 박사의 유익한 기사에 따르면 거짓말은 유년기의 방어 기제에서 기인한다(Michael Johnson, "Sexual Addiction and the Amazing Lie-O-Matic," http://sexual-addict.com/sexual_addiction_and_the_amazing).

4. 나의 책《고통스런 관계 떠나기》의 13장, 14장, 17장을 참조하라.

5. 다음 책을 참조하라. Joe Dallas, *The Game Plan: The Men's 30-Day Strategy for Attaining Sexual Integrity* (Nashville: Nelson, 2005), 33~34.

09. 외동아들의 죽음이라는 인생의 상실에 직면하여

1. St. Ambrose, "On the Decease of His Brother Satyrus," Book I, 1~4, EWTN, www.ewtn.com/catholicism/teachings/st-ambrose-on-the-death-of-his-brother-193.

2. 다음 글에 인용되어 있다. Cara Plett, "Mourning in Marriage after the Loss of a Child," Focus on the Family Canada, www.focusonthefamily.ca/content/mourning-in-marriage-after-the-loss-of-a-child.

10. 푯대를 향해 나아가는 결혼의 해법

1. Parrotts, *I Love You More*, 142.

2. Parrotts, *I Love You More*, 144, 강조 원문.

3. Parrotts, *I Love You More*, 152.

4. Parrotts, *I Love You More*, 153.

5. Parrotts, *I Love You More*, 153.

6. Parrotts, *I Love You More*, 154.